北京市哲学社会科学“十一五”规划项目（项目编号：10BeFX086）

城市管理监察综合行政执法之理论与实践

（修订版）

Cheng Shi Guan Li Jian Cha
Zong He Xing Zheng Zhi Fa
Zhi Li Lun Yu Shi Jian

王雅琴　沈俊强　著

法律出版社
LAW PRESS·CHINA

修订版序言

本书自出版至今已3年有余，取得了广大读者认可和较好的反响，并且被有关高校作为研究生教材使用。按照出版社要求，本书作者根据我国城市管理综合行政执法制度最新政策法律，结合行政综合监察制度不断调整和发展实际情况，对本书各章节内容进行了相应的修订、完善，并由沈俊强执笔完成了第十五章，即“城市管理权责清单制度”，由于时间和学术水平有限，希望广大读者批评指正。

作者于北京西城

2016年5月11日

序　一

目前，城管综合执法在我国城市管理当中的作用日益突出、不可或缺，已经成为社会各界的普遍共识。城管综合执法如何健康持续、又好又快地发展，应当成为认真思考和研究的重要课题。但是，从我国法学界和实务界研究的广度和深度来看，对城管综合执法制度的全面研究尚处于起步阶段，缺乏权威、深入、全面、系统性的研究。应当看到，城管综合执法制度的建设、发展与完善，与我国正在进行中的城镇化建设密切相关，与建设服务型政府密切相关，与构建社会主义和谐社会密切相关。更与老百姓追求宜居环境的梦想密切相关。可以说，城管综合执法已经关系到每个人对环境建设的深切期待，已经关系到政府的执政能力和公信力。因此，对城管综合执法的研究任重道远，我们呼唤理论界的关注，以期探索其完善之路。

本书以我国城管综合执法制度的法制建设和体制改革为关注重点，比较全面地总结了当今城管综合执法领域存在的执法困境、立法缺失和管理体制等问题，对如何重构我国城管综合执法制度进行了比较深入的分析，提出了较为切实可行的解决建议和方案；本书提出的综合行政执法理论，对于加强城管队伍依法行政能力、提升行政执法效率、树立城管执法形象、维护当事人合法权益具有较高的学术价值和实践意义。

同时，本书紧扣“如何将北京建设成世界城市”这个主题，分析并总结了伦敦在建设世界城市过程中有关城市管理的理念和执法体制、机制的做法，认为无论是立法理念、执法实践，抑或资金投入、科技创新和管理水平等方面，英国的城市管理都有许多值得北京学习和借鉴的地方。为此，作者提出了北京要建设世界城市，既要立足国情，又要善于借鉴国外先进城市管理经验的观点。根据目前北京的城市管理水平，要实现将北京建设成为世界城市这一目标，既需要强化城市管理领域的立法，亦需要加强有关职能部门的通力合作，还需要扩大社会参与，力求做到执法文明高效、和谐便民，将城市管理寓于构建和谐社会之中。

路漫漫其修远兮，吾将上下而求索。城管综合执法需要也必将经历不断完善和发展的成长历程，才能充分体现时代特征和地方特色，才能前途似海、来日方长。

最后，希望北京市城管综合执法队伍能以奋发有为的姿态，深入开展城市精细化管理，依法行政、文明执法、执法为民，按照“调整思路、重塑形象、争创一流”的思路，在全国城管之中树立起一面鲜明旗帜，为建设环境优美、运行有序、生态文明的首都北京，打造中国特色的世界城市而不懈努力。

是为序。

北京市城市管理综合行政执法局：

二〇一三年七月

序　二

在经济快速发展、社会急剧转型、城市化进程不断加快的今天，城管问题日益突出，随之而来的城管执法也成为人们关注的焦点问题。特别是城管执法中出现的野蛮暴力执法成为人们强烈诟病的对象。如何科学配置执法权力、规范执法行为、有效处置各类城市管理中的违法行为，应当成为理论界和实务部门高度关注和认真研究的问题。国家法官学院王雅琴教授和北京市城管执法局沈俊强处长的新著《城市管理监察综合行政执法之理论与实践》以城管执法为研究对象，认真梳理了当前城管执法中的各种问题，提出了解决这些问题的宏观思路和微观建议，具有较强的理论和实践价值。该书借用刑法中的“犯罪黑数”理论，对城管执法的若干关键问题进行了较为深入的分析，提出了自己独到的观点，对于如何完善城管制度，有效解决当下执法中的问题颇具参考价值。该书提出的关于城管综合执法中“违法黑数”的观点视角独特，理论分析透彻、新颖，紧贴行政执法实践，为破解城市管理当中的痼疾顽症提出了可行性意见。此外，关于建立“城管警察”、“城管警种”的建议也可能会引起争鸣。

通观全书，该书有以下特点：比较全面、合理地分析研究了城管综合执法与相对集中行政处罚权的关系问题，为科学、合理配置城管综合行政执法权奠定了理论基础；对无照运营与无照经营违法行为的治理问题进行了较为深入的思考，提出应当从“行政管理与社会需要”出发，构建“疏堵”结合的管理模式；首次提出了城管综合执法中存在的“违法黑数”理论，在分析其产生原因与危害性的基础上，对“违法黑数”与城管综合执法效果之间的关系问题进行了梳理，提出了如何降低和减少“违法黑数”及其社会危害性的建议和对策，对于提高城管综合执法成效具有参考价值。该书还对重构城管综合执法制度提出了一些具有参考价值的建议,如制定有关城管执法的统一法律或法规,建立协调配合的城管执法机制,以提高城管执法效能,加强多方位的监督,以促进城管依法执法,减少侵权等。其中有些观点是首次讨论,对于提升城管执法水平、提高城管执法权威、保护行政相对人合法权益具有一定的参考价值。本书研究内容既涉及宏观理论,又关注具体执法领域,内容新颖、全面,逻辑结构严谨、规范,针对当前城管执法存在的问题和不足,提出了切实可行的解决方案,具有较高的学术价值和实践意义。如能进一步将研究成果转化为政策或法律,不仅对城管执法实践具有指导作用,而且对于社会公众了解和理解城管执法也有一定意义。

必须认识到,城管执法问题是当代中国社会转型过程中出现的阶段性问题,其复杂性不亚于任何一个当前难解的社会问题。解决这类问题没有包治百病的灵丹妙药,也不可能一蹴而就。该书提出的观点和思路,不失为破解当下城管执法困局的一种努力和尝试。

是为序。

2013 年 6 月 13 日

自　　序

正值本书付梓之际,党的十八届三中全会胜利召开,并通过了具有重大历史意义的《关于全面深化改革若干重大问题的决定》。这一重要历史文献的出台,不仅向全国人民展示了中共中央全面深化改革的决心和部署,也让全国人民看到了所期待的实现"中国梦"的前景。其中第 31 项"深化行政执法体制改革"提出了两项任务:一是"整合执法主体,相对集中执法权,推进综合执法,着力解决权责交叉、多头执法问题,建立权责统一、权威高效的行政执法体制。减少行政执法层级,加强食品药品、安全生产、环境保护、劳动保障、海域海岛等重点领域基层执法力量。理顺城管执法体制,提高执法和服务水平。"二是"完善行政执法程序,规范执法自由裁量权,加强对行政执法的监督,全面落实行政执法责任制和执法经费由财政保障制度,做到严格规范公正文明执法。完善行政执法与刑事司法衔接机制。"这两项任务的提出,一方面,可以说是对综合行政执法成绩和作用的肯定,另一方面也表明了中共中央推进法治中国建设的决心,特别是突出了"推进综合行政执法"在法治中国建设中的地位,明确指出要"理顺城管执法体制,提高执法和服务水平",为城管综合行政执法的发展进一步指明了方向。这对于全国城管综合行政执法人员来说,是极大的鞭策和莫大的鼓舞,从而更加坚定了城管综合行政执法人员依法行政、执法为民的信心和决心。

放眼未来,必须建立适应我国依法行政、精简效能需要的城管综合行政执法体制和机制,使其同世界城市的先进管理制度接轨,与建设中国特色社会主义相适应。在此摘用梁启超先生在《少年中国说》中的一些词语来借喻当今的"少年"城管:故今日城镇管理之责任,不在他人,而全在我城管。城管智则城镇智,城管美则城镇美,城管强则城镇强,城管进步则城镇进步,城管法治则城镇法治。当今城管,红日初升,其道大光;鹰隼试翼,风尘吸张;前途似海,来日方长。

作者于北京

二〇一三年十二月

目　录

前　　言

自1997年北京市组建城市管理监察综合行政执法（以下简称城管综合执法）机关至今，城管综合执法制度在我国发展已有16年之久。随着各地各级人民政府重视程度的日益提高，城管综合执法机关的行政管理职能不断扩充，作为我国专司行政处罚的行政执法机关，不仅在行政执法体制改革方面取得了突出的成效，而且为城市的现代化建设完成了大量行政管理工作，为我国城市管理、建设市民宜居环境等作出了重要的成绩，其影响力也日益突出。与此同时，城管综合执法制度中存在的诸多问题也随之暴露，如城管综合执法依据缺失、难以取得执法相对人的协助与配合、社会认知度低；更为严重的是，有些城管综合执法人员有暴力执法倾向、滥用职权、利用法律空白不规范执法、越权执法、违法执法等。这些问题的存在，不仅严重影响城管综合工作活动的合法、适当、公正和高效，阻碍城管综合执法行为的顺利开展，而且损害城管综合执法队伍的形象和法律权威；更为严重的是，城管综合执法人员侵犯执法相对人合法权益或者与执法相对人发生直接冲突的事情时有发生，破坏城管综合执法制度存在的根基。这些问题如果不能得到很好的研究并加以解决，必将掣肘城管综合执法制度的良性发展。

城管综合执法日益突出的作用与不高的社会评价形成鲜明对比，这是不能不令学界和实务界认真进行反思与研究的重要课题。目前可以说，城管综合执法制度中存在的问题已经受到我国学界与实务界的普遍关注，但从研究广度和研究深度来看，有关研究尚处于起步阶段，而且呈“碎片式”，缺乏全面、系统性。城管综合执法制度的建设、发展与完善与我国正在进行中的城镇化建设密切相关,与建设社会主义法治语境下的服务型政府密切相关,与构建社会主义和谐社会密切相关。为此,需要对我国城管综合执法制度运行中暴露出来的问题进行系统、广泛、深入的研究,以探索其完善之路。本书借助北京市城管综合执法制度建设这个平台,对我国城管综合执法制度中的有关问题进行了较为系统的研究,对目前城管综合执法存在问题比较突出的领域进行了重点研究,在进行问题剖析的同时,借鉴国外城市管理的一些先进经验和立法成果,反思我国城管综合执法领域存在的缺陷和问题,对如何重构与完善我国城管综合执法制度进行了大胆的探讨和分析,以期能为提升我国城管综合执法主体的法律地位、提高城管综合执法水平及其法律权威性、最大限度地保护行政相对人的合法权益、促进行政法治和社会和谐尽些绵薄之力。

第一章　我国城管综合行政执法概述

我国城市管理监察综合行政执法制度（以下简称城管综合执法制度）是在相对集中行政处罚权基础上，从法律层面和体制机制上对行政执法制度和行政执法工作进行的改革和创新。城管综合执法不仅将日常行政管理、监督检查和实施处罚等行政职能综合起来统一行使，而且在此基础上促进了各级政府对有关部门的机构设置、职责权限和人员编制进行更为合理的调整，解决了以往行政执法领域存在的许多弊病，进一步深化了行政管理体制改革。

一、我国城管综合执法制度发展概况

自 1997 年北京市在全国率先开展城管综合执法试点工作开始至今，我国城管综合执法制度改革实现了迅猛发展。近 16 年的实践证明，城管综合执法对推进行政管理体制改革、精简行政机构、加强行政执法队伍建设、改善行政执法状况、提高依法行政水平，起到了积极的作用，并取得了显著的执法效果。2002 年 8 月，国务院发布《关于进一步推进相对集中行政处罚权工作的决定》，授权省、自治区、直辖市人民政府可以决定在本行政区域内开展相对集中行政处罚权的工作。2003 年 1 月 29 日，北京市城市管理综合行政执法局正式挂牌成立。据统计，目前全国 656 个城市中已有 621 个城市开展了相对集中行政处罚权工作，占城市总数近 95%，大中城市几乎都开展了此项工作，个别地方已经延伸到乡镇一级。① 以上数据表明，城管综合执法制度已

① 数据引用据 2013 年 7 月 3 日《人民日报》第 17 版。

在全国范围内普遍建立，作为一项制度改革和创新，还在继续深化和发展。从我国城管综合执法制度由试点到全面开展的历程来看，可以说主要经历了四个发展阶段。

（一）起步阶段

1996年10月到2000年8月，可以说是城管综合执法的起步阶段。为贯彻实施《行政处罚法》第16条关于集中行使行政处罚权的有关规定，1996年国务院下发了《关于贯彻实施〈中华人民共和国行政处罚法〉的通知》，①明确提出要“积极探索建立有利于提高行政执法权威和效率的行政执法体制。各省、自治区、直辖市人民政府要认真做好相对集中行政处罚权的试点工作”。通过相对集中行政处罚权的试点工作，总结经验，以利推广。

试点改革相对集中处罚权，北京成为先行者。1997年，根据国务院的上述文件要求，北京市政府办公厅率先向国务院报送了《关于开展城市管理综合执法试点工作的函》，②提出要在北京市原宣武区③开展城管综合执法的试点工作。1997年3月7日，经国务院批准，国务院法制局以《关于在北京市宣武区开展城市管理综合执法试点工作的复函》④的形式对北京市人民政府办公厅作出回应，基本同意了北京市人民政府办公厅提出的试点方案。继而北京市政府下发了《关于在宣武区开展城市管理综合执法试点工作的通知》，⑤北京市原宣武区据此组建了城管监察大队，城管综合执法的试点工作由此展开。北京市或者说我国的相对集中行政处罚权制度也由此正式起步。

从1997年5月北京市原宣武区启动试点到2000年8月期间，国务院又先后批准了天津、黑龙江等省（市）14个设区市开展相对集中行政处罚权的试点工作，使城市管理领域的综合行政执法试点工作由点到面逐步扩大。各地城管

① 国发〔1996〕13号。

② 京政办函〔1997〕2号。

③ 2012年北京市将西城区与宣武区合并，原宣武区现称为西城区。

④ 国法函〔1997〕12号。

⑤ 京政办函〔1997〕77号。

综合执法的实践表明，在城市管理领域相对集中行政处罚权是必要的，并且取得了良好的执法效果和社会效果。

（二）扩大试点阶段

经过一个阶段的执法实践，到2000年9月，国务院办公厅下发了《关于继续做好相对集中行政处罚权试点工作的通知》，[①]明确要求进一步提高对实行相对集中行政处罚权制度重大意义的认识，继续抓好已有试点城市的试点工作，明确提出要在总结城管综合执法试点工作经验的基础上，积极稳妥地扩大相对集中行政处罚权的试点范围，以克服那些多头执法、职责交叉、执法扰民、严重影响执法效率和政府形象的城市管理领域的弊端，切实理顺行政体制，促进政府职能转变。至2002年7月，随着总结经验扩大试点，这一阶段国务院又先后批准了65个设区的市开展城管综合执法的试点工作。至此，国务院共批准了3个直辖市和23个省、自治区的79个城市开展试点工作。

（三）全面推进，稳步发展阶段

2002年至2013年，可以说是全面推进、稳步发展阶段。2002年8月22日，国务院下发了《关于进一步推进相对集中行政处罚权工作的决定》，[②]认为“国务院确定试点工作的阶段性目标已经实现，进一步在全国推进相对集中行政处罚权工作的时机基本成熟”，并授权省、自治区、直辖市人民政府依照《行政处罚法》的规定，可以决定在本行政区域内有计划、有步骤地开展相对集中行政处罚权工作。这标志着我国由城管综合执法机关相对集中行使行政处罚权的试点工作已经结束，转入全面推进、稳步发展、不断完善的历史进程。

早在2007年，国家行政学院应松年教授就曾经表示：“我国的城管队伍是从1997年开始进行的相对集中行政处罚权制度改革试点工作的载体，对解决我国行政管理中存在的职责交叉、多头执法、重复执法、执法扰民、效率低下和

---

① 国办发〔2000〕63号。
② 国发〔2002〕17号。

行政执法机构膨胀等问题，进一步全面推进依法行政，加快法治政府建设，起到了十分重要的推动作用。”①

（四）深化城管执法体制改革阶段

2013年至今。在2013年11月15日，党的十八届三中全会通过的《中共中央关于全面深化改革若干重大问题的决定》提出：“整合执法主体，相对集中执法权，推进综合执法，理顺城管执法体制，提高执法和服务水平。”2014年10月24日，党的十八届四中全会通过的《中共中央关于全面推进依法治国若干重大问题的决定》再次提出：“深化行政执法体制改革，推进综合执法，理顺城管执法体制，加强城市管理综合执法机构建设，提高执法和服务水平。”距上一次城市管理工作会议时隔37年，2015年12月24日，中共中央 国务院印发了《关于深入推进城市执法体制改革 改进城市管理工作的指导意见》（以下简称《指导意见》），提出城市执法体制改革的六个方面的改革意见，即“框定管理职责；明确主管部门；综合设置机构；统一服装和标志标识；建立司法衔接、部门联动和联席会议等机制；加强城市管理立法工作”。2016年3月1日，国家住房城乡建设部、中央编办、国务院法制办召开贯彻落实《中共中央国务院关于深入推进城市执法体制改革改进城市管理工作的指导意见》精神电视电话会议，会议明确各省、自治区、直辖市、市、县政府要按《指导意见》精神，出台相关的城市管理改革方案。

自城管综合执法制度创设以来，党和国家对城管执法制度是重视和肯定的，城市管理综合执法制度改革连续两次被党列为国策，将“理顺城管执法体制，提高执法和服务水平”提到如此重要的历史日程，这对于全国的城管综合执法部门来讲，既是一次千载难逢的机遇，更是一次乘势而上、克服困难、脱胎换骨的挑战。

---

① 腾讯网：“‘无所不管’的城管无执法依据 专家呼吁早立法”，载 http://news.qq.com/a/20070329/001188.htm，2012年2月20日访问。

二、北京市城管综合执法的发展历程

如上所述，北京市城管综合执法机关的发展历程在全国城管综合执法机关的发展过程中，可以说起到了示范的作用，并产生了以点带面的效果。1997 年 5 月，经国务院批准，北京市政府下发了《关于在宣武区开展城市管理综合执法试点工作的通知》，①以北京市宣武区作为试点组建了宣武区城市管理监察大队，在全国范围内率先开展了城市管理综合执法即集中行使行政处罚权试点工作，拉开了全国城市管理集中行使行政处罚权试点工作的序幕。根据北京市宣武区 1 年综合行政执法试点取得的成功经验，1998 年 10 月，经国务院《关于北京市城市管理综合执法试点工作扩大区域问题的复函》②批准，北京市政府下发了《关于本市城市管理综合行政执法试点工作扩大区域的通知》，③1998 年 12 月，由时任北京市委书记的贾庆林同志亲自授旗，集中行使行政处罚权试点工作由宣武区扩大到城八区。2000 年 9 月，经国务院《关于北京市城市管理综合执法试点工作扩大区域等问题的复函》④批准，北京市政府下发了《关于在本市远郊区县组建城市管理综合执法组织的通知》。⑤ 由时任北京市市长的刘淇同志授旗，在北京市的 10 个远郊区（县）也组建了本辖区的城管监察大队，标志着城管综合执法工作在北京市全面展开。

北京市城管综合行政执法局（以下简称北京市城管综合执法局）下辖 16 个区城管局及天安门分局、亦庄开发区分局、西客站分局、燕山分局等共 20 个处级行政执法机关。随着首都现代化建设的日益加快和城市管理工作的逐步加强，城市管理领域相对集中行政处罚权工作也不断发展，城管执法的范围从最初的 5 项职能，逐步扩大到目前的 14 项职能，具体包括：市容环境卫生管理、市政管理、公用事业管理、城市节水管理方面的全部处罚权；园林绿化管理、环

① 京政办函〔1997〕77 号。

② 国法函〔1998〕87 号。

③ 京政办函〔1998〕110 号。

④ 国法函〔2000〕15 号。

⑤ 京政办函〔2000〕42 号。

境保护管理、城市河湖管理、施工现场管理、城市停车管理、交通运输管理方面的有关处罚权；工商管理方面对流动无照经营行为的处罚权；城市规划管理方面对违法建设的有关处罚权；旅游管理方面对无导游证从事导游活动行为，食品安全管理方面对食品摊贩违法经营食品行为的行政处罚权等，以及4项行政强制措施权（查封违法物品、扣押违法物品、责令停产停业和强制拆除违法建设房屋），涉及各项执法案由共计360余项。

2003年1月29日，根据北京市人民政府印发的《关于进一步推进城市管理领域相对集中行政处罚权工作的决定》①及北京市人民政府办公厅《关于印发北京市城市管理综合行政执法局职能配置内设机构和人员编制规定的通知》，②原北京市城管监察办公室正式更名为北京市城市管理综合执法局，由北京市市政管理委员会负责管理，对外以自己的名义行使职权、开展工作。

2011年11月5日，为适应首都经济社会发展需要，进一步加强城管综合执法工作，北京市政府下发了《北京市人民政府办公厅关于将北京市城市管理综合行政执法局调整为市政府直属行政执法机构的通知》，③决定将北京市城管综合执法局调整为市政府直属行政执法机构。至此开始，北京市城管综合执法机关形成了市、区（县）行政业务指导管理，区（县）、街道（乡镇）“垂直管理”的执法体制。

三、相对集中行政处罚权和综合行政执法

在城管综合执法制度构建和运行当中，综合行政执法和相对集中行政处罚权的概念经常被交叉使用，或者互为代替使用，在2002年8月22日国务院下发《关于进一步推进相对集中行政处罚权工作的决定》④之前，国务院和北京市政府出台的规范性文件当中亦是如此，既使用“相对集中行政处罚权”，也使用

① 京政发〔2002〕24号。

② 京政发〔2002〕59号。

③ 京政办发〔2011〕56号。

④ 国发〔2002〕17号。

"综合行政执法",似乎未将两者进行实质上的区分。故此,在研究城管综合执法制度之前,有必要首先厘清城管综合执法与相对集中行政处罚权之间的关系,明晰两者之间的联系和区别。

(一)相对集中行政处罚权

通说认为,相对集中行政处罚权的概念是国务院法制办的曹康泰主任在"全国相对集中行政处罚权试点工作座谈会开幕式"上的讲话中提出来的。他说,"相对集中行政处罚权是指若干行政机关的行政处罚权集中起来,交由一个行政机关统一行使;行政处罚权相对集中后,有关机关不再行使已经统一由一个行政机关行使的行政处罚权"。[①] 自此,这一概念逐渐被学界认可并被广泛使用。按照这一理解,相对集中行政处罚权包括以下内容:

1. 必须依法开展。相对集中行政处罚权是根据《行政处罚法》第16条相关规定产生的,因此,开展相对集中行政处罚权工作的全部制度构建、队伍管理、权力行使和职能调整都必须在法律的框架内依法进行。

2. 行政处罚权是集中行使。若干行政机关的行政处罚权力交由一个行政机关行使之后,原享有被集中行使行政处罚权的行政机关则不再行使该被集中行使的行政处罚权,否则,其作出的行政处罚决定一律无效。

3. 行政处罚权是相对性集中。不是所有行政机关的行政处罚权都集中行使,集中只是相对的集中,即对某些管理领域的处罚权进行集中。例如,按照《行政处罚法》和《行政强制法》的规定,限制人身自由的行政处罚权和行政强制权就不能集中行使。

4. 产生了一个新的行政执法主体。被集中行使的相对集中行政处罚权分离出原行使主体后,并非由原享有行政处罚权的行政机关中的某一个行政机关来行使,而是交由一个新成立的行政执法主体来行使。

上述相对集中行政处罚权所含内容构成了不同于一般行政处罚制度的相

① 马怀德:《相对集中行政处罚权的法律体系构建》,北京市城市管理综合行政执法局2007年课题报告。

对集中行政处罚权制度,从而也形成了相对集中行政处罚权制度独有的特点。对于相对集中行政处罚权的特点,学者们有不同概括。笔者认为,北京市城管综合执法局2007年有关课题研究组的研究归纳最为准确:

1. 相对集中行政处罚权制度是在不修改现行法律法规的前提下进行的一种行政管理体制改革。这种改革的目的在于对行政管理体制进行探索及创新,使其不同于以往体制改革的尝试。按照该种改革制度设计,其实践依据主要由国务院以文件及批复以及省级政府规章等规范性文件的形式规定并引导。

2. 相对集中行政处罚权制度是对行政处罚权的一种全新改革。这种改革形式不同于以往由多个部门联合发文、联合执法,因此与其相比,无论是在行政主体地位、行政执法程序,还是在责任承担方面都有许多不同,最为显著的区别就是相对集中行政处罚权制度是将某一类型或某一领域的行政处罚权集中起来,由一个新成立的独立的行政机关统一行使,并由该机关独立承担相应的法律责任。

3. 相对集中行政处罚权制度集中的是行政处罚权而不是其他行政权力,而且集中的行政处罚权目前仅限于某一领域,如城市管理领域。因为依照法律规定并非所有的行政处罚权都可以集中,如限制人身自由的行政处罚权依法就只能由法定行政机关行使。

4. 相对集中行政处罚权制度集中的方式具有特定性。该种制度改革是对行政处罚权的相对集中,不是将所有行政处罚权都绝对集中起来,统一行使。设立相对集中行政处罚权的主要目的是解决行政处罚领域长期存在的多头执法、重复执法、执法扰民等不良执法问题,因此,集中行使的行政处罚权大都是在行政机关之间存在的重复或交叉职权,能够集中行使的部分。

5. 相对集中行政处罚权制度对处罚权的行使范围具有突破性。在相对集中行政处罚权制度下,享有行政处罚权的执法机关所享行政处罚权涉及的范围与传统的行政处罚权相比要广泛得多,不仅仅限于某一个行业,而是横跨多个行业,即涉及多个行政职能部门的处罚权。①

---

① 马怀德:《相对集中行政处罚权的法律体系构建》,北京市城市管理综合行政执法局2007年课题报告。

(二)城管综合执法

狭义上的行政执法,主要是指主管行政机关依法对相对人采取的具体、直接影响其权利、义务,或者对相对人权利、义务的行使和履行情况进行监督检查的行为。① 广义上的行政执法,是指行政执法机关执行法律的行政行为,既包括直接影响相对人权利、义务的具体行政行为,也包括间接影响相对人权利、义务的抽象行政行为。

"综合执法"的概念始见于国务院法制局1997年3月给北京市人民政府办公厅的《关于在北京市宣武区开展城市管理综合执法试点工作的复函》(国法函〔1997〕12号),其中写道:"在宣武区城市管理监察大队(以下简称区监察大队)组建并开始综合执法后,原有关行政执法部门不再行使调整后由区监察大队集中行使的行政处罚权。"2003年2月,中央编办、国务院法制办在《关于推进相对集中行政处罚权和综合行政执法试点工作有关问题的通知》中正式明确了"综合行政执法"这一概念:"城管执法即在城市管理领域的综合行政执法。"②综合以上两个文件的表述,综合执法就是城市管理综合行政执法的简称。

笔者认为,"综合行政执法"是指在根据法律的授权或者在其他行政机关委托的范围内,由一个行政机关或具有社会公共管理职能的组织依照法律规定和法律程序,在一定的社会行政管理领域内,行使多个原由不同行政机关管辖的管理职能的行政执法制度。由此可见,综合行政执法不是传统意义上的行政执法,其内容不仅仅限于行政处罚一项行政职能,还包括了行政许可、行政征收、行政指导、行政强制等不同种类的行政行为。《行政强制法》关于行政强制措施实施权的集中行使的规定就可以印证笔者的这个观点,根据《行政强制法》第17条第2款的规定,"依据《行政处罚法》的规定行使相对集中行政

① 应松年、朱维究主编:《行政法与行政诉讼法教程》,中国政法大学出版社1989年版,第164页。

② 马怀德:"北京市城管执法在城市运行环境管理中的职能定位及实现方式",2008年综合行政执法体制学术研讨会会议论文。

处罚权的行政机关,可以实施法律、法规规定的与行政处罚权有关的行政强制措施”。

（三）相对集中行政处罚权与综合行政执法之间的关系

2002年8月,国务院印发《关于进一步推动相对集中行政处罚权工作的决定》,[①]决定授权省、自治区、直辖市人民政府在本行政区域内,可以有计划、有步骤地开展相对集中行政处罚权工作;2002年10月,国务院办公厅又转发了《中央编办关于清理整顿行政执法队伍实行综合行政执法试点工作的意见》,[②]决定在广东省、重庆市开展清理整顿行政执法队伍实行综合行政执法的试点,其他省区市各选择1~2个具备条件的市(地)、县(市)开展试点工作。以上两个文件明确指出了如何理解相对集中行政处罚权工作与综合执法试点工作的关系。2003年2月,中央编办和国务院法制办又联合下发了《关于推进相对集中行政处罚权和综合行政执法试点工作有关问题的通知》(以下简称中央编办4号文件),[③]对这两项工作的关系作出了明确的界定:“相对集中行政处罚权,是根据《行政处罚法》对部分行政处罚权的相对集中;而综合行政执法则是在相对集中行政处罚权基础上对执法工作的改革。综合行政执法不仅将日常管理、监督检查和实施处罚等职能进一步综合起来,而且据此对政府有关部门的职责权限、机构设置、人员编制进行相应调整,从体制上、源头上改革和创新行政执法体制,解决执法工作中存在的许多弊病,进一步深化行政管理体制改革。”[④]

由此看来,城市管理综合执法权与相对集中行政处罚权既有联系又有区别,后者是前者实现的前提和条件,前者是后者的载体和体现。城管综合执法权包括相对集中行政处罚权,又不限于行政处罚权,还包括有相对集中的其他

---

① 国发〔2002〕17号。

② 国办发〔2002〕56号。

③ 中央编办发〔2003〕4号。

④ 马怀德:“北京市城管执法在城市运行环境管理中的职能定位及实现方式”,2008年综合行政执法体制学术研讨会会议论文;张凤德:“深化综合行政执法改革的思考——以浙江省义乌市为例”,上海交通大学2008年学位论文。

行政权。可以说，二者的主要内容一致，但表达的角度不同，都改变着分散式的行政管理模式。由于现行法律中并没有明确使用相对集中行政处罚权这一概念，对其也未作出具体明确的规定，在我国学术界以及政府部门经常是将二者混同使用或相互替代，如国务院在《关于贯彻实施〈中华人民共和国行政处罚法〉的通知》中用的是"相对集中行政处罚权"，而国务院法制办在对各地相对集中行政处罚权试点的申请批复上用的是"综合执法"；各地方政府颁布实施的地方性立法也有这种倾向，例如，北京市政府颁布的《北京市实施城市管理相对集中行政处罚权办法》第 3 条第 1 款规定："城市管理综合行政执法机关（以下简称综合行政执法机关）是本级人民政府领导的行使相对集中处罚权的行政机关。"广州市关于相对集中行政处罚权的立法是《广州市城市管理综合执法细则》，杭州市针对综合行政执法颁布了《杭州市城市管理相对集中行政处罚权实施办法》。[①] 有的学者认为，这两种提法的实质内容并无区别，"综合执法"是相对以往"分散执法"而言，指的是行政职权的综合行使，而"相对集中行政处罚权"则是从其具体的运作形式来概括，相对集中行政处罚权与综合执法只是对同一法律行为的两种不同的表达方式。笔者认为，在现阶段对"城管综合执法"尚无法律明确予以界定的情况下，结合城管综合执法机关的执法实际，在城市管理领域以相对集中行政处罚权来界定城管综合执法是可以的。但应注意把握以下几点：

1. 相对集中行政处罚权是实行综合行政执法的基础，两者是统一的关系。这两项工作的目标是相同的，原则精神是一致的，内涵实质是统一的，都是行政管理领域实行的创新举措，改变多重执法、执法扰民、效率低下等问题，实现行政执法体制的改革与创新。

2. 综合行政执法是在相对集中行政处罚权基础上的进一步拓展。综合行政执法权并不仅仅局限于行政处罚这一种权力的集中，综合行政机关在组建之初即被同时赋予了其他行政权力。这在各级规范性文件中都有体现，如根据西

---

① 沈亚琦："相对集中行政处罚权制度探析"，苏州大学 2008 年学位论文。

安市人民政府令《西安市机动车停车场(库)管理办法》(第64号)、《西安市人民政府关于进一步加强城市人行道机动车辆停放管理工作的通知》、①《关于加强城市公共停车设施建设及规范停车管理的实施意见》②和《西安市城管执法局关于加强人行道机动车辆停放站点日常监督管理的通知》③文件精神,西安市综合行政执法机构就负责人行道机动车辆停放站(点)设置的有关事项:“临街单位和个人需占用门前人行道设置机动车辆停放站(点)进行管理收费的,拟办单位或个人需携带单位证明、个人证件、书面申请及拟设站点平面图,到市城管执法局辖区支队进行申请登记,由支队现场勘验后,对符合设置条件的站点填写《西安市人行道机动车辆停放站(点)审核表》,并报局停放办进行审核。”④上述地方性法规和文件将人行道机动车停放站点的行政许可权赋予西安市城管执法机关行使,说明城管综合执法权不仅包括行政处罚权,还包括行政许可权等,是各类行政权的综合赋权。再如,根据《三亚市人民政府关于推进综合行政执法试点工作的决定》⑤文件精神,三亚市政府将市公安局、市规划建设局、市交通局、市文体局等16个部门17项行政执法职能以及临时占用城市道路设施审批及监管、户外广告设施设置审批及监管、临时建设工程审批及监管、“门前三包”责任制监管5项审批权限划转给市综合行政执法局统一行使,形成“三亚综合行政执法17+5模式”,开创了全国综合行政执法试点工作所划转相对集中行政处罚权最多、合并管理职能最广、管理范围涉及面最大的“三个之最”。⑥

3. 综合行政执法是对相对集中行政处罚权的突破,在是否专司行政处罚权这一问题上存在对立。综合行政执法初期,只是在城市管理领域开展相对集

---

① 市政告字〔2007〕4号。

② 市政发〔2011〕54号。

③ 市城管发〔2011〕67号。

④ “关于印发西安市人行道机动车辆停放站点设置管理规定的通知”,载 http://www.xacg.gov.cn/detail.php?id=7318&pid=12&cid=52&sid=53,2013年3月15日访问。

⑤ 三府〔2005〕184号。

⑥ “三亚市法制办公室关于开展综合行政执法试点工作的报告”,载 http://fzb.sanya.gov.cn/html/2010/04/t20100408_21.shtml,2013年3月15日访问。

中行政处罚权的试点工作，但发展到今天，综合行政执法无论从机构设置和人员编制，还是行使职权都已经远远超出了城市管理领域相对集中处罚权所涉及的范围，已经涵盖了多个行政管理领域、政府部门的职责权限。我们从中可以得到一个启示：这也许是个方向，因为综合行政执法已不仅仅在相对集中处罚权比较成熟的城市管理领域里展开，在职责交叉比较明显、多头执法比较突出的文化市场管理领域也有开展，国内很多城市组建了文化综合执法队伍。2011年12月6日，文化部部务会议审议通过了《文化市场综合行政执法管理办法》，自2012年2月1日起施行，该办法在部门规章立法层面上确立了文化领域的综合行政执法。据悉，国务院下一步还有可能开展经济管理领域的综合行政执法工作的试点。综合行政执法是对现有行政执法体制的突破，是从行政管理体制上解决多重执法、执法扰民、效率低下等问题的创新举措。目前，很多地方政府通过"行政公务大厅"的形式把各部门的行政许可职能集中到一起，其实质也是"行政许可"的综合行政执法，体现了行政许可领域的行政执法发展方向。

从相对集中行政处罚权到综合行政执法，既是我国行政管理体制改革理论研究不断深化的结果，也是行政管理体制改革创新不断发展的成就。

（四）综合行政执法的目的、意义与业绩

我国《行政处罚法》第16条对相对集中行政处罚权作出的明确规定，第一次以国家立法的形式确立了相对集中行使行政处罚权制度，为解决行政管理中存在的多头执法问题确立了法律依据。城市管理领域多头执法问题尤为严重，也成为最先解决的行政领域。前述规定也为促进行政处罚权更加科学合理的分配，使行政处罚主体设置更加科学规范，为我国行政管理体制改革、精简行政执法部门提供了法律依据。据此，《国务院关于进一步推进相对集中行政处罚权工作的决定》①明确指出："行政处罚法确立相对集中行政处罚权制度的目的，是要解决多头执法、职责交叉、重复处罚、执法扰民和行政执法机构膨胀等问题，深化行政管理体制改革，探索建立与社会主义市场经济体制相适应的行

① 国发〔2002〕17号。

政管理体制和行政执法机制，提高行政执法的效率和水平，保护公民、法人和其他组织的合法权益，保障和促进社会生产力的发展。”2006 年，北京市政府法制办的报告写道：“自 1997 年以来，为解决城市管理中行政执法存在的多头执法，职责交叉，重复处罚，执法扰民、效率低下等问题，经国务院批准，本市在全国率先开展了相对集中行政处罚权的试点工作，实践证明，改革带来了城市管理行政执法的诸多变化：一是减少了多部门职权交叉引起的诸多弊端，提高了执法效率，使相关执法活动初步呈现出一种统一、简明、精干、高效的状态。二是推动了城市管理重心与执法权力的下移，使区域性城市管理和环境整治工作，有了一支权力相对集中和稳定的行政执法队伍，促进了“两级政府三级管理”体制的落实。三是初步改变了以突击整治为主的执法方式，保证了执法活动的经常化和城市环境秩序的基本稳定。四是执法力度明显加强，解决或者遏制了一些群众反映强烈的“老大难”问题，执法的社会效果明显改善。五是强化了执法队伍管理，形成了一整套比较完整的队伍管理制度体系，执法人员素质明显提高……目前，在全市范围内已经形成了以市、区、街（镇）城管组织为基本框架，以集中行使十四个方面主要职能……基本覆盖本市城市化管理地区的城市管理行政执法网络体系。”

以北京市城管综合执法机关取得的工作成绩为例，据不完全统计，自 1997 年至 2016 年年初共 19 年时间，在圆满完成了抗击非典，2008 年奥运城市环境保障，十六大、十七大，国庆 55 周年、60 周年、70 周年，建党 90 周年，APEC 会议，反法西斯抗战胜利 70 周年等重大活动环境保障工作的基础上，累计拆除违法建设 3100 万余平方米，查处无照经营 253 万余起，黑车 7.2 万余起，违法建设及施工现场 11.3 万余起，市政和公用事业、节水、河湖管理 3.2 万余起，查处非法图书、音像制品 145.1 万余件，取缔非法黑窝点 2.1 万余个，开展各类主题宣传活动 2000 余次，动员社会力量 3560 万余人，发布公益广告 61 万次，在各类媒体发稿 5.6 万余条，在全市 91 个点位开展“城市文明加油站”志愿服务活动，累计服务市民、游客共 462.8 万余人次。

正如有学者概括的，“十多年来，相对集中行政处罚权工作由点到面，逐步推开，比较有效地解决了城市管理领域中长期存在的职权交叉、多头执法、重复处罚、执法扰民、效率低下、执法机构膨胀等问题，在提高行政执法水平和效率，加强制度建设，规范行政执法，改善城市管理，促进行政管理体制改革等方面，取得了显著成效。总的来说，十多年来的实践证明：作为法律确定的制度，作为实施《行政处罚法》的重要制度，相对集中行政处罚权制度既是改革创新的产物，其本身也在不断改革创新，其实施过程就是对现行行政执法体制和行政管理体制的不断改革和不断创新的过程，因此，体现改革创新精神的相对集中行政处罚权制度经实践证明具有强大的生命力。"①

四、我国城管综合执法管理体制

通说认为，"体制"是指某一组织的权限划分、按照这种划分所设置的机构和所形成的组织制度与体系以及组织行为的运作方式（或手段）和程序。我国城管综合执法管理体制，是指我国城管综合执法机关的组织结构、体系、职能配置、权限划分以及行政职权的运作方式等制度。

（一）北京市城管综合执法管理体制

截至目前，北京市城管综合执法的管理体制分为市、区（管委会）、街（乡镇）三个层级，按照约定俗成的说法是："两级政府，三级管理；条块结合，双重领导。"

1. 处于管理体制最高级的是北京市城管综合执法局

2003 年 1 月 29 日，根据北京市人民政府印发的《关于进一步推进城市管理领域相对集中行政处罚权工作的决定》②及北京市人民政府办公厅《关于印发北京市城市管理综合行政执法局职能配置内设机构和人员编制规定的通

① 江凌、张水海："相对集中行政处罚权制度：发展历程、实施情况与基本经验——城管执法体制改革 12 年回顾"，载《行政法学研究》2008 年第 4 期。

② 京政发〔2002〕24 号。

知》[1]的相关规定，北京市城管综合执法局成立，直属于北京市市政管理委员会，[2]由此形成了北京市城市管理综合执法局统一指导、协调、调度、指挥全市各区城管执法局（分局）、城管执法分队的执法体制。

2011 年 11 月 5 日，北京市政府决定将北京市城管综合执法局调整为市政府直属行政执法机关。按照北京市人民政府办公厅《关于将北京市城市管理综合行政执法局调整为市政府直属行政执法机构的通知》[3]的规定，北京城管执法局是受北京市人民政府领导的行使相对集中处罚权的行政机关。[4] 按照《北京市人民政府办公厅关于印发北京市城市管理综合行政执法局主要职责内设机构和人员编制规定的通知》的规定，北京市城管综合执法局的主要职责是：（1）贯彻落实国家及本市关于城市管理方面的法律、法规、规章及政策，依法开展治理和维护城市管理秩序的相关工作。（2）组织起草本市关于城管综合执法方面的地方性法规、政府规章草案，制定本市城管综合执法工作发展规划、政策措施并组织实施；研究提出完善本市城管综合执法体制的意见和建议。（3）负责本市城管综合执法工作的业务指导、统筹协调、指挥调度、督促检查，负责向市、区县政府或相关职能部门及时反映问题、通报情况。（4）依法集中行使市政府决定赋予的城市管理领域的行政处罚权，负责跨区域、重大疑难案件的查处工作。（5）负责本市城管综合执法队伍建设、教育培训、监督考核工作。（6）承办市政府交办的其他事项。[5]

2. 北京市城管综合执法队伍的第二个层级是各区的城管执法局和天安门城管分局、亦庄开发区分局、西客站城管分局、燕山城管分局

各区城管执法局（分局）受市城管综合执法局和区人民政府双重领导，即

---

① 京政发〔2002〕59 号。

② 2009 年北京市市政管理委员会更名为北京市市政市容管理委员会。

③ 京政办发〔2011〕56 号。

④ 早在 2000 年国务院办公厅下发的《关于继续做好相对集中行政处罚权试点工作的通知》（国办发〔2000〕63 号）就明确要求："为了进一步推进行政管理体制的改革，试点城市集中行使行政处罚权的行政机关应当作为本级政府的一个行政机关，不得作为政府一个部门内设机构或者下设机构。"

⑤ 京政办发〔2013〕2 号。

业务由市城管执法局领导，其领导班子由区人民政府考察之后任免。各区城管局（分局）执法人员的人事关系均隶属于所在的区（天安门管委会、开发区管委会、西客站管委会、燕山地区办事处），与北京城管执法局之间没有直接的人事关系，但是北京城管执法局有权对各区城管局的业务工作进行指导、监督和综合考核。各区城管局、天安门城管分局均具备行政执法主体资格，能够以自己的名义作出行政决定，承担相应的法律后果；开发区城管分局未取得独立的行政执法主体资格，只能以开发区管委会的名义作出行政决定，并由其承担相应的法律后果，如果进行行政诉讼、行政复议和国家赔偿，亦由开发区管委会作为责任承担行政主体。燕山地区城管分局以房山区城管局名义作出行政决定，西客站地区城管分局以西城区城管局名义作出行政决定。

3. 北京市城管执法队伍的第三级是各街道（乡镇）的城管执法分队

北京市辖区街道（乡、镇）城管执法分队属于区城管执法局的派出机构，全市各区、县街道（乡、镇）的城管执法分队以其所在的区局城管执法局的名义行使行政职权，人事任免和业务工作方面都要接受其区城管执法局的领导和监督。其中朝阳城管执法局的城管执法分队、北京西客站城管分局和燕山城管分局例外，这些城管执法分队的人事任免权分别隶属于其所在的街道办事处、乡、镇政府、西客站管委会和燕山地区办事处管委会。

（二）我国其他城市的城管综合执法管理体制

从全国范围来看，在城管执法队伍管理体制的模式方面，主要有垂直管理、双重管理和在省（市）层面设置协调机构三种模式。垂直管理体制是指市（区）级城管综合执法机关对下级城管综合执法机关的人事任命、财政预算、物资管理和业务领导实行直接管理；在双重管理体制下，上级城管综合执法机关对下级城管综合执法机关的管理权限仅限于业务指导和绩效考核评比等方面，上级城管综合执法机关对下级城管综合执法机关的人事任命、财政预算、物资管理等方面没有管理权，这些权力的管理权归属于下级城管综合执法机关所在的地方政府。目前，国内的城管综合执法机关绝大多数采取了双重管理体制模式。省（市）层面设置协调机构模式则是指在省（市）级城管综合执法机关层级上设置一个城市管理综合协调机构，由该协调机构负责系统协调各城管综合执法部门开展有关工作，城管综合执法机关是牵头单位或主要责任部门。

1. 上下级城管综合执法组织的垂直管理模式

笔者通过调查发现，宁波、泰安、中山、潍坊和无锡等城市采取的即是市、区（县）垂直管理体制模式，可以看出，采取垂直管理模式的城市均属于中小型城市。

2. 上下级城管综合执法组织的双重管理模式

北京、上海、天津和重庆等直辖市采取的即属双重管理体制的模式，即市级城管综合执法机关仅对其下级城管综合执法机关负责业务指导和绩效考核评比，其他管理权限则由市辖区、县政府负责。同时，青岛、沈阳、杭州、西安、宁波、武汉、深圳等城市大都采取设区的市、市辖区两级管理体制，强调管理重心在基层。在市辖区、街道管理体制上，大多数城市都实现了垂直管理模式。

笔者认为，科学的管理体制，有利于城管综合执法队伍的规范化建设，有利于提高城管综合执法的效率和效能。目前，在执法人员管理上，部分城市采取设区的市一级城管综合执法部门统一招录城管执法人员的模式，有利于执法人员整体素质的提升和执法队伍整体效能的发挥。例如，《宁波市城市管理相对集中行政处罚权实施办法》规定："市城管执法局负责对区城管执法局领导班子的任前审核和全市城管执法人员的录用审核。"为了加强上级城管综合执法机关对城管执法队伍的管理力度，下级执法机构领导班子主要成员的任免应征得上级执法部门的同意。由此可见，上下级城管综合执法机关之间不能满足于简单的业务指导关系，应当进一步改善现有的城管综合执法机关的双重领导体制模式。目前有些地方的城管综合执法管理体制兼具上述两种模式，既具双重管理模式，又具垂直管理模式，即便是后者向前者发展的过渡，也是值得肯定和提倡的。

3. 在省级或设区的市级层面上设置城管综合执法协调机构的体制模式

目前，我国省级设置城管综合执法协调机构的有 2 个，分别是浙江省和安徽省。从省会级城市和较大城市来看,西安、广州、武汉、上海、青岛、杭州、沈阳、成都等城市也组建了城市管理综合执法协调机构(办公室设在市城管综合执法机关)。城管综合执法协调机构主要履行全市性综合行政执法工作的宏观控制和综合协调职责,通过建立健全联席会议、协调沟通、信息资源共享、案件移送受理反馈等工作机制,督促各市辖区、县政府和有关行政管理部门切实履行城市管理的职责。例如,《西安市城市管理综合行政执法条例》第 29 条规定:"市、区人民政府应当建立健全城管执法协调机制,协调解决城管执法工作中的重大事项。"第 30 条规定:"城管执法部门应当与有关行政管理部门建立城市管理信息共享平台,及时通报有关城市管理信息。"第 32 条规定:"城管执法部门在调查取证过程中,需要有关行政管理部门提供有关资料的,有关行政管理部门应当积极配合。"

第二章　城管综合执法的基本原则与法律渊源

一、城管综合执法的基本原则

城管综合执法的原则,是指贯穿于城管综合执法活动始终的,用以指导执法活动合法、合理、有序进行的基本准则。城管综合执法的过程、步骤、方式的选择、确定以及城管综合执法涉及的实体法问题,必须要有原则可循,原因有二:第一,在行政执法当中,城管综合执法机关享有广泛的自由裁量权,必须加以控制,否则,必然导致自由裁量权的滥用和对行政相对人合法权利的侵犯;第二,行政法没有统一的法典,行政规范数量多,涉及面广,因此行政执法手段、方法、程序难以统一,通过原则约束可以防止城管综合执法权被滥用或因消极不作为而缺位。

(一)合法原则

合法原则,是指城管综合执法机关必须遵守法定权限,按照法定的方式、条件和程序进行行政执法。具体而言,合法原则主要包括以下内容:

1. 严格按照授权法行使职权

即城管综合执法机关的产生、存在都必须具有法律依据,城管综合执法机关行使权力必须具有法律依据,一切执法活动都必须在法律规定的职权范围内实施,不能在未得到法律授权或超出授权范围实施城管执法行为。作为执行城管综合执法任务的人员也必须具有合法的国家公职人员身份,其行政职权、执法手段、执法方式等均应有明确的法律规定。

2. 严格按照法定方式行使职权

即城管综合执法机关必须严格按照授权法规定的执法方式进行执法，包括运用法定的措施进行执法活动，不得采取无法律规定的措施，也不得滥用法律规定的措施。

3. 严格按照法定程序行使职权

城管综合执法作为一种程序伴随性的执法活动，必须严格按照法定程序进行执法，法定程序包括步骤、形式、顺序、时限等，包括各项程序性要求，如城管综合执法人员如与执法相对人有利害关系的，应当回避。关于回避的规定，我国《行政处罚法》第37条第3款有明确规定，即“执法人员与当事人有直接利害关系的，应当回避。”再如，除依法实施回避外，在对某一具体案件进行调查之前，城管综合执法人员还应当依法表明身份，依法告知行政相对人在接受调查中的权利义务，依法进行管辖，依法制作笔录等。基于“毒树之果”理论和“非法证据排除”规则，只要调查行为违反了法定程序和要求，其所取得的证据就难以成为作出行政决定的事实根据。

（二）合理、比例原则

城管综合执法机关的主要任务是对经授权领域统一实施行政处罚等执法职能的专设机关，其执法行为大多具有自由裁量权，为此，应当遵循合理、比例原则，在执法过程中坚持客观、公正、公平。执法坚持客观、公正，就是要求城管综合执法人员在进行执法时，应当排除主观臆断，一切以事实为根据，从客观实际出发，不能带有个人成见或者偏见进行执法，不能依据个人喜好进行判断，不得预先设定执法结论，力求做到公正执法。公平就是要求城管综合执法行政机关在进行行政案件办理过程中，坚持法律面前人人平等，平等对待行政相对人和利害关系人，不得因性别、年龄、民族、个人出身、政治背景等因素而有所歧视，没有正当理由，不得差别对待。在实施执法过程中，行使自由裁量权应当符合法律目的，自觉抵御外界的干扰和压力，排除不相干因素的影响，采取的执法措施或手段应当必要、适当，可以采取多种方式实现执法目的的，应当避免采用损害执法相对人和利害关系人权益的方式。

(三)公开原则

关于行政公开,很多西方国家都有明确规定,如西班牙《公共行政机关及共同的行政程序法》(1992年)第35条有关“公民的权利”中规定:“如为程序中利害关系人,有权在任何时候了解程序的审理情况,并获得程序中的资料复印件。”①葡萄牙《行政程序法》(1991年)第三部分第二章专门规定了“资讯权”,如第61条规定了利害关系人的资讯权,其第3项明确要求:“根据本条规定所要求的资讯,须在不超过10日期间内提供。”②美国1966年《情报自由法》也对当事人查阅卷宗,获取行政资讯,作出了非常全面和系统的规定。我国尚未制定统一的行政程序法,但是关于行政公开不乏具体规定。我国《政府信息公开条例》的颁布实施就旨在保障公民、法人和其他组织依法获取政府信息,提高政府工作的透明度,促进依法行政。国务院《全面推进依法行政实施纲要》明确要求:“行政机关实施行政管理,除涉及国家秘密和依法受到保护的商业秘密、个人隐私的外,应当公开。”③笔者理解,这里的公开既包括行政信息的公开,也包括执法过程的公开;既包括程序公开,也包括实体公开。如行政信息公开,即除依法应当保密的以外,有关城管综合执法的法规、规章和其他规范性文件以及城管综合执法机关的组织、职权、管辖、办公地点,以及实施行政执法行为,作出行政处理的条件、标准、程序等,均应通过一定途径、一定形式一律予以公开,让行政相对人知晓。涉及行政相对人权利义务的行政文件、档案、材料,应允许当事人查阅、摘抄。执法程序、执法决定公开,从行政相对人角度看,也是实现其参与权、知情权的重要体现和保障,因此,城管综合执法必须坚守公开原则。

(四)正当程序原则

有明确的法定程序的,城管综合执法应当遵循法定程序;法无有关程序的

① 应松年主编:《外国行政程序法汇编》,中国法制出版社1999年版,第288页。

② 应松年主编:《外国行政程序法汇编》,中国法制出版社2004年版,第345~346页。

③ 国发〔2004〕10号,第3条第5款。

明确规定的，如果城管综合执法行为可能给行政相对人权益造成不利影响，除法律规定的特别情形外，应当遵循正当法律程序原则，即应当事先告知行政相对人，向其说明执法行为的根据和理由，依法保障执法相对人和利害关系人的知情权。同时，在执法过程中，还应当注意听取执法相对人的陈述和辩解以及其他意见，通过各种可能的途径和形式为行政相对人提供参与的机会，依法尊重并保障执法相对人和利害关系人的参与权。行政相对人参与执法过程是现代国家民主法治的基本要求和重要体现。离开了行政相对人的参与，行政决定的合法性、正当性及其可接受性都无法维系，①城管综合执法活动更是如此。

关于行政应当遵守正当法律程序，各国也多有规定。如葡萄牙1991年《行政程序法》第55条第1款规定："由行政当局依职权开展程序时，如在该程序内将作出的行为可能损害某人的权利或受法律保护的利益，且即时可得到该人的身份资料，则须将该程序的开展告知该人。"②我国《行政处罚法》第41条规定："行政机关及其执法人员在作出行政处罚决定之前，不依照本法第三十一条、第三十二条的规定向当事人告知给予行政处罚的事实、理由和依据，或者拒绝听取当事人的陈述、申辩，行政处罚决定不能成立……"这一规定表明，遵守正当法律程序是确保我国城管综合执法有效的一个重要条件，也对城管综合执法提出了更高要求。

除此之外，正当法律程序还要求城管综合执法主体应当依法保障执法相对人和利害关系人的救济权。执法相对人或者利害关系人对城管综合执法行为或决定不服，或者认为侵犯其合法权益的，有权提出申诉和抗辩，有权申请行政复议，有权提起行政诉讼或向有关国家机关提出申诉、控告，请求行政赔偿或行政补偿。城管综合执法机关在告知权利时，这也应是必备内容。如我国《行政复议法》第6条第11项规定，认为行政机关的其他具体行政行为侵犯其合法权益的，公民、法人或其他组织可以依照本法申请行政复议。我国《行政诉讼法》第12条也规定了人民法院受理公民、法人和其他组织认为行政机关侵犯其人

① 章剑生主编：《行政程序法学》，中国政法大学出版社2004年版，第141页。

② 应松年主编：《外国行政程序法汇编》，中国法制出版社2004年版，第344页。

身权、财产权的行政行为提起的诉讼。此处对于执法相对人和利害关系人的权益应当作广义理解，如城管综合执法机关未能妥善保护执法调查过程中获取的当事人信息，当事人认为造成其权利受损的，或者城管综合执法机关违法发布或泄露有关执法相对人或利害关系人的信息，造成行政相对人人身权、财产权、名誉权损害的，执法相对人和利害关系人均可以通过行政复议或行政诉讼要求城管综合执法机关予以赔偿。

（五）全面、高效、便民原则

迟到的正义非正义，高效、便民原则就是要求城管综合执法行为应在保障程序正义的前提下，积极履行法定职责，尽量减少不必要的执法环节，在法定时限内用最短的时间实现行政执法目的，提高执法效率，提供优质服务。城管综合执法机关是集中行使综合执法权，因此在遵循高效、便民原则的同时，还应当贯彻全面原则。所谓全面原则，就是要求城管综合执法人员在执法过程中，应当尽可能全面关注案件，如在收集证据时，应当收集与案件有关的所有事实和相关的证据材料，既包括对当事人有利的事实和证据，也包括对当事人不利的事实和证据，不局限于即时办案的目的，确保尽可能发现案件的真实情况。这是城管综合执法实践的需要，正如我国《行政处罚法》第 36 条所规定的，“行政机关发现公民、法人或其他组织有依法应当给予行政处罚的行为的，必须全面、客观、公正地调查，收集有关证据”。这类要求在国外的有关立法中也有规定，如德国《联邦行政程序法》第 24 条第 2 款规定：“行政机关应顾及一切对具体案件有意义的情况，甚至是对参与人有利的情况。”①我国台湾地区“行政程序法草案”第 55 条规定：“行政机关应依职权调查证据，不受当事人主张的拘束，对当事人有利及不利事项一律注意。”②全面原则还要求城管综合执法机关在执法涉及公共利益时，要从公益角度出发考虑问题，调查同样应当全面进行，不受当事人主张的局限。行政调查不同于司法程序，具有主动性，不受“不告不

① 应松年主编：《外国行政程序法汇编》，中国法制出版社 2004 年版，第 89 页。

② 台湾地区行政院草案条文，参见应松年主编：《外国行政程序法汇编》，中国法制出版社 1999 年版，第 899 ~ 900 页。

理”的原则限制。也就是说，在城管综合执法调查中，为了发现真实情况，保护当事人权益，调查机关可以不受当事人请求的限制，主动调查当事人请求之外的事项，或申请其他行政机关协助进行调查取证，从而对案件进行全面掌控，作出合法合理的决定。

（六）诚实守信原则

根据国务院2004年3月20日印发的《全面推进依法行政实施纲要》关于依法行政基本原则的要求，城管综合执法机关遵循诚实守信原则应当包括以下三个方面的内容。

1. 城管综合执法机关公布的信息应当全面、准确、真实

2007年国务院颁布的《政府信息公开条例》第6条规定：“行政机关应当及时、准确地公开政府信息。行政机关发现影响或者可能影响社会稳定、扰乱社会管理秩序的虚假或者不完整信息的，应当在其职责范围内发布准确的政府信息予以澄清。”城管综合执法机关的各种执法信息，特别是涉及执法程序的各种信息，不仅关系到执法相对人知情权和其他权益的保护，而且关系到执法行为的透明度，除非法定禁止公开，向执法相对人提供或向社会公开还应当及时、迅速。

2. 非因法定事由并经法定程序，城管综合执法机关不得撤销、变更已经生效的行政决定

即使是站在行政相对人的立场，城管综合执法机关对被处罚人作出的行政处罚决定，处罚决定书一经送达，即产生法律效力，非经有权机关（包括作出决定的机关、其上级机关、行政复议机关和司法机关），非经法定程序决定，不得擅自变更，如行政处罚决定的种类、裁量幅度和执行的期间等。否则，处罚决定不确定，对于被处罚人会产生难以正确履行法定义务的困难；对于因违法行为受侵犯的第三人来讲，擅自变更行政处罚决定会直接导致其权益难以受到保障。例如，违法建设房屋遮挡了第三人的采光相邻权，如果行政机关擅自变更拆除违法建设决定，其采光权难以保障得到恢复。

3. 因国家利益、公共利益或者其他法定事由需要撤回或者变更行政决定

的，应当依照法定权限和程序进行，并对行政管理相对人因此而受到的财产损失依法予以补偿。

这条规定可以理解为由于情势变更或者因为司法审判等原因，城管综合执法机关如需撤回或者变更行政决定时，使当事人合法权益因此而受到损失的，应当依据《国家赔偿法》或者其他相关法律规定，予以赔偿或补偿，以弥补其因信赖公权力行为而产生的不合理损失。

（七）权责统一原则

城管综合执法机关依法履行经济、社会和文化事务管理职责，按照权责统一原则的要求，在行使行政管理或执法权力的同时，必须承担起社会管理的责任，并承担由于其违法或者不当行使职权应当依法承担的法律责任，权力和责任不可分离。仅仅拥有行政管理权力而不承担相应后果责任或法律责任的行政机关，必将失去法律监督和控制，很容易导致权力被滥用或者怠用，也难以真正承担起相应的社会管理责任，从而导致该行政机关管理的社会秩序混乱不堪。目前我国城市秩序已经与城管综合执法密切联系在一起了，因此，城管综合执法机关履行管理职责，一方面，应当依法行使法律、法规赋予其相应的执法权限和执法手段，严格依法行政、履职到位，不出现“缺位或者越位”；另一方面，在出现违法或者不当行使职权的情况下，应当依法承担相应的法律责任，以实现权力和责任的统一。依法做到执法有保障、有权必有责、用权受监督、违法受追究、侵权须赔偿。

二、城管综合执法的法律渊源

法律渊源，一般是指具有法的效力作用和意义的外在表现形式，包括制定法、判例法、法理和习惯等。我国法学界对目前我国法律渊源的认识比较一致，普遍认为，我国的法律渊源主要指制定法的渊源，包括宪法、法律、行政法规、部门规章、地方性法规和地方政府规章、自治条例和单行条例、特别行政区法律和国际条约等。这些渊源也是行政机关执法的法源，本无争议。但具体到城管综合执法的法律渊源，之所以值得探讨，主要是因为有关城管综合执法权力来源的正当性、合法性目前尚存争议，需要澄清，这即是本部分内容写就的主要目的所在。换句话说，城管综合执法要遵循上述依法行政的基本要求：合法行政、合理行政、公开行政、程序正当、全面高效便民、诚实守信、权责统一，合法正当的权力来源是其必备的重要前提，我们这里要探讨的就是城管综合执法的授权法渊源——名正以言顺。

（一）法律层面的授权法渊源

有学者认为，相对集中行政处罚权的法律渊源是《行政处罚法》第16条的规定，即"国务院或者经国务院授权的省、自治区、直辖市人民政府可以决定一个行政机关行使有关行政机关的行政处罚权，但限制人身自由的行政处罚权只能由公安机关行使"。相对集中行政处罚权是目前城管综合执法行使的主要权力，所以，此处对相对集中行政处罚权法律渊源的理解，可以认为即是对城管综合执法授权法渊源的理解。而且认为《行政处罚法》第16条是迄今为止我国唯一的一个关于行政综合执法即城管执法的控制性条款，在别的法律规范中再没有其他规定。[①] 我们认为，城管综合执法机关的"法律依据"不仅限于《行政处罚法》，我国《宪法》、组织法和有关单行法也是其重要的授权法渊源。正如青锋所言，"城管执法是有法律授权的，《行政处罚法》第16条规定，国务院或者经国务院授权的省、自治区、直辖市人民政府可以决定一个行政机关行使有关行政机关的行政处罚权。至于属于城管执法范围的卫生执法、工商执法、环境执法等，其执法主体和法律依据都没有改变，只不过通过城管执法局这样的单位，将其相对集中起来进行执法而已，任何一种执法行为都可以在相应的部门法律法规中找到依据"。[②] 从《行政处罚法》的规定来看，蕴含着对体制的直接调整和对权力进行的变通；从我国《宪法》的规定来看，"中央和地方的国家机构职权的划分，遵循在中央的统一领导下，充分发挥地方的主动性、积极性

① 关保英：《执法与处罚的行政权重构》，法律出版社2004年版，第3页。

② 陈煜儒："权威专家揭示城管和谐执法秘诀所在"，载http://npc.people.com.cn/GB/8162159.html，2013年4月26日访问。

的原则”;①从我国有关《组织法》的规定来看,地方人大常委会和地方各级人民政府均有权根据工作需要设立必要的工作部门;②从有关单行法的规定来看,也在对城管综合执法机关进行授权。如自2012年1月1日起施行《行政强制法》第17条第2款规定:“依据《中华人民共和国行政处罚法》的规定行使相对集中行政处罚权的行政机关,可以实施法律、法规规定的与行政处罚权有关的行政强制措施。”从广义上看,《行政强制法》的这条规定可以理解为法律对城管综合执法机关行使有关行政强制措施权力的直接授权,因为上述《行政处罚法》的有关规定,严格地讲,只能是一种间接授权。但无论如何,我们从这里可以找到城管综合执法权在法律层面的授权法渊源。正因为有这些法律层面的间接或直接授权,同时由于城管综合执法是具体执法部门,为地方人大和地方政府进行有关立法提供了依据,也创造了条件。北京作为首都、首善之区,有关城管综合执法的地方立法应当讲是比较完善的。

(二)地方立法层面的授权法渊源

从实践中看,地方直接授予城管综合执法主体资格和执法权的情况主要有两种:一种是省、直辖市或自治区人民政府根据国务院授权通过制定规范性文件赋予城管综合执法机关执法权;另一种是省、市人大及其常委会制定地方性法规赋予城管综合执法机关执法权。如北京市城管综合执法权的法律渊源就有两类:一类是市政府规范性文件授权③;另一类是地方性立法的授权。

---

① 参见《中华人民共和国宪法》第3条。

② 参见《中华人民共和国地方各级人民代表大会和地方各级人民政府组织法》第53条、第64条。

③ 北京市政府授予城管综合行政执法权的规范性文件有:《关于在宣武区开展城市管理综合执法试点工作的通知》(京政办函〔1997〕77号)、《关于本市城市管理综合行政执法试点工作扩大区域的通知》(京政办函〔1998〕110号)、《关于在本市远郊区县组建城市管理综合执法组织的通知》(京政办函〔2000〕42号)、《北京市人民政府关于进一步推进城市管理领域相对集中行政处罚权工作的决定》(京政发〔2002〕24号)、《北京市人民政府关于进一步扩大城市管理综合行政执法队伍行政处罚权的通知》(京政发〔2004〕3号)、《关于进一步加强城管综合行政执法工作的意见》(京政办发〔2007〕62号)。

1. 北京市城管综合执法权的地方性法律渊源

北京市政府设置城管综合执法机关和调整有关行政管理职能的权力，正是源于国务院的授权，并根据我国《宪法》、《组织法》以及其他法律的有关规定。

（1）北京市政府通过规范性文件的授权。根据我国《行政处罚法》规定的精神和国务院授权以及国务院的文件精神，①北京市人民政府陆续下发了《关于进一步推进城市管理领域相对集中行政处罚权工作的决定》（京政发〔2002〕24号）和《关于进一步扩大城市管理综合执法队伍行政处罚权的通知》（京政发〔2004〕3号）等文件，以明确城管综合执法的权限。

（2）北京市地方性立法的授权。地方性立法是城管综合执法权重要的授权法渊源。我国各地的地方性立法对城管综合执法机关作为城管领域的行政执法机关，行使行政处罚权都有明确授权。北京市地方性立法授权又有两个渠道：一是通过市人大及其常委会制定地方法规进行授权；二是通过市政府制定行政规章进行授权。

①北京市地方法规的授权。在《北京市市容环境卫生条例》、《北京市燃气管理条例》、《北京市环境噪声污染防治办法》、《北京市生活垃圾管理办法》及《北京市养犬管理规定》等地方性法规中都直接将某些城市管理行政执法职能授权给城管综合执法机关。例如，《北京市市容环境卫生条例》第10条规定："本市城市管理综合执法部门按照授权的范围，依法对本条例规定的市容环境卫生违法行为实施行政处罚。"再如，《北京市燃气管理条例》第42条规定："违反本条例第十四条的规定，未取得燃气经营许可或者不按照燃气经营许可的范围从事经营活动的，由城市管理综合执法部门责令停止违法行为，并处5000元以上5万元以下罚款。"这些地方性法规的规定都是对城管综合执法机关的直接授权，从而成为城管综合执法权重要的授权法渊源。

---

① 国务院的相关批复和北京市政府的相关授权文件：《关于在北京市宣武区开展城市管理综合执法试点工作的复函》（国法函〔1997〕12号）、《关于北京市城市管理综合执法试点工作扩大区域问题的复函》（国法函〔1998〕87号）、《关于北京市城市管理综合执法试点工作扩大区域等问题的复函》（国法函〔2000〕15号）、《国务院办公厅关于继续做好相对集中行政处罚权试点工作的通知》（国发〔2002〕17号）。

②北京市政府规章授权。北京市政府是北京市城管综合执法局的直接领导机关,其制定的政府规章对城管综合执法机关的授权更为具有明确。如2008年颁布实施的《北京市实施城市管理相对集中行政处罚权办法》(以下简称《北京市相对集中行政处罚权实施办法》)①第5条对北京市城管综合执法机关根据国务院和市人民政府关于相对集中处罚权的决定,行使法律、法规、规章规定的14项行政处罚权作了明确规定。② 2011年11月,北京市政府将北京市城管综合执法局调整为市政府直属行政执法机构后,2013年年初即下发了《北京市人民政府办公厅关于印发北京市城市管理综合行政执法局主要职责内设机构和人员编制规定的通知》,对北京市城管综合执法局的主要职责进行了调整和明确。③

从某种意义上讲,这些授权仍然具有相当的概括性,在有些领域,政府规章对城管综合执法机关的授权还要更具体些,甚至具体到执行事项上,例如,有关行使城市规划管理方面对违法建设的有关处罚权问题,《北京市禁止违法建设若干规定》对城管综合执法机关就作了明确的具体授权,成为城管综合执法的直接授权法渊源。④

2. 国内其他地方有关城管综合执法权立法的主要情况

笔者经对国内其他地方性立法和地方政府规章立法梳理后发现,目前国内已有30多个大、中城市对实施相对集中处罚权和开展城市管理综合执法工作

---

① 北京市人民政府第197号令。

② 这14项行政处罚权是:“(一)市容环境卫生管理方面的处罚权;(二)市政管理方面的处罚权;(三)公用事业管理方面的处罚权;(四)城市节水管理方面的处罚权;(五)园林绿化管理方面的有关处罚权;(六)环境保护管理方面的有关处罚权;(七)城市河湖管理方面的有关处罚权;(八)施工现场管理方面的有关处罚权;(九)城市停车管理方面的有关处罚权;(十)交通运输管理方面的有关处罚权;(十一)工商行政管理方面对流动无照经营行为的处罚权;(十二)城市规划管理方面对违法建设的有关处罚权;(十三)旅游管理方面对无导游证从事导游活动行为的处罚权;(十四)市人民政府决定由城管执法机关集中行使的其他处罚权。”

③ 京政办发〔2013〕2号;调整后的职能详见本书第一章有关部分。

④ 如《北京市禁止违法建设若干规定》第9条第2款规定:“城市管理综合行政执法机关负责查处未取得建设工程规划许可证、临时建设工程规划许可证以及前款第(二)项中所列规划文件的城镇建设工程。”

进行了立法,通过立法对行政执法机关的职能和执法程序作了规定,使城市管理行政执法有了明确的法律依据。如 2008 年 9 月,浙江省从省级地方立法层面在全国范围内率先出台了关于相对集中行政处罚权的地方性法规。在我国《立法法》明确的“较大的市”范围内,广州、深圳、西安、珠海、青岛、南京、武汉、厦门等多个城市陆续制定了专门的地方性法规,对城市管理综合执法在城市管理中的作用、法律地位、职责权限以及实施相对集中处罚权的各项领导机制、执法机制等作了明确规定。据了解,还有一些省、市和地级市长沙市已经制定了关于相对集中行政处罚权的法规草案。在地方政府规章立法层面,2006 年 8 月,安徽省率先制定实施了省级层面的地方政府规章;上海、天津、安徽、武汉、长春、拉萨等 20 余个省、市先后制定了城市管理相对集中行政处罚权的办法和规定。上海市除了出台《上海市城市管理相对集中行政处罚权暂行办法》外,早在 2004 年就发布了《上海市文化领域相对集中行政处罚权办法》,专门对文化领域的相对集中行政处罚权进行了规范。

(三)授权法渊源之间存在的冲突与应对

目前城管综合执法常用法律、法规、规章约有几十部,就我国法的体系而言,规范之间存在冲突在所难免。这些冲突,无论是从理论研究需要考虑,抑或是从执法实践需要出发,都有必要进行探究。

1. 授权法渊源冲突的主要表现

(1)规范不一致,执法权交叉或缺位。从法律层面看,现行有关城市管理方面的法律、法规明确将行政管理权授予了各业务主管部门,如《城乡规划法》、《环境保护法》、《无照经营查处取缔办法》、《城市市容和环境卫生管理条例》、《城市道路管理条例》等,都明确规定各业务行政主管部门行使有关处罚权,而地方性立法和地方性规定根据国务院授权又将有关行政管理权授予了城管综合执法机关,如北京城管综合执法机关行使上述法律规定的执法权的授权法渊源,既有北京市政府通过规范性文件的具体执法事项授权,又有诸如《北京市相对集中行政处罚权实施办法》等政府规章的概况性或具体性授权。这就出现了城管综合执法权来源在法律位阶上存在四个级别,即法律、地方性法规、地方政府规章和地方政府的规范性文件。

应当讲，无论是学界，抑或是实务界，对授权法渊源存在多个位阶并不影响城管综合执法权源的正当性的看法是一致的。问题出在撤销授权上，因为撤销执法权力的法律依据有时并不明确，从而导致一项事权有多主或无一主的状况发生。如涉及具体执法事项依据的地方性法规或者地方性政府规章已经修改，将其中有关执法权授权有关行政机关，但是赋予城管综合执法机关的规范性文件及《北京市相对集中行政处罚权实施办法》第 5 条规定并未修改，这时就会形成城管综合执法机关仍然可以行使修改法规和规章涉及的执法权，而修改后的法规、规章规定的执法机关也可以行使相应的执法权能的局面。

与此相对应的是，如果城管综合执法机关按照修改后的法规、规章中止行使有关的执法权，而修改后的法规、规章授权的执法机关因为赋予城管综合执法机关的规范性文件及《北京市相对集中行政处罚权实施办法》第 5 条规定没有修改，而不行使有关执法权的话，则会形成城管综合执法机关和该被授权的执法机关均未开展行政管理执法的问题，从而造成有关执法权能的缺失，导致执法实践缺位。这种多头执法都行使管辖权或无人问津都不行使管辖权的问题，与相对集中行政处罚权制度相悖，也是有违授权法目的的。

从效力位阶上看，法律肯定高于地方性法规，高于地方政府的规范性文件，但从地方政府制定的规范性文件依据来看，根据《行政处罚法》第 16 条的规定，是可以直接授权城管综合执法机关行使上述法律没有直接授权城管综合执法机关执法权的，如北京市政府通过《北京市相对集中行政处罚权实施办法》这个地方政府规章可以授权给城管综合执法机关行使法律并未直接规定城管综合执法机关为执法主体的执法权。问题是如果上位法精简了城管综合执法机关的执法权，城管综合执法机关是否可以按照处于下位仍然有效的政府通过的规范性文件的授权行使执法权呢？

规范层面的这种交叉、多种形式授权的不一致，既使社会上对相对集中行政处罚权制度的执法主体——城管综合执法机关产生许多误解，也给城管综合执法实践造成许多困惑和障碍，不仅使城管综合执法依据显得不明确、不充分，而且也直接影响城管综合执法的效力和权威性。

(2)规范欠清晰,执法依据难确定。从各个授权法律文件来看,似乎规定得都很明确,但是从具体执法管理角度上来看,却难免存在冲突。例如,在违法建设管理领域,《城乡规划法》和《城市市容和环境卫生管理条例》都是重要的执法依据,但对于违法建设的规定,前者的规定是针对违反规划的建设进行管理,而后者的规定则针对影响市容环境的建设进行管理,涉及的具体事项是否重合? 认识并非一致。再如,在无照经营管理领域也有相同问题。《无照经营查处取缔办法》对于未取得营业执照的无照行为进行规范,而《城市市容和环境卫生管理条例》是对擅自摆摊设点进行管理,两者区别非常模糊。授权法规范中存在的诸如此类问题,既使有关规范事项、概念等存在模糊不清的问题,也给城管综合执法实践适用法律造成困难。

(3)法律位阶与适用优先权的冲突。在城管综合执法中,针对一项违法行为可以适用多部法律规范性文件的情况普遍存在,例如,针对违法建设行为的查处,同时有《城乡规划法》、《北京市城乡规划条例》和《北京市禁止违法建设若干规定》三部规范性法律文件,其中涵盖了法律、地方性法规和地方政府规章;如果按照上位法优于下位法原则,应当适用《城乡规划法》的有关规定进行查处;如果按照适用位阶较低的规范性文件优先原则,应当适用《北京市禁止违法建设若干规定》的有关规定进行查处;这实际上就造成了适用法律不明确的问题。

2. 应对建议

由于存在上述规范交叉、不一致等问题,目前在学界有城管综合执法是“借法执法”的看法,虽然这种看法难免有失偏颇,但也从某一侧面反映了城管综合执法领域授权法渊源方面存在的问题。针对上述问题,我们认为可以从以下方面着手逐步解决并完善。

(1)加强全国立法,清理、修改并完善城管综合执法领域的立法体系。在我国,城管综合执法不仅已有10多年的实践历程,而且已是大小城镇进行行政管理的执法主力和普遍现象,但是在国家层面有关其统一授权立法仍然是个空白，为此，建议全国人大及其常委会就城管综合执法权问题尽快进行统一立法。进行全国统一立法，不仅解决城管综合执法权授权法渊源问题，也有助于消除社会上对城管综合执法权源正当性、合法性的广泛质疑。在进行统一立法的基础上，对城管综合执法的地方性立法和其他规范性文件进行清理、修改，特别是解决授权法渊源中存在的不一致或交叉授权问题，明确在精简城管综合执法机关的职能时有关职权的配置走向。以北京市河湖管理和节水管理为例，新的地方立法没有关于城管综合执法机关的授权表述，其生效实施后，应在该立法中对城管综合执法机关是否仍然可以按照原来的政府授权行使执法权予以明确。这不仅有助于明确城管综合执法授权法渊源和执法领域，而且有利于解决执法权力交叉或出现缺位问题。

（2）通过制定规范性文件规定有关执法机关的协调权力与职责。地方性立法对有关城管综合执法权力的规定进行修改或调整后，如果没有明确授权给城管综合执法机关执法权，或者将有关管理职能授权其他行政主管部门，应当明确有关主管机关与城管综合执法机关在有关授权领域的职权划分，即由哪个行政执法机关来行使有关执法权，是共同执法还是城管综合执法机关仍有执法权，并应当明确有关权力机关的协调职责，以便于城管综合执法机关与有关主管机关的权力交接和职能协调。地方性立法就城管综合执法机关的授权规定进行修改或者重新配置的，也可通过该立法授权地方政府发文明确有关城管综合执法机关的职权调整，以避免在授权法渊源变化时，如果城管综合执法机关仍可行使有关执法权，发生城管综合执法机关执法不作为的问题，或者因继续行使已经被转授权的职能，导致发生越权执法的问题。如果城管综合执法机关负有交接执法权或者进行有关职能协调的职责，则有关城管综合执法机关应当全面做好与相关执法机关的权力交接工作，如包括执法信息、执法人员和执法设备等。

（3）明确下位优先适用具体执法案件的基本原则。现实中的具体执法问题往往由于上位法规定的概括性、原则性而需要下位法予以具体明确，如果由于存在上位法而在执法当中不予适用将上位法具体化的下位法，就失去了其存在的价值；而如果同时适用不同位阶又都作出有关规定的所有规范性文件，势必会造成适用法律不明确的问题。应当承认，这不单纯是城管综合执法领域所面临的问题，所有的行政执法领域都存在此类问题。鉴于本文研究的领域是城管综合执法问题，鉴于城管综合执法领域适用的规范性文件数量繁多，我们认为，不妨明确城管综合执法在下位法不违反上位法规定的前提下可以优先适用下位法，从而解决法律位阶与适用优先权的冲突问题，统一城管综合执法的规范依据。

第三章　城管综合执法相对人的性质认定及权利义务

城管综合执法相对人，是指在城管综合执法活动中，除城管综合执法机关以外的参加者，既包括城管综合执法行为所直接针对的相对人，也包括与城管综合执法行为有利害关系的相关人。换句话说，对于城管综合执法机关来讲，行政相对人一般情况下包括行政处罚案件当事人、行政参与人和第三人。案件当事人包括公民、法人和其他组织。在城管综合执法实践中，案件当事人又分为单位和个人；行政参与人包括代理人、证人、鉴定人和翻译人。第三人包括因行政执法活动而涉及的相邻权人、竞争权人、受害人、所有权人或使用权人等。

在城市管理领域，如前所述，我国已经从立法①层面上确立了城管综合执法机关在城市管理中作为行政主体的资格。作为行政主体，城管综合执法机关在不同的管理领域或程序当中可以有以下不同的称谓：行政管理机关、行政执法机关、行政处罚机关、行政强制机关、行政调查机关、行政执行机关、行政处罚申请执行机关、行政强制申请执行机关等。这些称谓从另一侧面也反映出城管综合执法机关所拥有的执法职权与职责。城管综合执法行为一般都有执法的

---

① 如确立城管综合执法机关行政主体的法律依据首先有两个：一是《行政处罚法》第16条的规定，即"国务院或者经国务院授权的省、自治区、直辖市人民政府可以决定一个行政机关行使有关行政机关的行政处罚权，但限制人身自由的行政处罚权只能由公安机关行使。"二是《地方各级人民代表大会和地方各级人民政府组织法》第64条的规定，即"地方各级人民政府根据工作需要和精干的原则，设立必要的工作部门。自治州、县、自治县、市、市辖区的人民政府的局、室等工作部门的设立，增加、减少或合并，由本级人民政府报请上一级人民政府批准，并报本级人民代表大会常务委员会备案。"此外还有其他法律、法规、规章等规范性文件的授权。

具体相对人，城管综合执法领域不同，涉及的行政相对人分类会有不同。将行政相对人进行正确分类，不仅对于城管综合执法机关依法执法具有重要意义，也有助于行政相对人行使对城管综合执法机关依法行政、文明执法进行监督的权利，以及在其人身权和财产权等权利受到城管综合执法机关违法侵害时，要求其依法履行职责和通过法定途径寻求行政权力救济的权利。

一、城管综合执法处罚案件当事人类型的一般划分

正确认定案件当事人的主体性质是城管综合执法机关作出行政处罚决定的首要条件，否则，必将导致处罚决定不合法。城管综合执法机关在作为处罚决定时，应当依据现有的法律、法规及相关司法解释，从有利于案件当事人的角度出发认定行政处罚案件当事人。依据《行政处罚法》第 3 条的规定，[①]我们可将行政处罚案件当事人分为公民、法人和其他组织三类。

（一）公民

该分类中的公民，是指具有行政责任能力的自然人、个体工商户、农村承包经营户和未取得法人资格的个人合伙。

1. 自然人

自然人，是指在自然状态之下作为民事主体存在的人。依据《行政处罚法》第 25 条和第 26 条规定，所谓具有行政责任能力的自然人是指年满 14 周岁，能够正确辨认和控制自己行为的自然人。未满 14 周岁的自然人、不能辨认或者控制自己行为的精神病人不具有行政责任能力，即使有违法行为，也不能对其施以行政处罚。生理性醉酒者虽然在醉酒状态时不能辨认和控制自己的行为，也不能认为其已丧失行政责任能力，其仍应对自己的行为负责。对于病理性醉酒者，由于其已经醉酒不能正确辨认和控制自己的行为，可以认定为一种事前故意。因此，不论其醉酒是生理性醉酒还是病理性醉酒，醉酒者对于其

---

① 《行政处罚法》第 3 条第 1 款规定："公民、法人或者其他组织违反行政管理秩序的行为，应当给予行政处罚的，依照本法由法律、法规或者规章规定，并由行政机关依照本法规定的程序实施。"

酒后行为应当承担行政法律责任。

2. 个体工商户

个体工商户，是指以个人财产或者家庭财产作为经营资本，依法经核准登记，并在法定的范围内从事非农业经营活动的个体经营者。从此定义上可以看出，个体工商户是以其个人或家庭作为经营主体的，在行政处罚案件中应当对公民或个人进行定性处罚。

3. 农村承包经营户

农村承包经营户，是指农村集体经济组织的成员，在法律允许的范围内，依照承包合同承包经营集体所有或者国家所有而由集体使用的土地或者集体的其他财产的家庭或个人。根据《民法通则》的规定，农村集体经济组织的成员，在法律允许的范围内，按照承包合同规定从事商品经营的，为农村承包经营户。行政处罚案件中，农村承包经营户也应当对公民或个人进行定性处罚。

4. 个人合伙

《民法通则》第 30 条规定："个人合伙是指两个以上公民按照协议，各自提供资金、实物、技术等，合伙经营、共同劳动。"这条规定的合伙不同于合伙企业，仅仅指公民个人合伙。当然，如果个人合伙已注册登记为合伙企业，那么就应作为其他组织对待。①《民法通则》将个人合伙归入公民和自然人一章进行规范和调整，为城管执法认定行政处罚相对人的性质提供了法律依据。因此，在城管综合执法行政处罚案件中，应当将个人合伙同个体工商户、农村承包经营户一样，定性为公民性质。

综上所述，在城管综合执法行政处罚案件中，将自然人、个体工商户、个人合伙企业和农村承包经营户作为公民对待和处理，符合《行政处罚法》的立法宗旨和本意。

（二）法人

法人，是指具有民事权利能力和民事行为能力，依法独立享有民事权利、承

① 详见《最高人民法院关于适用〈中华人民共和国民事诉讼法〉若干问题的意见》（法发〔1992〕22 号）第 40 条第 2 项。

担民事义务的组织。我国《民法通则》将法人分类两类：一类是企业法人；另一类是非企业法人（机关、事业单位和社会团体法人）。企业法人，是指依据《民法通则》、《企业法人登记管理条例》、《公司登记管理条例》等法律、法规规定，经工商行政管理机关登记注册的，具有符合法定数额资金、企业名称、组织章程和机构、住所等法定条件，能够独立承担民事责任，经有关主管机关核准登记取得法人资格的社会经济组织。依据《民法通则》第 41 条的规定，“全民所有制企业、集体所有制企业有符合国家规定的资金数额，有组织章程、组织机构和场所，能够独立承担民事责任，经主管机关核准登记，取得法人资格。在中华人民共和国领域内设立的中外合资经营企业、中外合作经营企业和外资企业，具备法人条件的，依法经工商行政管理机关核准登记，取得法人资格”。按照企业法律属性的不同，企业法人又可分为公司类企业法人和非公司类企业法人，非公司类企业法人多为尚未转制的国有企业、集体企业。

依据我国《公司法》第 3 条规定，“公司是企业法人”。按照这条规定，公司类企业法人有两种形式：一是有限责任公司，即指在中国境内设立的，股东以其认缴的出资额为限对公司承担责任，公司以其全部资产为限对公司的债务承担责任的企业法人。有限责任公司中包括了一人有限公司，对于一人公司我们不能因为该公司是一人投资设立而将其认定为公民或个人性质，应当严格按照《公司法》的规定将其认定为企业法人，直接定性为法人性质。二是股份有限公司，即指在中国境内设立的，全部注册资本由等额股份构成并通过发行股票（或股权证）筹集资本，公司以其全部资产对公司债务承担有限责任的企业法人。

依据我国《民法通则》的相关规定，非企业法人又可以分为机关法人、事业单位法人和社团法人三类。机关法人，是指依法享有国家赋予的行政权力，以国家预算作为独立的活动经费，具有法人地位的中央和地方各级国家机关。事业单位法人具有非营利性，一般是从事文化、教育、卫生、体育、新闻、出版等社会公益事业的各类法人单位。社团法人由自然人或法人自愿组成，也具有非营利性，一般从事社会公益、文学艺术、学术研究、宗教等活动，包括人民群众团体、社会公益团体、学术研究团体、文学艺术团体、宗教团体等。①

在城管综合执法行政处罚实践中，针对不同的法人主体，执法人员应当要求其提供营业执照、组织代码证、执业许可证、登记证书等文件，以查明其主体资格，避免混淆案件当事人性质。同时，应要求其提供法人身份证明书，以查明法人组织法定代表人或者负责人的职务。

（三）其他组织

我国《行政处罚法》等行政法律、法规没有对“其他组织”的概念作出明确的规定，所以目前“其他组织”范围的界定依据一般认为是最高人民法院在《关于适用〈中华人民共和国民事诉讼法〉若干问题的意见》（以下简称民诉意见）第40条的规定，即“是指合法成立、有一定的组织机构和财产，但又不具备法人资格的组织”。② 在城管综合执法实践中，对于作为行政处罚相对人的“其他组织”的认定，也应当以民诉意见中对“其他组织”的相关规定为依据。

由于个人独资企业同时兼具公民和企业法人两种属性，为城管综合执法实践中对其主体性质的认定带来困难。至于何谓个人独资企业，我国《个人独资企业法》作出了明确的界定，即是指依据该法在我国设立的，由一个自然人投资，财产为投资人个人所有，投资人以其个人财产对企业债务承担无限责任的经营实体。这一定义表明，作为一人投资成立经营实体的自然人，其本人对该经营实体享受权利并承担责任，其所有经营活动的结果都由该自然人自己来承担。这为我们认定其性质提供了依据，也说明其不同于新《公司法》中的一人有限公司。一人有限公司是一个独立公司法人。个人独资企业并不是一个公司法人，但又不纯粹是一个以公民为属性存在的经营主体，它应当定位于相对

---

① 孙嘉：“我国慈善组织的民事主体构造研究”，华中科技大学2007年学位论文。

② 被定性为其他组织的有：(1)依法登记领取营业执照的私营独资企业、合伙组织；(2)依法登记领取营业执照的合伙型联营企业；(3)依法登记领取我国营业执照的中外合作经营企业、外资企业；(4)经民政部门核准登记领取社会团体登记证的社会团体；(5)法人依法设立并领取营业执照的分支机构；(6)中国人民银行、各专业银行设在各地的分支机构；(7)中国人民保险公司设在各地的分支机构；(8)经核准登记领取营业执照的乡镇、街道、村办企业；(9)符合本条规定条件的其他组织。

独立的经营实体。因此,在行政处罚中,我们应当将个人独资企业也认定为其他组织而不是将其定性为个人或单位进行处罚更为恰当。也就是说,在城管综合执法行政处罚中,应当将个人独资企业纳入其他组织的范畴。

此外,对于那些无法以公民个人和法人定性的行政相对一方,都可纳入其他组织范畴,在城管综合执法行政处罚中,作为其他组织对待,如筹建中的法人;法人的分支机构;不具备法人资格的中外合作经营企业和外资企业;事业单位和科研单位设立的不具备法人资格的企业;不具备法人资格的乡镇、街道、村办企业;不具备法人资格但已依法登记的公益团体;债权人会议;清算组织;农村合作基金会;不具备法人资格的合作社;企业集团等。①

二、地方规范性文件对城管综合执法案件当事人的分类

(一)常见分类模式

城管综合执法的依据常常是地方有权机关制定的规范性文件。有些地方规范性文件对城管综合执法案件的当事人简单地划分为个人和单位,即将法人和其他组织定义为单位,而不是将案件当事人的主体性质划分为公民、法人和其他组织。这样一来,当城管综合执法机关进行行政处罚时,如果以此为法律依据,需要注意有关规范性文件对当事人类型的划分,以便作出正确的行政执法行为。对案件当事人单位和个人进行分类的多为地方性法规,例如,《北京市市容环境卫生条例》第21条第1款规定:“本市实行市容环境卫生责任制度。单位和个人应当做好市容环境卫生责任区内的市容环境卫生工作。”依此规定,执法实践中应将案件当事人分为个人和单位两类。

1.个人

基于上述对执法相对人的一般划分,城管综合执法当中的个人应理解为包括以下几类案件当事人,即公民、自然人(包括外国人、无国籍人)、个人合伙、

① “环保行政处罚相对人主体认定”,载 http://www.sdpld.com/111/1268.html,2012年3月27日访问。

个体工商户、农村承包经营户五类。

2. 单位

在城管综合执法实践中,单位应理解为包括法人和其他组织这两类案件当事人。

(二)关注地方规范性文件对城管综合执法案件当事人分类的意义

关注地方规范性文件对城管综合执法案件当事人类型的划分,目的是正确执法,因为地方规范性文件对有关单位和个人的行政处罚幅度,常常作出不同规定。例如,《北京市市容环境卫生条例》第 58 条第 5 款对单位和个人的行政处罚就作出了不同规定:"违反第二款、第三款、第四款规定的,责令限期改正,并对个人处 20 元以上 200 元以下罚款;对单位处 500 元以上 3000 元以下罚款,其中对单位随意倾倒或者堆放生活垃圾的,处 5000 元以上 5 万元以下罚款。"所以,对单位和个人两类当事人性质的正确认定,关系到城管综合执法裁量权的正确行使,也关系到案件当事人合法权利的有效保障和维护。

此外,在不同的执法程序和执法阶段,行政相对人可以有不同的称谓,如管理相对人、违法相对人、行政处罚案件当事人、被调查人、听证申请人、听证当事人、被处罚人、被执行人、受送达人等。这就需要城管综合执法人员在执法过程中予以注意,在制作法律文书和告知权利等执法活动时要加以区分并正确使用。

三、对城管综合执法相对人性质认定应当注意的几个问题

(一)对当事人性质认定错误导致作出错误的行政决定

1. 将个体工商户错误认定为单位

许多城管综合执法机关在遇到个体工商户时,往往将其作为单位进行定性处罚,这是一种错误的认定。例如,对个体工商户按照单位适用简易程序,进行 50 元以上 1000 元以下的当场行政处罚。或者将个体工商户的字号作为单位名称来认定,按照一般程序进行行政处罚,并且按照单位适用处罚幅度。在现实中,确有一些个体工商户有雇工,并且有固定的经营场所,这就需要城管综合

执法人员在执法实践中认真对待，正确认定其作为处罚相对一方的主体性质，如果作为单位性质予以处罚，必然导致执法错误。

2. 将雇佣关系中的雇员错误认定为案件当事人

在城管综合执法中，最容易出现行政相对人主体性质认定差错的，就是雇佣关系中雇主和雇员两者谁是案件当事人的认定问题。在具有雇佣关系的情况下，雇员按照雇主的要求所实施的行为，其意思表示一般取决于雇主，所以在这种情况下所产生的行政法律责任一般亦应由雇主来承担，即将雇主认定为行政处罚案件的当事人。这里需要注意的是，雇员所进行的雇佣关系以外的行为，应当认定为雇员自己的行为，而不能认定为雇主的行为。在认定这类案件当事人过程中，由于当事人恶意举证或调查人员能力不强，执法人员往往会将违法行为施行人（雇员）认定为案件当事人，使其雇主免予承担行政责任，从而导致错误执法。例如，甲某作为个人劳动者受雇于某公司清理施工现场，在清理施工现场过程中有毁损树木的违法行为，按照有关园林绿化的法律规范，违法行为人应当是某公司，即该案件当事人应当认定为单位，而在案件的调查中，由于甲某表述不清，或者调查人员调查不细致，而将甲某个人认定为案件当事人；或者某公司为了逃避处罚责任，指使甲某承认自己是案件当事人，致使行政执法机关将甲某错误地认定为案件当事人。

（二）如何认定尚未取得营业执照的行政违法相对人性质

此种情况在城管综合执法中经常遇见，最为常见的情况就是某主体装修门面擅自占用道路的违法行为。此时该方体很有可能尚未到工商行政管理机关进行注册登记，尚未取得营业执照，但是为了开张需要进行先期的装修。此时如果该主体有违法行为，城管综合执法机关应当认定其为个人还是应当认定其为单位？笔者认为，由于此时该主体尚未领取营业执照，不具备法人的主体资格，因此，该违法行为应当由违法行为人或直接责任人个人承担法律责任。大家可能认为其行为是受该主体指派而为的，应当对该主体进行处罚而不应当对行为人进行处罚，否则对行为人来说是极不公平的。但是，我们应当看到，此时该主体还未正式成立，在法律上还不具备作为“人”的资格，既然其不具备“人”

的资格,其就不可能承担法律责任。我们不能对一个不具备承担法律责任的“人”进行行政处罚。所以,对于这种违法行为,我们应当对行为人或直接责任人按照个人性质进行定性处罚。

(三)如何认定共同违法案件当事人的性质

共同违法行为案件,是指两个或两个以上行政相对人共同实施了违反社会管理秩序的行为,造成危害后果,应当依法予以行政处罚的案件。在执法实践中,共同违法行为实际上是大量存在的。如甲和乙在未取得树木砍伐许可证的情况下,为了获取树木或者其他目的,共同实施砍伐树木、损害绿化成果的违法行为;再如,有的违法行为人在未取得工商部门核发的营业执照的情况下,以个人合伙的形式非法贩卖商品,获利后再进行收益分配。这些情况都属于典型的共同违法案件,也是比较常见的共同违法行为案件。如何确定共同违法案件中的行为当事人?实施共同违法行为当事人的行政法律责任如何分担?目前行政法学尚无研究,理论上没有具体的学说。笔者认为,针对这些情况,根据城管综合执法的特点,可以用“一案各罚”原则分别处理共同实施违法行为的案件当事人。所谓“一案各罚”,即是指根据两个以上案件当事人各自实施违法行为的社会危害性以及违法情节,认定各自违法行为的性质,并在此基础上,根据法定的处罚种类和处罚幅度,分别对其作出相应的行政处罚决定。

四、案件当事人在城管综合执法程序中的权利、义务

(一)案件当事人依法享有的权利

根据国务院《全面推行依法行政实施纲要》有关正当法律程序的原则规定以及法律法规有关行政执法程序的规定,城管综合执法机关在进行执法时应当注意保护案件当事人各项程序权利的行使。

1. 知情权

知情权也称确认权,按照《行政处罚法》的有关规定,当事人享有要求城管综合执法人员表明其身份、来意和目的,以及明确知晓行政执法行为法律依据的权利。城管综合执法人员当场作出行政处罚决定时,应当主动向当事人出示

行政执法证件,表明执法身份。城管综合执法人员在当场收缴罚款时,必须出具省、自治区、直辖市财政部门统一制发的罚款收据,不能出具法定罚款的收据时,当事人有权拒绝缴纳罚款。城管综合执法机关制作的行政处罚决定书,应当制有预定格式、编有号码,依照行政处罚法的规定填写行政处罚事项,同时必须加盖本行政机关的印章。这些法定程序就是为了保障当事人知情权而设置的,城管综合执法机关必须严格遵守。

2. 陈述意见权

当事人作为行政处罚案件相对人,依法享有向城管综合执法人员提出申辩、要求听证的权利,对行政处罚的事实、理由和依据提出自己主张的权利。陈述意见的权利在法国称为防卫权原则,在英国是自然公正原则的体现。在韩国,当事人陈述意见可以通过三种途径:听证、公听会和提出意见。听证是指行政机关在作出某项处分之前,直接听取当事人的意见,调查取证的程序;公听会是指行政机关通过公开讨论,就某种行政行为向当事人、鉴定人和相关人员广泛听取意见的程序;提出意见是指行政机关在作出某项行政决定之前,由当事人提出意见,而不属于听证或公听会的情形。① 葡萄牙《行政程序法》第 59 条规定:"行政机关可以在行政程序任何阶段通知利害关系人所定的期间,以便利害关系人提出任何问题。"②我国《行政处罚法》第 41 条对此也有明确规定,城管综合执法主体在作出行政处罚决定之前,如果拒绝听取当事人的陈述、申辩,则会导致行政处罚不能成立,除非当事人明确表示放弃陈述或申辩权利。城管综合执法人员在调查取证过程中,听取当事人意见,不仅有利于保证当事人的合法权利不受侵犯,更有利于查明案件的真实情况。当事人陈述意见的方式可以有多种,既可以口头进行,也可以书面表达,还可以要求行政机关举行听证会或者采取非正式会谈等形式。根据我国《行政处罚法》第 42 条第 1 款第 5

① "部分国家和地区行政听证制度简介之九——韩国行政听证制度",载 http://www.sdpc.gov.cn/jggl/jgqk/t20070518_136014.htm,2013 年 5 月 26 日访问;应松年主编:《外国行政程序法汇编》,中国法制出版社 2004 年版,第 572 ~ 573 页。

② 应松年主编:《外国行政程序法汇编》,中国法制出版社 2004 年版,第 345 页。

项规定,举行听证时,针对调查人员提出当事人违法的事实、证据和行政处罚建议,当事人有权进行申辩和质证。

3. 要求说明理由权

要求说明理由权从另一侧面也可以称为被告知权,城管综合执法机关在立案后,进行正式调查前必须向当事人说明理由。此处的"理由"包括城管综合执法机关在行政执法过程中,要对当事人进行行政处罚所认定的事实以及适用的法律,并对某些调查手段向当事人出具书面文书。如果城管综合执法机关在执法过程中,应当说明理由而未说明,或应当出示书面文书而未出示,当事人可以行使要求有关执法人员说明理由的权利。当事人要求说明理由的权利,贯穿于城管综合执法的始终。这是正当法律程序的基本要求,目的是保障当事人的合法权益在城管综合执法机关作出于己不利的行政执法行为时不受侵害。

4. 阅览卷宗权

阅览卷宗权,是指当事人享有查阅城管综合执法的调查机关制作的与案件有关的外部文书的权力。当事人阅览卷宗的权利既来源于行政法的公开原则,也是宪法上公民知情权的一种具体化。在城管综合执法过程中,当事人有权阅览有关执法人员制作的外部法律文书,既包括当场,也包括事后。当场阅览,是指城管综合执法人员制作的《现场检查笔录》、《现场勘验笔录》、《责令改正通知书》、《提取证据物品书》和《讯问笔录》等需要当事人参与的外部法律文书,必须交当事人阅览、查看并亲笔签字。事后阅览,是指城管综合执法人员对于制作的上述所有执法文书必须作为办案卷宗妥善保存,当事人根据《政府信息公开条例》的有关规定,有权随时查阅。作为前者,城管综合执法机关对于当事人负有主动提供阅览的义务;对于后者,城管综合执法机关对于当事人负有应申请提供查阅的义务。当然,城管综合执法机关制作的关于案件有关程序请示的内部文书,则不要求必须由当事人查阅。例如,《一般程序案件立案审批表》、《提取证据物品审批表》等内部文书,由于只涉及行政机关内部办案程序,则不必交由当事人查阅。但是,这又并非意味着当事人不能查阅,因案件与当事人有关,当事人有监督城管综合执法机关遵循正当法律程序办案的权利,如果当事人申请查阅，则城管综合执法机关应当准予查阅。

5. 申请回避权

根据自然正义法则，城管综合执法过程中，当事人对有证据证明必须回避的执法人员，有权向城管综合执法机关提出回避的申请，并说明理由。目前少有关于当事人对于回避申请未予批准可以申诉或者复议的规定。我们认为，如果当事人提出回避申请未予批准，应当给予其再寻救济的权利，即允许其向城管综合执法机关的上一级机关提出申诉或复议，以保证案件调查的公正、公平、合法进行，保证城管综合执法决定合法、合理，因为毕竟要求回避的理由涉及有关人员与案件之间是否具有利害关系，要求回避的权利涉及正当法律程序，涉及当事人自身合法权利的维护。

6. 委托代理权

委托代理权，是指案件当事人在参与城管综合执法过程中，有权委托代理人代为主张权利、参与有关执法活动的权利。城管综合执法行为的作出，一般都是一个认定事实和适用法律的过程，依法执法相对人有权在这一过程中委托律师，或者委托其他有关人员，为其提供法律支持或专业上的各种帮助。我国《行政处罚法》第 42 条第 1 款第 5 项规定："当事人可以自己参加听证，也可以委托一至二人代理。"根据该规定，执法相对人除了可以委托律师外，也可以委托其他了解、熟悉法律规定或者有关事务的人代为参加执法程序，以维护其合法权益。城管综合执法程序有繁简之分，如果当事人认为参与这一程序需要耗费大量时间和精力而需要代理时，或者认为没有必要事必躬亲的情况下，除了某些必须由当事人参与的调查环节外，其他是可以委托代理人代为参与的。

7. 申请行政复议或者提起行政诉讼权

根据我国《行政处罚法》和新颁布实施的《行政强制法》的有关规定，当事人对行政处罚决定和行政强制措施不服的，可以依法申请行政复议或者提起行政诉讼。根据《行政处罚法》的要求，城管综合执法机关作出的行政处罚决定书中必须载明"不服行政处罚决定，申请行政复议或者提起行政诉讼的途径和期限”。这是我国法律为行政执法当事人设置的重要法律救济途径，对于行政相对人来说，是一项重要的权利；对于行政执法机关来说，则是一种重要制约和监督，有利于促进行政机关依法公正执法，进而维护行政相对人的合法权益。

8. 获得国家赔偿权

国家赔偿制度是国家承认和保障人权的一项重要制度，是保障公民、法人和其他组织合法权益不受公权力侵害的一项重要法律制度，在目前城管综合执法水平不高的环境下，对于保护城管综合执法案件当事人具有特别重要的意义。有关公民、法人和其他组织权益受到公权力侵害有权获得国家赔偿，我国多有法律作出明确规定。如《行政处罚法》第 6 条第 2 款规定：“公民、法人或者其他组织因行政机关违法给予行政处罚受到损害的，有权依法提出赔偿要求。”《国家赔偿法》第 2 条规定：“国家机关和国家机关工作人员行使职权，有本法规定的侵犯公民、法人和其他组织合法权益的情形，造成损害的，受害人有依照本法取得国家赔偿的权利。本法规定的赔偿义务机关，应当依照本法及时履行赔偿义务。”因此，城管综合执法机关因违法执法，无论是行政处罚，抑或是行政强制，还是别的行政行为，只要给案件当事人造成损害，或者侵害行政相对人合法权利，应当依照国家赔偿制度的有关规定承担相应的赔偿责任，当事人因此依法享有获得国家赔偿的权利。

（二）案件当事人依法负有的主要义务

1. 如实回答执法人员询问、协助调查，不得阻挠调查的义务

这项义务应当说是法定的。我国《行政处罚法》第 37 条第 1 款明确规定：“行政机关在调查或者进行检查时……当事人或有关人员应当如实回答询问，并协助调查或检查，不得阻挠……”这是我国以法的形式明确行政相对人在行政执法过程中应当履行的行政程序义务，是关于行政相对人履行协助行政执法机关调查义务的具体规定。城管综合执法过程中，如果当事人不履行协助调查的义务，应当承担什么样的法律后果，目前我国尚无立法明确规定。《行政处罚法》第 27 条规定，当事人配合行政执法机关查处违法行为有立功表现的，可

以获得从轻或者减轻行政处罚的对待。但“协助”并非意味着“立功”。换句话说，行政相对人拒绝履行协助城管综合执法机关调查或检查的义务承担的应当是不利后果或者法律责任，因为根据有关法律精神，如果当事人拒绝回答或提供案件材料的，城管综合执法机关就会凭借其掌握的当事人违法事实对当事人作出于其不利的行政处罚决定，这就是不利的法律后果。即使执法当事人对此不服诉至法院，也不一定占据有利地位。因为在行政诉讼程序中，由于行政机关应当对其作出的具体行政行为承担举证责任，并且在诉讼过程中原则上不得补充证据，为了防止当事人在诉讼中又提出新的未在行政执法调查程序中向行政机关主张的证据，规避其在调查过程中的举证责任，《最高人民法院关于执行〈中华人民共和国行政诉讼法〉若干问题的解释》（以下简称行诉解释）第 28 条第 2 款规定：“有下列情形之一的，被告经人民法院准许可以补充相关的证据：……（二）原告或第三人在诉讼过程中，提出了其在被告实施行政行为过程中没有提出的反驳理由或证据的。”

2. 提供证据及证据线索，配合城管综合执法机关调查取证的义务

城管综合执法机关在实施行政处罚过程中，为了保证行政处罚的正确有效，除当场作出行政处罚决定以外，对行政处罚案件必须进行全面、客观、公正的调查，收集有关证据。当事人对于城管综合执法机关的调查、取证工作有义务给予协助。我国《行政处罚法》第 37 条第 2 款规定：“行政机关收集证据时，可以采取抽样取证的方法；在证据可能灭失或者以后难以取得的情况下，经行政机关负责人批准，可以先行登记保存，并应当在 7 日内及时作出处理决定，在此期间，当事人或有关人员不得销毁或者转移证据。”因此，在城管综合执法机关对证据进行先行登记保存期间，原地保存证据的，当事人不得销毁或转移证据；异地保存证据的，期间届满后，当事人应当主动接受证据的返还，避免发生不必要的损失。法律规定当事人应当履行这些义务，目的是保证行政机关调查工作做到全面、客观、公正，能够依法作出行政处罚决定。

3. 自觉改正违法行为的义务

依照行政处罚法的规定，城管综合执法机关发现公民、法人或者其他组织

有依法应予行政处罚的违法行为，应当责令其改正或者限期改正。当事人因行为违法，或因行为对行政管理秩序造成了危害，依法受到了行政处罚的，并不因此而免除其改正的义务。相当一部分人认为，既然已经受到处罚，违法行为就不必改正，并且可以将错就错下去，这是不对的。城管综合执法人员在执法过程中，应寓法治教育于行政处罚实施的全过程，告知违法行为人负有改正违法行为的义务，帮助其正确理解应当自觉履行的义务。

4. 依法承担相应民事责任的义务

《行政处罚法》第7条规定："公民、法人或者其他组织因违法受到行政处罚，其违法行为对他人造成损害的，应当依法承担民事责任。"因此，当事人因其违法行为给他人造成损害的，依照法律规定，在受到行政处罚的同时，应当承担相应的民事赔偿责任。对因此而产生的民事赔偿纠纷，笔者认为，城管综合执法机关本着维护稳定是第一要务的精神，可以进行调解。但是在法无明确规定或授权的情况下，不能对民事赔偿纠纷直接进行裁决。当事人对民事赔偿有争议的，可以提起民事诉讼。

5. 自觉履行行政处罚决定的义务

行政处罚是城管综合执法机关依照法律规定对违反城管行政管理秩序的公民、法人或其他组织所给予的一种法律制裁。当事人应当实际履行城管行政处罚决定所设定的义务，当事人如果不自觉履行处罚决定，城管综合执法机关可以依法对已采取强制措施的财物或场所进行执行，或者根据法律授权强制执行。对于未经强制执行授权的，可以申请人民法院强制执行，以使行政处罚决定得以实现，以实现公共秩序、公共利益所要求的状态。从另一方面看，根据《行政处罚法》、《行政强制法》等有关强制执行的法律规定，行政案件当事人在行政处罚决定依法作出后，负有在行政处罚决定的期限内自觉履行的义务。除法律另有规定外，当事人对行政处罚决定不服申请行政复议或者提起行政诉讼的，行政处罚决定不停止执行。当事人未申请行政复议或提起行政诉讼，逾期又不履行行政处罚决定的，城管综合执法机关有权依法或者申请人民法院予以强制执行。

五、城管综合执法的第三人和代理人

城管综合执法过程中，除了案件当事人之外，还可能有第三人、代理人及其他参与人，他们也是城管综合执法机关和案件当事人以外的参加城管综合执法程序的主体。此处的其他参与人，是指参加城管综合执法程序的证人、鉴定人和翻译人员等。由于这些行政参与人地位特殊，一般不受有关行政决定的影响，本书不赘。

（一）第三人

城管综合执法第三人，可以用某些学者概括的，是指以民事关系、行政关系或其他法律关系为中介，与已作出的城管综合执法行为产生间接的利害关系的，受城管综合执法权间接作用或约束的，城管综合行政法律关系中潜在的或暗示的公民、法人或者其他组织。[①] 传统的双边行政法律关系主体只包括行政主体和行政相对人。城管综合执法是根据现代行政法治和城市建设的需要应运而生的，在错综复杂的社会生活和经济条件下，城管综合执法中第三人的地位和权益不容忽视，将其从广义的行政相对人中分离出来，有利于保护其合法权益。从城管综合执法和有关的行政诉讼实践来看，城管综合执法第三人应当包括因城管综合执法活动而涉及的相邻权人、竞争权人、受害人、所有权人或使用权人等。当城管综合执法行为涉及第三人权益，或者对第三人产生约束力时，其享有同上述城管综合执法案件当事人一样的权利和义务。

（二）代理人

目前，我国行政程序参与人中仅有法定代理人和委托代理人两种。

1. 法定代理人

法定代理人，是指城管综合执法案件当事人为无行为能力人或限制行为能

① 周佑勇、何渊："浅析行政第三人"，载 http://wenku. baidu. com/view/39d0881252d380eb62946dbe. html，2012 年 6 月 20 日访问。

力人时，作为代理人代理其参加行政程序的当事人的父母或者其他法定监护人。城管综合执法实践中，需要参加执法程序的法定代理人应当向城管综合执法机关出示其与被代理人之间的身份关系证明文件。

2. 委托代理人

委托代理是代理的主要方式，城管综合执法程序是一个认定事实、适用法律作出有关行政决定的过程，其与诉讼程序一样，当事人可以委托代理人参与。委托的代理人可以是律师，也可以是其他人。至于何时开始委托，笔者认为，当事人有权自接到城管综合执法机关发出的《协助调查通知书》之日或者与城管综合执法调查人员接触之日起，委托代理人参加城管综合执法调查，只要有利于保护执法相对人的合法权益，保障城管综合执法调查的顺利进行，有利于提高城管综合执法的效率。委托代理人的，当事人应当以书面的形式明确委托代理人的权限，并应当向有关城管综合执法机关出具相应的委托书，明确受委托人参加行政执法程序的代理事项和代理权限，以免发生争议。如果被委托人是律师的，还应当向城管综合执法机关出具《律师事务所函》，以证明参加城管执法活动的律师的执业律师身份。关于行政执法程序中的代理权限，我国法律尚无明确规定，行政诉讼中涉及的代理权限，依照《行政诉讼法》的规定，可以参照《民事诉讼法》的相关规定执行。国外有行政程序法的国家，有对行政程序代理权的规定，如《联邦德国行政程序法》第 14 条就明确规定了委托授权可及于行政程序的所有程序行为。① 但申请或陈情的撤回，因为涉及当事人的重大权益，必须有特别授权才能作出。笔者认为，从有利于保护被代理当事人合法权益的精神发出，只要委托权限合法，有关城管综合执法机关应当允许且应不予干预。

目前我国有关行政执法程序的法律法规等规范性文件尚无指定代理的规

---

① 如德国《联邦行政程序法》第 14 条第 1 款明确规定："参与人可由全权代理人代理。全权代理包含行政程序的所有程序行为，程序行为的性质不允许者除外……"第 19 条第 1 款规定："代理人须认真维护被代理人的利益。代理人可实施行政程序所涉及的所有程序行为。……"参见应松年主编：《外国行政程序法汇编》，中国法制出版社 2004 年版，第 84、87 页。

定。在完善行政程序法治过程中，在人权越来越受到重视的社会环境下，应当考虑完善行政程序指定代理制度。有些国家如奥地利、德国等就规定了指定代理人制度，[①]值得我们借鉴。特别是我国城管综合执法机关执法权力大，权限涉及面广，许多行为都直接关系着作为相对人的公民、法人和其他组织的切身权益，在他们需要法律支持和专业帮助而又委托代理不能时，指定代理或许不仅有利于保护其合法权益不受公权侵害，而且有利于高效地实现城管综合执法目的，同时有利于提高城管综合执法的权威和正能量。

① 应松年主编：《比较行政程序法》，中国法制出版社1999年版，第114页。

第四章　城管综合执法的调查制度研究

——以北京市城管综合执法调查为视角[①]

城管综合执法的调查研究属于行政调查。行政调查是指为了实现行政目的，由行政主体依据其职权，对一定范围内的行政相对人进行的，能够影响相对人权益的检查、了解等信息收集活动。[②] 作为行政机关获取信息、取得证据，并根据所取得的信息和证据作出行政决定的基本环节，行政调查成为行政机关作出相应行政决定的必经程序。目前，在我国行政法领域，从全国范围来看，有关城管综合执法的立法缺失严重，仅浙江省、广州市等地出台了地方性立法，高位阶的法律、行政法规至今没有出台；在行政法学界，对城管综合执法调查制度的理论研究更是凤毛麟角。针对城管综合执法调查在实体和程序两方面法律规范缺失的现状，很有必要对其进行系统地研究和规范。本章以北京城管综合执法调查为视角，拟对如何完善城管综合执法的调查研究进行初步的探讨。

一、城管综合执法调查概述

目前，我国现行法律没有关于城管综合执法调查的明确定义，笔者认为，城管综合执法的调查，是指城管综合执法机关为了查明案件事实，在执法程序启

---

① 本章作为本课题研究中期成果已发表于《北京科技大学学报》（社会科学版）2012 年第 1 期，本次出版稍有修改。

② 百度百科：行政调查词条，载 http://baike.baidu.com/view/625616.htm，2011 年 10 月 27 日访问。

动之后，到行政决定作出之前这个时间段内，依法进行的收集资料、调取证据的活动。城管综合执法调查为城管综合执法机关作出行政决定提供了重要的信息、证据和客观的事实依据，是城管综合执法机关履行法定职责的必要手段和作出行政决定的重要环节。与没有理由的行政决定是不存在的道理相同，可以说没有调查先行的行政决定亦应是不存在的。① 反之，如果行政主体未进行行政调查、收集证据材料就作出行政决定，必将导致该行政决定违反正当程序或者违反法律规定，侵犯相对人的合法权益，一旦被诉，必被司法机关判定违法。

（一）城管综合执法调查主体

我国《行政处罚法》第16条规定："国务院或者经国务院授权的省、自治区、直辖市人民政府可以决定一个行政机关行使有关行政机关的行政处罚权，但限制人身自由的行政处罚权只能由公安机关行使。"这成为我国城管综合执法机关建立的最基本的法律依据，该法这条规定确立了相对集中行政处罚权制度。《国务院办公厅关于继续做好相对集中行政处罚权试点工作的通知》②规定："为了进一步推进行政管理体制的改革，试点城市集中行使行政处罚权的行政机关应当作为本级政府的一个行政机关，不得作为政府一个部门内设机构或者下设机构。"《国务院关于进一步推进相对集中行政处罚权工作的决定》③进一步明确指出："规范集中行使行政处罚权的行政机关的设置，不得将集中行使行政处罚权的行政机关作为政府一个部门的内设机构或者下设机构，也不得将某个部门的上级业务主管部门确定为集中行使行政处罚权的行政机关的上级主管部门。集中行使行政处罚权的行政机关应作为本级政府直接领导的一个独立的行政执法部门，依法独立履行规定的职权，并承担相应的法律责任。"根据上述规定，城管综合执法机关应当是一个独立的、直接隶属于各级政府的行政机关，依法独立履行法定职责，并承担相应的法律责任，具有独立的行政主体地位，因而成为城管综合执法调查的当然主体，具有行政调查权。

---

① ［日］盐野宏：《行政法》，杨建顺译，法律出版社1999年版，第183页。

② 国办发〔2000〕63号。

③ 国发〔2002〕17号。

（二）城管综合执法调查与其他行政调查的区别

1. 主体不同。城管综合执法调查的主体是城管综合执法机关，而其他行政调查的主体是城管综合执法机关以外的其他行政机关。

2. 客体不同。城管综合执法机关调查的客体是危害城市环境运行秩序的违法行为；其他行政调查的客体可能是客观存在的数据、行政许可的申请，或者是危害其他社会管理秩序的违法行为。

3. 时限不同。《北京市城市管理监察行政处罚程序规定》第 18 条规定："监察大队办理一般程序的案件，应当在一个月内办理结案。结案前监察人员应当向负责人提交结案报告，经核准后结案。不能在一个月内结案的，经监察大队负责人批准可以延长一个月。确因特殊情况再延长办案期限的，由监察大队报区政府办公室批准。"据笔者了解，城管综合执法机关办案期限定为 1 个月的考虑是，城管综合执法机关最初行使的职能（市容监察、园林绿化部分执法权、违章占道、无照经营、规划部分执法权等职能）①范围内的案件查处简单，违法行为易识别，即便是复杂案件，经批准延长 1 个月一般也可以办结，而其他行政机关关于调查结案的时限与城管综合执法机关的规定不尽相同。

4. 措施不同。按照法律规定，笔者对北京市城管综合执法机关的调查措施进行了梳理，目前，北京市城管综合执法机关可以行使的调查措施有抽样取证、先行登记保存、制作询问笔录、现场勘验检查、制作视听资料等措施，当事人依法申请听证时可以举行听证，强制措施有查封、扣押两项；而其他行政机关的调查措施不限于以上几种。

5. 目的不同。城管综合执法机关行政调查的目的是制止或处罚违法行为，维护城市环境运行秩序，提高城市环境质量；其他行政调查可以是了解管理对象的基本情况，或者维护其他社会管理秩序，或者是为了实施行政许可等。

---

① 北京市城管综合执法机关最初的职能范围详见《关于本市城市管理综合执法试点工作扩大区域的通知》（京政办函〔1998〕110 号）。

二、城管综合执法机关调查的启动程序

在执法实践中，城管执法行政处罚的程序包括：登记立案、调查取证、审查决定、制作行政处罚决定书并依法送达等环节，①法律另有规定以及当场处罚或当场采取强制措施的除外。由此可见，城管综合执法调查具有很强的程序性和时限性。一般认为，除法律规定行政机关有义务根据申请启动调查程序的外，是否启动行政调查程序、何时启动行政调查程序、适用何种行政调查手段，属于行政机关的自由裁量权，由行政机关依职权确定。而法律规定行政机关有义务根据申请启动调查程序的情况，是指如果行政机关不启动调查程序，及时制止违法行为，该违法行为将会对第三人的生命、财产安全产生巨大的隐患或威胁，如依法由城管部门行使管辖权的城市规划领域和燃气执法领域。

（一）城管综合执法机关启动调查的标志点

《行政处罚法》第 36 条规定："除本法第 33 条规定可以当场作出的行政处罚外，行政机关发现公民、法人或者其他组织应当给予行政处罚的行为的，必须全面、客观、公正地调查，收集有关证据……"根据《行政处罚法》的这一规定，行政执法机关执行一般程序案件，必须进行调查取证。但是如何启动调查取证程序，《行政处罚法》没有明确规定。《北京市实施行政处罚程序若干规定》第 8 条规定："除依法可以当场决定处罚的外，执法人员发现公民、法人或其他组织有违法行为依法应当给予处罚的，应当报行政机关负责人批准立案。"《北京市城市管理监察行政处罚程序规定》第 10 条规定："监察人员对公民、法人或者其他组织的违法行为初步确认后，应当制作立案报告，报分队负责人批准后立案。"根据上述规定可以得出的结论是：在立案之前，执法人员的行为应定性为初步确认，而非调查行为。综合以上法律、规范性文件的规定可知，城管综合执法机关启动调查的标志点是城管综合执法机关负责人批准立案，即立案以后

① 《北京市处罚案卷标准》基本标准部分 7.1 的规定：在实施阶段上应按照立案、调查取证、审查决定、送达执行的步骤实施行政处罚。

采取的调查行为,才能是正式调查案情、收集证据的执法行为。

（二）城管综合执法机关启动调查的方式

现行法律、法规没有明确规定启动行政调查的方式,按照案件的不同来源,①城管综合执法调查有三种启动方式:一是行政机关依职权而主动启动;二是因请求或告诉而被动启动;三是因案件移送而依法启动。

1. 依职权而启动调查程序

行政调查权依法属于公权力,即行政权的一部分,因此,行政机关行使调查权不必争得行政相对方的同意,有权单方面作出行政决定。特别是在行政相对人的行为违反法律强制性规定,危害社会公共利益时,行政机关必须依职权主动启动行政调查行为。城管综合执法机关依职权启动行政调查程序的情况主要有以下两种:

(1)依职权主动启动。城管综合执法机关在检查中发现违法行为而依职权启动调查程序,即执法人员在日常巡查或执法检查中发现相对人有违法行为,经部门负责人批准立案,启动行政调查程序。

(2)根据上级指派任务启动。上级机关指派任务,指上级机关指令下级城管综合执法机关对违法行为行使管辖权进行查处,从而启动调查程序。

2. 因请求或告诉而启动调查程序

行政执法机关应当积极主动发现并查处违法行为,最大限度地控制和减少违法行为。但在执法实践中,行政机关由于执法力量、技术手段、执法时间和违法行为人规避法律等诸多因素,依职权而启动的调查程序所占比重并不大,因案件移送管辖而启动的行政调查更少,大多数调查程序要依靠群众举报、投诉等而启动,并根据群众积极举证来对违法行为进行查处。这也是我国行政执法工作密切依靠群众、走群众路线的具体体现。根据城管综合执法调查的实践来看,请求或告诉而启动调查的种类分为群众举报和媒体曝光两种。

---

① 根据《北京市处罚案卷标准》一般标准部分8.1.1,案件来源包括以下几种情况:检查中发现、举报、群众来信来访、领导交办、移送等。

(1)经审查符合立案调查条件的举报。具体包括:通过北京城管热线电话(96310)举报、信访举报和群众向城管综合执法人员的现场举报等,这些举报经审查符合立案调查条件的,在取得本部门负责人批准后,启动行政调查程序。

(2)因媒体曝光而启动调查。违法行为发生时,城管综合执法机关未发现违法行为,因网络、广播电视、平面媒体等对该违法行为向社会进行曝光,从而知晓该违法行为后,为了查处有关违法行为而启动调查程序。

3. 因相关执法部门移送案件而启动调查程序

这类移送的案件包括其他行政机关移送案件和公安机关移送案件,经审查确属城管综合执法机关管辖的,经主管领导批准后,启动行政调查。例如,道路管理部门移送到城管综合执法机关的未经审批擅自挖掘道路案件、市政管理部门移送的未经规划审批擅自设置大型户外广告案件、环保部门移送的按职权划分由城管综合执法机关管辖的案件等。

三、城管综合执法调查的步骤与具体措施

(一)城管综合执法调查的步骤

由于行政管理内容和特点多种多样,违法行为的社会危害性程度不同,我国现行法律没有统一规定行政调查应当由哪些步骤组成。实践中,各行政机关开展行政调查的步骤因被调查案件的性质、种类等差异而各不相同。根据相关法律和城管综合执法机关内部制定的案件办理规定,笔者认为,城管综合执法调查大体分为表明执法人员身份、通知相对人接受案件调查、说明调查理由及出示合法调查文件、告知相对人享有的权利、实施行政调查措施、制作调查笔录或报告、作出行政决定七个步骤。

1. 接触相对人,表明执法人员身份

城管综合执法调查人员在开展行政调查前,应向行政相对人出示执法证件并说明来意,请相对人配合调查工作。并且在一般程序案件的调查中,持有合法证件的城管综合执法调查人员不得少于两名,否则相对人有权拒绝调查,但在简易程序案件的调查过程中,城管综合执法调查人员可以为一人。

2. 通知相对人接受案件调查

城管综合执法机关在要求相对人到场陈述或提供文书、物品等资料之前，应以书面或口头形式通知相对人，为相对人留出准备时间。例如，城管综合执法人员向相对人出具《谈话通知书》，要求相对人按照《谈话通知书》上载明的时间、地点，携带相关证件到指定的地点接受调查。在进行现场检查、勘验之前，除有紧急情况或事先通知将会影响检查目的之外，应通知相对人。

3. 说明调查理由，并出示合法调查文件

表明合法调查身份后，调查人员应当向相对人说明调查的理由、法律依据；如果调查行为将限制相对人合法权利的，城管综合执法机关应当向相对人出示合法的调查文件，例如，城管综合执法机关要对相对人的物品进行扣押时，根据《行政强制法》、《行政处罚法》的相关规定，必须出具《物品扣押决定书》；对相对人物品进行先行登记保存时，必须出具《提取证据物品书》，并由相对人在相应调查文件上签注确认后产生法律效力。

4. 告知相对人享有的权利并听取相对人的陈述、申辩或异议

在调查之中，城管综合执法人员必须向相对人告知其在调查过程中享有的各项权利，包括陈述权、申辩权、异议权、请求回避权、复议权等。相对人有意见要陈述、申辩或异议的，城管综合执法调查人员应当认真听取。

5. 实施行政调查措施

在完成上述步骤之后，行政调查人员开始实施具体的调查措施，例如，询问相对人或证人，进行现场检查、现场勘验、调取证据材料，扣押、查封或提取证据物品，提请鉴定或认定事实和证据等调查措施。

6. 制作调查笔录或报告

在行政调查活动当中，调查人员应当制作相应的调查笔录，并交由相对人签字或盖章。例如，制作《现场检查笔录》、《现场勘验笔录》、《证据材料登记表》、《询问笔录》、《提取证据物品书》、《听证笔录》等文书，并由相对人在笔录上签署意见、姓名和日期。相对人拒绝在笔录上签字的，应当注明。

7. 作出行政决定并保密

按照相关法律规定,行政调查结果以及基于行政调查作出的行政决定,应当书面告知相对人。调查结束后,城管综合执法机关根据不同案件可以作出行政罚款决定、行政拆除决定、行政没收决定、吊销许可证决定、查封或扣押6种行政决定。同时,按照相关法律规定,城管综合执法机关应当对行政调查资料和结果保密,不得泄露相对人的商业秘密和个人隐私,调查结果和资料不得用于行政决定以外的其他目的。

(二)城管综合执法调查的具体措施

城管综合执法机关的调查措施必须严格按照法律规定进行,如无法律授权,不得实施,否则即构成行政行为违法。按照《行政处罚法》和《行政强制法》等相关单行法律的规定,城管综合执法机关进行调查的措施有:现场调查;收集现场证据;制作检查笔录、勘验笔录;制作勘验图纸;提取证据物品;对证物采取抽样取证或先行登记保存;查封、扣押非法财物或经营工具;提取证人证言、录音摄像等视听资料;举行听证等措施。

1. 实施先行登记保存、抽样取证措施或采取行政强制措施

抽样取证和先行登记保存都是《行政处罚法》赋予综合执法机关在进行调查时,可以采取的行政调查措施。《行政处罚法》第37条第2款规定:“行政机关在收集证据时,可以采取抽样取证的方法;在证据可能灭失或者以后难以取得的情况下,经行政机关负责人批准,可以先行登记保存,并应当在七日内及时作出处理决定,在此期间,当事人或者有关人员不得销毁或者转移证据。”按照《行政强制法》的相关规定,行政强制措施,是指行政机关在行政管理过程中,为制止违法行为、防止证据损毁、避免危害发生、控制危险扩大等情形,依法对公民的人身自由实施暂时性限制,或者对公民、法人或者其他组织的财物实施暂时性控制的行为。城管综合执法机关为了制止正在发生的违法行为,或者为了保全证据,可以对相对人的财产采取一种限制性的强制手段。

(1)登记保存措施。登记保存措施是一种带有强制性的行政调查取证措施,指城管综合执法机关在证据可能灭失或者以后难以取得的情况下,经城管

综合执法机关负责人批准,对需要保全的物证当场登记造册,暂时先予原地封存固定或者异地进行保存,责令相对人妥为保管或由行政机关代为保管,不得动用、转移、损毁或者隐匿,等待进一步的调查和作出处理决定。采取先行登记保存措施,有原地封存和异地保存两种形式。原地封存是在被封存物品上粘贴封条。在执法实践中,很少使用原地封存的方式,大多数采取异地保存的方式。异地保存的物品大多以车辆、无照经营物品、非法经营工具或影响市容环境的小件物品为主。采取先行登记保存前,城管综合执法人员要向相对人出示执法证件和《提取证据物品书》,如果物品较多时,还要填写《物品清单》,在现场要制作调查笔录。执法人员、相对人和见证人应当在《提取证据物品书》、《物品清单》和调查笔录上签名或者盖章。在行政机关采取登记保存措施期间,相对人或者执法人员不得销毁或者转移证据。

采取先行登记保存措施应当严格依法实施,其适用条件有:一是必须是在证据可能灭失或者以后难以取得的情况下,综合执法机关才可以采取登记保存措施;二是必须经行政机关负责人的书面批准后,才能采取登记保存措施;三是不能对案件相对人与行政调查案件无关的物品适用先行登记保存;四是采取登记保存措施后,行政机关必须在 7 日内作出处理决定,否则,登记保存措施逾期自行解除,相对人可以要求返还。

笔者认为,《行政处罚法》规定这样的适用条件,有两方面的原因。一方面,在行政机关进行调查取证过程中,在相对人有可能转移、销毁违法物证、书证的情况下,先行登记保存措施是一种合法、有效的行政调查措施,既使行政执法机关能够及时、果断地控制并提取有效证据,维护国家利益和社会管理秩序,也有利于防止违法行为人转移、销毁证据或者难以取得的证据灭失,避免违法行为造成更大的社会危害。另一方面,先行登记保存措施直接关系到相对人的权益,对相对人的利益损害及生产生活影响也很大,必须慎重对待。如不严格依法进行,很容易给相对人造成权益损害,从而产生行政诉讼、国家赔偿等问题。因此,《行政处罚法》作出了有关行政机关必须在 7 日内作出对登记物品的处理决定,否则,逾期登记保存措施自行解除,相对人可以要求返还的明确规定。

(2)抽样取证措施。抽样取证,是指行政机关对检查对象中的一部分进行检查,以了解整体情况的方法。[①] 城管综合执法调整中的抽样取证,一般是指从成批种类物的物证中,选取个别的物品进行化验、鉴定,以鉴别该批物证是否可以作为违法行为的证据。如在对燃气设施、城市节水器具检查和为了防止环境污染对企业向城市河湖、污水系统排放废物的检查中抽样取证的调查措施经常被采用。对证物进行抽样取证时,应当有当事人在场,双方共同点验或认证后,开列物品清单并由当事人签字,当事人不在场或拒绝到场的,执法人员可以邀请有关人员到场见证。抽样取证与先行登记保存的区别是:抽样取证仅限于对证据的小部分进行提取,对相对人的利益影响相对较小;而先行登记保存大多数情况下是对全部证据进行提取,对相对人的利益影响较大。实践中,抽样取证实施的程序性要求和文书格式与先行登记保存基本相同。目前,在使用抽样取证措施能够证明案件事实的情况下,为了加强执法的强制性,对相对人接受调查产生更强的拘束力,许多执法人员往往倾向于使用先行登记保存的措施。笔者认为,这种情况的存在,其主要是由法律赋予城管综合执法部门的行政强制措施与其执法事项不匹配所导致的。其次是先行登记保存具有准强制措施的性质,执法人员可以按照《行政处罚法》的规定对相对人的物品在 7 日内限制其行使权利,有助于在先行登记保存期间,当事人更能积极配合执法机关调查取证。

(3)采取行政强制措施。城管综合执法主体采取行政强制措施是为了确保案件查处工作能够顺利进行,查清相对人的违法行为,促使相对人接受行政处罚。换言之,城管综合执法主体采取行政强制措施的目的是保证行政处罚得以实现,其实施、存在或消灭依附于行政处罚,与行政处罚密不可分。对此,我国《行政强制法》第 17 条第 2 款有明确规定:“依据《中华人民共和国行政处罚法》的规定行使相对集中行政处罚权的行政机关,可以实施法律、法规规定的与行政处罚权有关的行政强制措施。”针对这条规定,国务院法制办公室某部

① 胡锦光:《行政处罚研究》,法律出版社 1998 年版,第 165 页。

门的一位领导认为,“《行政强制法》的这条规定,对我们城管来讲,有这样几个信息:第一,以法律的形式肯定了相对集中行政处罚权制度的名称。第二,以法律的形式明确了机关的名称。这个机关是行使相对集中行政处罚权的行政机关。第三,以法律的形式明确授权,不需要进行审批。第四,确立了相对集中行政强制权制度。第五,规范了集中行使行政强制权主体。这个主体,仅限于《行政处罚法》第 16 条规定的主体,就是集中行使行政强制权,而且强制权集中后,原来的机关就不再行使了。第六,集中行使的行政强制权仅限于与行政处罚权有关的行政强制措施”。① 没有法律、法规的明确授权,任何行政机关都不得采取行政强制措施。因此,城管综合执法机关在调查中采取行政强制措施,必须严格依法进行。目前,除《行政处罚法》的上述规定外,已有一些法律法规对城管综合执法机关有明确授权。如《城乡规划法》第 68 条规定:“城乡规划主管部门作出责令停止建设或者限期拆除的决定后,当事人不停止建设或者逾期不拆除的,建设工程所在地县级以上地方人民政府可以责成有关部门采取查封施工现场、强制拆除等措施。”《无照经营查处取缔办法》第 9 条规定:“县级以上工商行政管理部门对涉嫌无照经营行为进行查处取缔时,可以行使下列职权:(一)责令停止相关经营活动;(二)向与无照经营行为有关的单位和个人调查、了解有关情况;(三)进入无照经营场所实施现场检查;(四)查阅、复制、查封、扣押与无照经营行为有关的合同、票据、账簿以及其他资料;(五)查封、扣押专门用于从事无照经营活动的工具、设备、原材料、产品(商品)等财物;(六)查封有证据表明危害人体健康、存在重大安全隐患、威胁公共安全、破坏环境资源的无照经营场所。”按照《行政处罚法》第 16 条和《行政强制法》第 17 条第 2 款关于综合行政处罚权的相关规定,城管执法机关在查处无照经营违法行为时可以行使上述第 5 项强制权。《行政处罚法》第 16 条规定,国务院或者经国务院授权的省、自治区、直辖市人民政府可以决定一个行政机关行使有关行政机关的行政处罚权,但限制人身自由的行政处罚权只能由公安机关行

① 青峰:2011 年北京市城管执法系统初级以上领导《行政强制法》培训课程提纲。

使。《行政强制法》第 17 条规定，行政强制措施由法律、法规规定的行政机关在法定职权范围内实施。行政强制措施权不得委托。依据《中华人民共和国行政处罚法》的规定行使相对集中行政处罚权的行政机关，可以实施法律、法规规定的与行政处罚权有关的行政强制措施。行政强制措施应当由行政机关具备资格的行政执法人员实施，其他人员不得实施。城管综合执法主体采取法定的行政强制措施应当严格按照法定的要求进行，防止对被强制相对人权益造成不应有的损害。在这一点上，美国的做法值得学习。美国所有的行政机关都在不同程度上和不同方式上被授予了调查权力。但这并不表示行政机关的调查权力不受限制，美国的行政调查权不仅受到法律的严格限制，同时也受到宪法的严格限制。美国宪法修正案第 4 条规定："人民有保护其身体、住所、文件和财产的权利，不受无理的搜查和扣押，这是不可侵犯的权利……"在美国，授予行政机关调查权的法律由国会制定，行政机关只有在法律授权的范围内，才能行使调查权。① 如 1946 年的《美国联邦行政程序法》第 555 条第 3 款规定："除法律授权外，机关不得发出、采取和执行传票、报告要求、检查或其他调查行为或命令……"②

2. 制作相对人谈话笔录

相对人的谈话笔录是对案件事实调查的重要记载或整体描述，谈话笔录要两名以上执法人员制作，对相对人陈述的反映要客观真实，尤其是对相对人有利的陈述要作如实的记录。在与相对人制作谈话笔录时，要告知相对人负有在行政程序当中提供证据的义务。依据《最高人民法院关于行政诉讼证据若干问题的规定》第 59 条的规定，行政机关在行政调查程序中，依照法律规定要求相对人提供证据，相对人依法应当提供证据而拒不提供的，如果相对人将该证据在诉讼程序中向法院提供的，人民法院一般不予采纳。从理论上讲，这称为"漠视行政程序规则"。行政机关在制作陈述笔录时，应明确告知相对人有关该规定的内容。对于相对人拒不配合调查取证的，执法实践当中可以采取两个

① 王名扬：《美国行政法》（上），中国法制出版社 1995 年版，第 327～329 页。
② 应松年主编：《外国行政程序法汇编》，中国法制出版社 2004 年版，第 40 页。

办法:一是用书面通知的形式,要求相对人到指定的地点接受询问。发出通知的时候,可以使用将通知粘贴在违法相对人住所等方式,但最好使用挂号信或者邮政专递方式寄给违法相对人,这样能在卷宗中有所反映,如果使用粘贴的方式,要进行拍照或录像保存证据。二是主动找违法相对人谈话,如果违法相对人在行政执法人员反复宣传后,仍然不配合行政机关的执法人员调查取证,应制作现场《权力义务告知书》或询问笔录。《权力义务告知书》中要列明相对人在调查程序中享有的权利和义务;询问笔录中要写明时间、地点、询问人、记录人、执法人员的证件号码,还要记载因为何事向相对人调查取证。

3. 对违法行为采取检查措施

检查措施,是指城管综合执法机关在行政处罚案件中,为了查明违法行为、收集和提取证据,在调查中所采取的一种行政措施。它包括对书证、物证和物品的勘验以及进入相对人的住所进行查验等。根据《行政处罚法》第36条的规定,"行政机关发现公民、法人或者其他组织有依法应当给予行政处罚的行为的,必须全面、客观、公正地调查,收集有关证据;必要时,依照法律、法规的规定,可以进行检查"。

检查措施是法律赋予行政机关在行政处罚案件调查时可以采用的手段,对于行政机关有效处理行政处罚案件是必要的。但是行政机关执法人员必须依照法定程序实施检查,如果滥用检查措施,势必会给相对人的合法权益造成损害。行政机关采取检查措施,应当是在《行政处罚法》规定的"必要的时候"。笔者认为,"必要的时候",是指城管综合执法机关在处理违法行为时,经询问相对人、听取证人证言等方法仍不能认定违法事实或者仍不能收集到全面证据,不采取检查措施就不能作出行政决定的情况。只有在这种情况下,才可以依照法律、行政法规或者地方性法规的规定,采取相应的检查措施。如在对有关燃气经营企业案件的调查程序当中,城管综合执法机关的执法人员在实施检查措施之前,出于燃气安全考虑,会要求该企业暂时停止生产经营行为,在检查行为结束后,才允许其正常经营。这种影响行政相对人正常经营活动的检查措施,对相对人权益的影响较大。所以,笔者认为,如果实施其他对行政相对人权益影响较小的调查措施，就足以能够查明案件事实的情况下，即可以省略调查的检查措施。也就是说，城管综合执法机关在进行案件调查时，应当慎用检查措施。

4. 制作勘验笔录和现场检查笔录

现场勘验，是指城管综合执法机关对行政相对方实施某种行为的场地进行实地查看，了解相应行为的现场情况，以确定有关个人、组织是否参与了相应行为以及参与者的责任情况。[①] 例如，在违法建设案件的调查当中，必须对违法建设房屋进行勘验，收集房屋的面积、形状、建筑材料、外观颜色、方位朝向等数据，并要求画出平面图纸。勘验之前，综合执法调查人员应当通知当事人调查，协助勘验，当事人拒不配合的，不影响勘验的进行。勘验的手段主要有现场测量、拍照、录音、录像、画图、抽样取证等方法。勘验结束后，应当制作笔录或图纸，载明勘验的时间、地点、勘验内容、数据后，由综合执法调查人员和当事人签名或盖章。

(1)制作勘验笔录。勘验笔录，是指城管综合执法人员为查明案件的事实情况，对涉案的物证或现场进行勘验、检验、测量、拍照、绘图后所制作的记录。勘验笔录应当载明时间、地点和事件等内容，并由城管综合执法人员和行政相对人签名。行政相对人拒绝签名或者不能签名的，应当注明原因，有其他人在现场的，可由其他人签名。

勘验笔录具有以下特点：一是勘验笔录是对勘验过程的客观记载，所以客观性较强。二是手段多样性，可以是绘图、照片或者模型，并辅以录音、录像，所以具有保全证据的作用，是一种现场移植。三是勘验时绘制的现场图，应当注明绘制的时间、方位、比例、绘制人姓名和身份等内容。

制作勘验笔录应当遵循以下要求：一是勘验人员到达勘验现场时，应当出示执法证件，并邀请当地基层组织或者行政相对人所在单位派员参加。二是行政相对人或其成年亲属应当到场，拒不到场的，不影响勘验的进行，但应当在勘

---

① 章剑生主编：《行政程序法学》，中国政法大学出版社2004年版，第144页。

验笔录中说明情况。三是勘验笔录应记载勘验的时间、地点、勘验人、在场人、勘验的经过和结果,有勘验人、相对人、在场人签名。

(2)制作现场笔录。现场笔录是城管综合执法人员对行政相对人违法行为的现场进行查处而单方面制作的一种文字描述、记载的证据材料。现场笔录的特点有:一是即时性强。从形成时间看,现场笔录是调查与处理现场制作的,不可事前,也不可以事后补作。二是流动性大。从制作地点看,现场笔录是行政程序中特有的证据,其制作地点是发生行政案件的现场,特别是城管综合执法领域,行政执法事后一般很难补正。三是证明力强,如果有行政相对人签字认可,一旦进入行政诉讼,人民法院一般可以推定其真实合法。

《现场检查笔录》是《现场笔录》的一种。在城管综合执法机关进行的执法调查活动中,行政检查是被最为频繁使用的调查手段,从行政检查使用的对象看,包括对违法行为的现场检查、对违法建设检查情况的检查、对被违法行为损坏财物的检查、对违法行为人是否具有某种行为资格的检查;从检查实施的规律看,有一般检查与抽样检查,有定期检查和不定期检查。行政检查的目的更多在于防范和纠偏,如城管综合执法人员在巡查过程中对商品经营者证照的检查,对夜间施工扰民工地是否持有夜间施工许可证件的检查等。城管综合执法调查人员对检查要制作《现场检查笔录》,由调查人员、当事人和在场人员签名,并注明日期。《现场检查笔录》应准确客观地记载违反事实或违法行为,包括有关的日期、时间、数据、位置、状态、程度、情节等要素。被检查人是公民的,要记载其姓名、性别、年龄、住址、单位、联系方式等情况;被检查人是法人或其他组织的,要记载其单位名称、住址、法定代表人或负责人姓名、职务和联系方式;有其他相关人员在场的,记载其姓名、职务和住址等情况。被检查人不在现场或拒绝签字的,应在现场检查笔录中注明,并由见证人或两名执法人员签字或盖章后,与当事人签字认可的检查笔录具有同等的证据力。

5. 制作视听资料

录音、录像证据属于视听资料证据。采集这类证据如果是相对人持有的,应调取原始载体或复制件。如果是城管综合执法机关自己制作的,应当注明制作方法、制作时间、证明对象、制作人等;声音资料应将其声音内容制作文字记录附上。运用专门知识或技能,对某些专门性问题进行分析、判断后所作出的结论意见属于鉴定结论。采集这类证据应当载明委托人和委托鉴定的事项、向鉴定部门提交的相关材料、鉴定的依据和使用的科学技术手段、鉴定部门和鉴定人鉴定资格的说明,并应有鉴定人的签名和鉴定部门的盖章。通过分析获得的鉴定结论,应当说明分析过程。

6. 收集证人证言

证人证言属于谈话类笔录书证。证人证言可以通过询问证人获取,也可以通过证人主动提供获得。询问证人是行政调查中一种重要的调查措施,各国行政程序法广泛采用,例如,瑞士《行政程序法》(1968 年)第 15 条规定:"人民都有作证之义务。"第 17 条规定:"被讯问之证人应提供其他相关之证据,尤其应提出其持有之文件。"①奥地利《普通行政程序法》(1991 年)第 50 条规定:"每一个证人均应于讯问开始时查明与讯问有关之身份关系,并告知其为真实的陈述……"②我国《行政处罚法》第 37 条和第 42 条中均有相应的规定。执法实践中,对于证人证言的询问,城管综合执法机关一般采用走访案件地区周边群众的方式,多方面了解案件情况,通过录音、录像或笔录的方法固定证据,如为笔录形式的证人证言,应当请证人签字或盖章。收集证人证言应当符合以下要求:一是写明证人的姓名、年龄、性别、职业、住址等基本情况;二是有证人的签名,不能签名的,应当以盖章等方式证明;三是注明收集或出具日期;四是附有居民身份证复印件等证明证人身份的文件。

7. 对执法相对人行政责任能力进行审查

对执法相对人行政责任能力的审查应当做好以下几方面的工作:

(1)对行政相对人行政责任年龄的审查:根据《行政处罚法》第 25 条的规定,不满 14 周岁的人有违法行为的,不予行政处罚,责令监护人加以管教;已满 14 周岁不满 18 周岁的人有违法行为的,从轻或者减轻行政处罚。对行政责任

① 应松年主编:《外国行政程序法汇编》,中国法制出版社 2004 年版,第 154、155 页。

② 应松年主编:《外国行政程序法汇编》,中国法制出版社 2004 年版,第 135 页。

年龄审查最直接的做法是要求行政相对人提供“居民身份证”，通过“居民身份证”上登记的出生日期来确定行政相对人的行政责任年龄。执法实践中将“居民身份证”原件核对无误后，将“居民身份证”的复印件提取后装订入卷。

（2）对行政相对人精神状态的审查：根据《行政处罚法》第 26 条的规定，精神病人在不能辨认或者不能控制自己行为时有违法行为的，不予行政处罚，但应责令其监护人严加看管和治疗。间歇性精神病人在精神正常时有违法行为的，应当给予行政处罚。执法实践中，相对人的精神状态要靠民政部门颁发给行政相对人的“残疾证”来认定，但在个别情况下，要通过法医鉴定来确定。

（3）向有关单位或个人调取证据。城管行政综合执法机关在当事人是法人或其他组织的案件调查中，如果当事人拒不提供证明其主体资格的营业执照时，可以到工商行政管理部门调取其营业执照；如果难以调取涉及当事人有无行使某种行为的资格证明文件时，可以到相关行政机关调取证明文件。例如，查处违法建设案件中，为了证明当事人有无规划许可，可以在发出《协查通知单》后，到有关规划部门查阅有无规划许可，并由有关规划部门出具书面意见。除此之外，城管综合执法机关还可以到建设管理部门调取有关建筑施工单位的开工证明文件或企业资质证明等证据材料。城管综合执法机关从有关单位或个人处调取资料的，必须出具书面收据，并遵循有关单位的内部规章制度，同时该证据材料只能用于案件调查，不能挪作他用，必须注意保护当事人的商业秘密和维护有关个人的隐私权。

8. 对证据进行技术鉴定

技术鉴定，是指城管综合执法机关按照法律规定，请有权鉴定机关运用自己的专业知识和科技手段，根据案件事实材料，对需要鉴定的专门性问题进行检查、测试、分析、鉴别后得出的结论性意见。目前，城管综合执法中主要的技术鉴定有：对行政相对人擅自伐移、损毁的树木，请园林绿化机关进行审批鉴定或损失鉴定；对疑似违法建设房屋，请规划部门进行规划认定；对排放污水进入城市河流的液体，请环保部门进行技术鉴定；对不具备燃气许可经营条件的企业,请燃气主管部门进行许可评价等。

9.举行听证

听证是现代行政程序的核心制度,也是城管综合执法相对人参与行政程序的重要形式。我国《行政许可法》和《行政处罚法》都对听证程序作出了明确规定。行政处罚制度中的听证,是指行政主体在作出行政处罚决定前,公开举行由利害关系人参加的听证会,由行政处罚机关的调查人员提出指控、证据和处理建议,由当事人对此进行申辩和质证,以及行政主体听取意见、接纳证据的一种法律程序和法律制度。其目的在于广泛听取各方面的意见,通过公开、民主的程序保障相对人的合法权益免受行政不法行为的侵害。① 城管综合执法机关在城市环境管理领域集中行使行政处罚权,在案件当事人依法提出听证申请时,应当依法组织听证,非经该程序不得作出有关行政处罚决定。

关于行政处罚听证制度,《行政处罚法》第42条规定:"行政机关作出责令停产停业、吊销许可证或者执照、较大数额罚款等行政处罚决定之前,应当告知相对人有要求举行听证的权利;当事人要求听证的,行政机关应当组织听证……"对该规定,存在不同理解。很多学者认为,根据该规定,听证程序的适用条件有两个:一是行政机关作出责令停产停业、吊销许可证或者执照、较大数额罚款②等行政处罚决定。二是行政相对人要求听证的,行政机关应当组织听证。行政机关应当是在上述两个适用条件同时具备时,才能组织听证。同时,只有在行政机关作出责令停产停业、吊销许可证或者执照、较大数额罚款的行政处罚决定时,行政相对人才有申请听证的权利,否则无权申请听证。对此,笔者持有不同认识。笔者认为,根据该规定,行政机关在作出责令停产停业、吊销许可证或者执照、较大数额罚款等行政处罚决定之前,负有告知行政相对人有要求举行听证权利的义务,但该义务并非是要限制行政相对人只能在行政主体要作出责令

① 马怀德主编:《行政法与行政诉讼法》(第2版),中国政法大学出版社2012年版,第167、260页。

② 较大数额罚款的认定标准,《北京市行政处罚听证程序实施办法》(1996年9月23日北京市人民政府第14号令)第2条规定:"本市各级行政机关(含经依法授权或者委托的行政执法组织)……对公民处以超过1000元的罚款……相对人要求举行听证的,依照行政处罚法和本办法执行。"

停产停业、吊销许可证或者执照、较大数额罚款等行政处罚决定时才有权要求听证。换句话说,有关法律、法规规定行政主体负有的义务,并非是对行政相对人权利的限定。在行政主体作出的行政处罚涉及行政相对人重大利益时,行政相对人要求听证的,行政机关都应当为其组织听证。

之所以学者们要将《行政处罚法》的上述规定作限权理解,主要是因为听证程序存在一些弊端,如影响行政效率、浪费行政资源等。但是,就目前城管综合执法的社会影响力和权威性来看,受影响的行政效率能够换来更高更好的行政效力,也不失为一件幸事。因为听证的作用至少有两点有利于提高城管综合执法的权威:一是它可以通过听取各方意见,促使行政处罚决定更加客观公开、合法、合理;二是听证程序的公开性,能够使城管综合执法机关的执法程序更加透明,使行政过程得以真实地反映给行政相对人,从而增强行政处罚决定的可接受性,提高执法者和执法权力的权威性。

四、有关行政调查制度的借鉴与建议

如本章所述,行政调查作为获取信息、取得证据的活动,是城管综合执法机关作出行政决定的必经程序。如果城管综合执法机关在作出行政决定之前不经过详细的调查,则很可能因缺乏事实证据而导致整个行政行为违法。城管综合执法工作的正常开展,离不开行政调查制度的保障,城管执法人员只有在深入调查、认真收集证据的基础上,才能证明违法行为的客观存在和社会危害性的程度,进而作出合法、适当的行政决定。本章对城管综合执法行政调查的主体、启动、步骤、方法等方面的阐述,也是对我国目前城管综合执法调查的实践总结,也是在进行初步探讨,以期能对进一步完善我国行政调查制度起到积极作用。

通过查阅美国、英国和日本关于行政调查的相关资料,并且综合分析国内行政调查法律依据和执法现状,笔者认为,为保护行政相对人合法权利,提高行政调查效率,依法正当行使行政强制措施等,需要加强有关行政调查程序的立法,完善行政调查法律依据,明确行政执法机关的相关权力和调查程序设置,以保障行政调查权能纳入法治的轨道上行使，提高行政效率，突出行政管理效果，保护当事人在行政调查程序当中的权利，并敦促其履行法定协助义务。

（一）北京市有关行政调查的一些做法

以北京市城市管理综合执法为例，为了加强城市管理水平，改善行政调查法律规范缺失的现状，一些行政执法机关制定了相关管理领域的联合执法规范，比如，对非法运营出租车违法行为进行查处的联合执法机制，由市政府法制办牵头，将城管综合执法机关、公安机关、交通管理机关、交通警察和工商执法机关共同纳入联合执法机制当中。在对非法运营车辆的执法实践中，由交通警察对涉嫌非法运营的车辆进行拦截，并进行初步调查，经初步调查核实属于违法运营的，如该行为发生在机场、车站等交通枢纽地域，由交通管理部门进一步调查处理，除了上述地区以外的违法行为，由城管综合执法机关调查处理；如果在调查期间出现当事人拒不配合调查，以暴力行为伤害行政执法人员的，根据该案件实际情况，由公安机关依法惩处该恶意伤害执法人员的案件当事人；对于非法改装车辆的经营企业，由工商管理部门依法予以查处。再如，为了查处非法运输散体货物泄漏遗撒的违法行为，建设管理部门、环保部门、城管综合执法部门、公安部门和交通警察部门也相应制定了联合执法规范来调查处理相关违法相对人。上述联合执法规范的制定和实施，有效地打击了有关违法行为，并且效率颇高，执法效果明显，但是也有不足之处。如联合执法规范位阶不高，法律依据欠缺，不能作为定案处罚的依据，更不能作为诉讼的依据。另外，该联合执法规范的时间效力很短暂，往往执法行动过后，自动失效。由此可见，联合执法规范没有形成长效管控机制，其法律位阶几乎为零。即便从广义的角度来看，联合执法规范可以纳入规范性法律文件的范畴，其在我国法律体系中的位阶最高也就是规范性文件而已。

还有一些区政府为了应对行政调查手段不足、执法联动机制不稳定的问题，建立了多个行政执法机关共同参与的联合执法组，以北京市原崇文区为例，由区政府指定城市管理委员会牵头，在各街道办事处成立了联合执法组织，由公安、消防、交管、卫生、城管和工商等多家执法机关共同开展巡视检查，发现违法行为时，按照职责权限共同开展调查处理。例如，发现违法建设行为时，该违法建设行为如果属于城管综合执法机关管辖案件，由城管综合执法机关牵头开展调查；如果该违法建设行为占压消防设施从而危及消防安全，则由消防部门牵头调查处理。这种成立联合执法组织的形式具有执法效率快、查处违法行为直截了当等优势，但也有行政成本高，执法主体混乱不清等问题，容易损害当事人合法权益。

（二）完善我国行政调查制度的一点设想

从以上对北京市实行的两种捆绑式行政执法调查利弊得失的简要分析，不难看出，其存在的目的无外乎是想解决执法效率不高、执法调查法律依据不足、调查手段措施不够、调查强制力不强等问题，根本原因在于法律依据的缺位。为此，笔者建议我国立法机关应当尽快制定一部统一的《行政程序法》，对于行政调查专门作出系统的规范。如果出台《行政程序法》时机不到，或者立法难度太大，可以出台一部专门规范行政调查行为的《行政调查法》，以解决上述行政调查的难题。在这方面，我们可以借鉴美国和日本行政调查的先进立法经验，以法律的形式确立司法协助调查或是警务协助调查的制度，用以填补我国行政调查配合制度的缺失，提高行政调查的强制力，并明确案件当事人协助调查的法定义务和调查程序当中的合法权利。

此处司法协助调查，具体是指在行政执法机关对违法行为调查难以进行或出现法律障碍时，行政执法机关可以向人民法院提出协助请求，使人民法院能够提前介入行政执法程序，由人民法院向案件当事人出具调查令，责令案件当事人按照行政执法机关的要求出具相关的证据。如果案件当事人应当并且能够出具相关证据，而拒不出具相关证据，造成社会危害性加大，或者达到规避法律的目的时，人民法院可以依法对案件相对人判处予以罚款、拘留等措施，拘留措施由公安机关执行，其他措施如果当事人拒不履行的，由人民法院强制执行；经强制执法案件当事人仍拒不协助调查的，对于案件当事人原来的违法行为，行政执法机关在告知案件当事人后果的前提下，可以根据调查收集的现有证据，径行作出行政决定；如果事后出现行政决定失当的情况，因此而造成的一切损失由案件当事人自行承担。其实这种考虑也是出于对目前我国城管综合执法环境和人民法院司法权威的考虑。我国没有藐视法庭罪,这与美国不同。在美国,行政机关签发的行政传票本身也没有强制力,这一点与司法传票有区别,被传作证的人不遵守司法传票时,则要受到藐视法庭的处罚,而不遵守行政传票,没有藐视行政机关处罚的规定(个别州有例外)。为了保证行政传票的执行力,行政传票原则上由行政机关申请法院执行。美国《联邦程序法》第555条第4款规定:"在请求强制执行(传票)的程序中,法院应签发命令,要求证人在合理的期间内出庭作证,或提出证据和情报,违者以藐视法庭罪处罚。"①本来行政调查是为了使行政执法机关在具体行使其法律授予的权限时,能够确认是否存在符合其权限行使要件的事实,判断其能否行使其所有权限进行的事实调查或资料收集的活动。② 但是,如果行政相对人终究不予配合,违法行为存在,正如法官不能拒绝裁判一样,为了公共安全、公共利益和他人合法权益,现代社会亦要求行政管理不应缺位。

警务协助调查,是指对于社会危害性较大的违法行为,行政执法机关调查手段欠缺或强制力不足时,可以向公安机关提出协助请求,接到协助调查请求的公安机关有义务协助有关行政执法机关开展调查取证工作。城管综合执法调查的对象是作为行政相对人的公民、法人和其他组织,调查过程中往往涉及与被调查当事人实施行为有关的场所、物品。目前,我国对公民人身和住所的调查权一般情况下只能由公安机关行使。城管综合执法如能借助于公安警务调查,有助于及时查明案情,防患于未然。以燃气违法案件为例,燃气管理涉及社会公共安全和国计民生,行政执法机关对于社会危害性不大的违法行为,通过行政处罚可以实现行政管理目的,但是对于当事人向燃气当中加入二甲醚作为燃气销售的掺杂使假的违法行为,其社会危害性特别巨大,由于二甲醚具有强烈的腐蚀作用,一旦该假冒燃气发生泄漏,将会导致爆炸、火灾等危害后果。

---

① 王名扬:《美国行政法》(上),中国法制出版社1995年版,第342页;应松年主编:《外国行政程序法汇编》,中国法制出版社2004年版,第40页。

② [日]室井力:《日本现代行政法》,吴薇译,中国政法大学出版社1995年版,第129页。

如果案件当事人对于这些违法行为，拒不接受调查处理，行政执法机关依赖一般的调查手段难以查清案件事实，而配合以警务协助，通过刑事诉讼法或治安管理法规定的有关手段或措施控制案件当事人，有助于及时制止违法行为，查清案情，将社会危害控制在萌芽阶段，避免发生群死群伤的恶性案件。

城管综合执法领域和权能对行政相对人权益有着直接的影响，而就目前城管综合执法机关所具有的执法调查手段来看，与其拥有的行政执法职能不相匹配，既有碍其权能依法有效地发挥，也不利于行政相对人权益的保护而加强有关立法是完善城管综合执法调查权能一个重要的也是主要的途径。当然，由于牵涉对行政相对人权利的限制与剥夺，因此，行政调查制度不应仅偏重于授予行政执法机关调查权，还需兼顾对行政相对人协助义务设定的合理限度，因此，完善行政调查立法，更重要的是，如果行政执法机关滥用行政调查权力，损害当事人合法权利，经人民法院或上级行政执法机关通过行政监督确认违法行政的，应当依法追究行政执法主体和行政执法人员及其行政领导的相关责任，以保护当事人合法的权利不受非法调查权利侵犯。完善有关行政调查立法，也有利于遏制城管综合执法人员在调查过程中滥用权力，保护行政相对人的合法权益。

第五章　无照运营车辆的违法形态及其治理

——以北京市为视角

无照违法运营车辆在我国许多城市已经不是个别现象，由于没有取得运营许可，所以俗称“黑车”，运营客人的，被俗称为“黑出租”。虽然笔者不太赞同这类称谓，但为了行文方便，暂且使用之。

北京市城管综合执法机关在被授予查处违法运营“黑车”行为行使行政处罚权以来，可以说执法是举步维艰，困难重重，主要表现在：对违法行为是否成立难以界定，暴力抗法频繁发生，执法依据和强制措施几度调整，罚款幅度城区和远郊难以统一，行政处罚自由裁量权如何运用等。关于在行政手段上如何治理“黑车”现象的理论研究很多，但是有关“黑出租”违法形态法学理论研究却很少。笔者认为，城管综合执法机关作为查处“黑出租”违法行为的执法机关，注重实践中执法成效是必然的，应当是既需要完善立法，充实依据，也需要理论的指导与支撑。从理论对“黑出租”行为发生、发展、成立、未遂和回转的各个阶段的违法形态进行分析、探讨和统一界定，明确划分该类行政违法行为预备、中止、未遂、成立等各个阶段，确定一个可以适用行政处罚的标准点，对于城管综合执法机关在确定处罚标准点的基础上，针对各个阶段不同程度的社会危害性，确定如何正确适用行政处罚的自由裁量权，按照不同阶段违法形态社会危害性的比例确定行政罚款的数额，具有重要的意义。虽然理论研究不是法律规范，但城管一线执法人员在执法过程中有明确的法学理论作指导，对于减少城管综合执法的盲目性，避免执法过程中由于罚款数额缺乏统一标准和法定依据容易产生的腐败问题，增强查处执法行为的可接受性，减少违法相对人在明确、具体的法律规定下与城管综合执法人员的直接对抗，接受行政处罚具有重要的意义。

无照运营车辆为何屡禁不止，是值得管理者认真思考的一个问题。只"堵"不"疏"，恐怕很难从根本上解决问题。堵是治理，疏是整合。疏堵结合，或许能够取得较好成效。

一、无照运营车辆的违法形态与执法困境

目前，城管综合执法机关在查处无照违法运营车辆（含"黑出租"、"黑三轮"、"黑摩的"，简称"黑出租"）运营违法行为的过程中，普遍反映存在违法行为界定困难、适用自由裁量权确定罚款数额缺乏法律依据等问题。据笔者向执法一线城管执法人员了解，他们在查处有关案件时，按照违法行为发生时间的前后进行排序，存在以下法律难以适用的情况：

一是对疑似无照违法运营车辆如何查处不明确。即对那些明明知道是无照运营的车辆在路边停靠揽客（由于违法行为人未离开车辆，不知是刚刚停下还是停靠已久，根据交通法规无法按照违法停车进行行政处罚），但在违法相对人尚未开始违法运营的情况下如何查处存在疑问（这种情况通称"疑似黑车"）。

二是对已有意思表示尚未实际运营的无照非法运营车辆如何查处不明确。即对那些将无照运营车辆非法停靠路边，又明目张胆地公开揽客的违法行为人（如违法相对人面对人流大声吆喝："出租，出租，十元一位"；"某某地，上车就走"等），由于这个阶段乘客尚未确定，违法运营尚未开始，如何按照法律规定进行查处存在疑问。

三是对运营条件已经具备但尚未启动上路的无照违法运营车辆如何查处不明确。即违法行为人虽然已经将乘客请进车内，但是尚未将车辆启动，乘客也未付款，能否按照违法运营处罚，法律适用上有疑问。

四是对运营中尚未收费的无照违法运营车辆如何查处不明确。即违法行为人虽然已经启动车辆,载客车辆在行进当中被查获,但是在查获时乘客尚未支付车费,能否处罚、如何处罚存在疑问。

五是对已经实际运营但尚未收取运费的无照非法运营车辆如何查处不明确。即违法相对人虽然将乘客运载至目的地,但由于城管综合执法机关检查,违法行为人不向乘客收取运费,对这种免费运营如何查处、能否查处(是否存在违法行为中止)存在疑问。

六是对交易已经完成但取证不能情况下的无照违法运营车辆如何查处不明确。即违法运营车辆已经将乘客送到目的地,乘客也已向违法行为人支付了车运费,但是乘客出于保护弱者的心理,拒不协助城管综合执法机关调查取证,不承认已经向违法行为人支付了车运费。由于乘客向违法行为人支付车运费的过程时间很短,甚至是几秒钟的时间,且没有无利害关系的第三方在场,使城管综合执法人员在取证上存在巨大困难(乘客付款的过程有时只有城管执法队员亲眼看到,没有其他证人作证,所以在定案查处过程中缺少证人证言的证据种类),这种情况下,能否处罚存在疑问。

七是对运营后返还收取的运费的无照非法运营车辆如何查处不明确。即非法运营的相对人虽然收取了车费,也将乘客运到了目的地,由于非法运营的相对人(所谓“黑出租司机”)事先向乘客承诺如果城管查处便不收乘客运费,要求乘客不予承认,在遇到城管综合执法机关查处时,便将运费还给乘客,乘客在这种情况下按其要求不为城管综合执法机关作证,怎样处罚存在问题(是否承认是对违法行为的自我纠正,抑或是违法行为中止)。

八是对只有乘客举证的无照违法运营车辆如何适用法律查处不明确。有些无照违法运营司机在违法运营过程中有“宰客”的行为,乘客“被宰”后,主动向综合执法机关举报其违法运营的违法事实,由于违法行为已经结束,违法现场已经消失,能够提取的证据仅仅是乘客提供的证人证言,没有现场检查笔录、当事人陈述、物证、视听资料等证据。在这种情况下,能否按照法律、法规对违法相对人立案查处存在法律适用上的疑问。

九是对人、车分离或二人以上在无照违法运营车辆过程中起不同作用的如何查处不明确。即违法运营相对人、车分离，离开违法运营车辆到人流密集的车站、剧场等地区揽客，招揽乘客后，将乘客带到车上开始运营；或是违法运营相对人为二人以上，一人负责招揽乘客，另外一人负责运营。这种情况下，如何认定、如何查处不明确。

十是对因车辆故障停止违法运营的相对人如何查处不明确。即乘客进入违法运营的车内后，由于车辆发生故障，无法正常行驶，违法运营相对人不得已停止了违法运营的违法行为，这种情况下，处罚与否存在疑问。

十一是对因多收运营费而乘客拒乘的无照违法运营车辆如何查处不明确。即乘客进入违法运营车内后，由于车费数额发生分歧，乘客决定不乘坐而下车离开，迫使违法行为人停止违法运营行为的，如何查处不明确。

正如上述所列情形，城管综合执法机关在查处违法运营“黑出租”违法行为执法工作中，缺乏明确具体适用行政处罚的标准点，即在哪个关节点上可以适用行政处罚，以及在可以适用处罚的标准点上如何行使行政处罚的自由裁量权，都缺乏明确、具体的法律、法理依据。因此，目前的实际状况是，城管综合执法机关处罚搭载乘客违法的运营行为时，能否处罚、处罚时如何适用自由裁量权来确定罚款数额，存在凭感觉办案、摸着石头过河等执法问题。

现阶段，我国没有统一的行政法典，行政法规范分散在有关的行政法律、法规当中，《行政处罚法》、《行政诉讼法》等单行法律中没有关于行政违法行为在“预备、未遂、中止、既遂”各个阶段违法形态的具体规定，在行政法学理论上亦无行政违法行为的形态论述，因而在行政执法实践中对某些案件很难适用行政处罚。换句话说，在查处无照违法运营车辆搭载乘客(“黑出租”、“黑三轮”、“黑摩的”)违法案件中产生上述疑惑的主要原因是，没有关于违法运营行为之违法形态的具体规定。对于行政执法，一般认为，只有在违法行为产生社会危害性的后果，即违法行为成立，才具有被行政处罚性。如果行政相对人的行为没有产生社会危害性的结果，行政执法机关就无权对其进行行政处罚，即违法行为不成立，行政处罚不适用。但这种一般性的理论无法应对复杂的城管综合执法实践，特别是在查处无照违法运营车辆问题上。

由于无照违法运营车辆具有较强的社会危害性，违法行为在发生、发展、成立、未遂和回转各个阶段的时间和空间上又存在较强的特殊性，笔者认为，虽然我们不能把行政执法刑事化，但是我们在行政执法实践过程中可以适当借鉴和参考刑事法律方面关于犯罪的违法形态方面的规定，同时考虑民事法律关于违法行为成立方面的规定，以利于顺利开展对无照违法运营车辆的行政执法工作。

二、有关对无照运营车辆之违法行为执法标准点的讨论

目前无照违法运营车辆适用的案由是"无照经营出租车业务"。我们先不考虑法规和案由适用是否符合特殊法律适用原则，我们要反思的是，在以往行政执法对无照经营进行处罚过程中，从来没有像对无照违法运营"黑出租"进行处罚案件这样较多地出现过法律适用困难的情况，这是什么原因呢？笔者认为，这是在"习惯法"（实际上是长期执法实践中形成的习惯做法）适用中惯性思维方式导致的，行政执法者和违法相对人在行政处罚过程中都形成了对违法行为认定上的统一的惯性思维。无照经营案件管辖权行政主体从原来的市容、工商执法、巡警到现在的城管综合执法主体，法律适用中都没有出现任何有争议的问题。具体表现在对违法行为认定的标准上（即只要无照商贩在经营工具和经营商品上具备了经营的条件，商品和违法相对人被认定无误，没有办理营业执照，则无论其是否已经出售了经营的商品，均可以被认定为无照经营，同时违法所得还要根据相关规定进行没收）。证据种类收集的数量上、行政罚款数额的确定上（一般罚款数额同违法相对人经营的商品数量、价款成正比，违法经营商品的价值越大，销售收入越高，罚款的额度相应也就越大）和违法经营工具是否返还上，都没有特别详细的明文规定，但在长期的执法实践中已经形成了一种约定俗成的潜规则，即行政处罚的种类和罚款的数额均符合行政执法者和行政相对人的心理预期，在两者心理预期相统一的情况下，就说明行政处罚既合法又合理，因此不会出现法律适用的问题，更不会出现行政诉讼。在

上述各类行政执法过程中，执法程序自然合法有效，证据收集自然合法完备，行政相对人自然心服口服，相对人负担罚款额也在其能力承受范围之内，如此这般，行政执法中行政机关自然无往不利，不会出现任何违法形态的法律适用问题，这种情况在法理上称为习惯法的适用。

鉴于对无照运营“黑出租”违法行为罚款数额较大和对违法相对人利益影响较大，违法相对人的社会属性具有其自身的特殊性，在对其行政执法中，如果对其违法形态的认定稍有不慎，就会产生较大的社会反响和社会矛盾，给城管综合执法主体带来十分不利的社会负面效应。所以笔者认为，对无照违法运营“黑出租”案件的查处，首先应当加强地方立法以解决法律适用上存在的各种问题。在进行地方立法时，不妨将总结实践得出的“习惯法”融入行政机关内部统一适用的制定法实施细则之中。否则，由于城管综合执法将传统行政中由多个执法主体的处罚权集中行使，加之执法依据不完善，产生的危害势必会多于以往，如执法人员可能会在缺乏依据又缺乏法理指导的情况下进行案卷作假、证据体系不完备、证据数量不充足，最终因侵害行政相对人合法权益而导致被诉案件经常发生。因此，在立法尚不完善的情况下，城管综合执法机关有必要根据无照违法运营“黑出租”案件的特点，确定一个较为适当的实施行政处罚的违法形态标准点。

无论无照运营“黑出租”行为违法与否，驾驶人员与乘客之间都具有合同的法律意义，根据我国合同法有关理论，合同的产生要经过要约和承诺的两个阶段，经过受要约人承诺，双方就合同成立的意思表示一致的合同即成立，经过交付标的物的合同即生效。按照行政法学理论，违法行为成立即可以进行行政处罚。无照运营“黑出租”的违法行为成立的标准点可以确定为：只要乘客与无照运营“黑出租”的违法相对人对运输（营）合同达成一致意思表示，同时乘客进入该违法运营的车内，则无论“黑出租”违法运营人是否收到车费或是“黑出租”车启动与否，运营“黑出租”的违法行为在行政法学理论上即以成立，行政执法机关即可以依法对其进行行政处罚。这一标准尤其得到实务界的认同，认为确定这个处罚标准点，完全符合主观意识与客观行为相统一的标准。一方面，“黑出租”违法运营人与乘客双方对无照违法运营出租车业务的主观意思表示一致；另一方面，违法运营人有同意乘客进入车内的客观行为，同时乘客根据违法相对人的同意进入了车内，在乘客进入车内后，无照违法运营“黑出租”行为即可被认为从发生、发展到成立。虽然这个违法行为并未结束，但违法行为成立后，已经产生了社会危害性，这个社会危害性侵害了多重（或复杂）客体，如国家行政机关对出租车行业的管理秩序、国家的税收管理秩序、乘客的生命财产安全等。

对此也有人持不同意见。如有的城管执法人员认为，应当将无照违法运营出租车行为的成立点定在乘客已将乘车费支付给违法运营行为人这个环节上。因为如果没有支付与收取车费这一环节，很难认定“运营”成立，特别是在给予“违法运营”的定性上，如果当事人不服，城管很难成功举证。特别是在鼓励“拼车”的大环境下，没有乘车人支付车费的情节，强行执法处罚，极易引发争议。

第一种意见之所以不以“支付与收取车费环节”为违法运营“黑出租”的构成要件，一是因为实践中存在规避行政处罚的“隐形交易”现象。有些“黑出租”的违法运营人在运营过程中并不向乘客收取运费，而是由雇用他们进行违法运营的第三人向他们支付运费，第三人支付运费后，再由第三人通过其他手段将运费折合在另外的服务项目中向乘客收取。例如，“非法一日游”的组织者通过“黑出租”违法运营人接揽游客，“黑旅馆”的违法经营者利用“黑出租”违法运营人在车站接揽旅客等。表面上“黑出租”是在免费运营，未向乘客收取车费，实际上车费已由这些第三人向“黑出租”违法运营人支付，并将该车费折合在他们提供的服务费中向乘客一并收取，最终还是由乘客实际负担。二是将“黑出租”违法运营行为的成立点放在“付费、收费环节”上，有违合同相对性原理。“黑出租”乘客并未明确表示将付费的义务由第三方来承担，甚至对此根本不知情。在这种情况下合同不可能成立，因为合意达成为运输一方承担付费义务合同的不是乘车人与“黑出租”违法运营人，而是“黑出租”违法运营人同（将付费义务转嫁给乘车人的）第三人。如果强调乘客向“黑出租”违法运营人的"付费行为"为无照违法运营车辆成立的标准点，违法运营"出租车"的违法行为将因付费行为（形式上）未由合同相对方（乘客）完成而未成立。现实中，运营"黑出租"的违法行为人已经通过违法运营行为取得了违法利益，作为行政执法机关却因为运营"黑出租"违法行为成立点的确定不明而不能进行行政处罚。故认为不应将违法运营行为成立放在乘客付费同时"黑出租"违法运营人收费的环节上。而将处罚运营"黑出租"违法行为的标准点放在违法运营人与乘客达成运营合议后，乘客进入违法运营的车辆内，是符合有关追究违法行为的法律规定宗旨的。同时，如果将处罚"黑出租"违法行为成立的标准点放在这个环节上，前述执法当中的困惑和疑问都可以迎刃而解。

执法实践中，情况也许并非如此简单。查处违法运营交易应当不留死角，对上述"隐形交易"现象应当重视，并需要严加执法。但是，确立执法处罚行为的标准点应以一般为原则，不能一概而论。如果一概地不考虑"支付与取收车费"的环节，势必会扩大打击面，引发行政争议；但如果只将"支付与取收车费"的环节作为违法运营"黑出租"行为成立的标准点，又肯定会使许多应受处罚的违法运营人规避制裁。因此，笔者认为，如果按照第一种意见确立查处无照违法运营"黑出租"的执法标准点，那这只能作为一种原则性规定，应当有例外，如当事人能够证明绝非"黑出租"运营的除外。除此之外，在按照这一"标准点"实施执法行为时，不应把目光仅仅停留在"黑出租"违法运营人的行为本身上，还应兼顾考虑"黑出租"违法运营行为发生的地点（如起运地、目的地）、时间（如是否节假日）、乘车人归属地（如是否本地人）等因素。

三、对无照违法运营行为的认定及其应予处罚性

根据上述无照运营之违法行为成立的标准点来界定应予处罚的违法行为，可以产生以下几个概念：违法意思表示、违法预备、违法成立、违法中止（或回转）和违法未遂。将实施行政处罚的标准点放在无照违法运营行为的成立上，仍需按照行为的违法情节导致的社会危害性大小程度来确定具体的罚款额度：违法预备行为确有证据证明的，可以减轻行政处罚的罚款额度；对于违法中止

行为，应当根据违法行为人的主观态度从轻或减轻处罚的罚款额度；如果行政相对人仅仅是为了逃避处罚、规避法律而不得已中止违法行为，执法人员仍然可以根据违法行为成立的标准依法进行处罚；实施违法运营未遂的，可以从轻或减轻处罚；违法成立的，可以根据法律规定直接适用行政处罚。下面我们尝试一下将这几个概念适用于前述无照违法运营“黑出租”的各种违法形态。

第一种疑似“黑车”的情况下，由于违法相对人仅有违法运营的意思表示，这种意思表示尚未付诸现实行动，因此应当确定为违法意思表示，城管综合执法机关不能直接对其进行处罚，但是可以通过捆绑式执法，将这种违法停车行为移交由交通管理部门处理。

第二种大声公开揽客的情况下，如果城管综合执法机关取得了确凿的证据（如视听资料），同时违法相对人已经确定乘客，只要他们达成了运营的合议，即使乘客没有进入车内，城管综合执法机关可以在制止其违法行为的同时，根据其违法情节按照违法成立的标准适用减轻的行政处罚。

第三种至第六种情况下，无论乘客是否向“黑出租”违法运营人实际支付了运费，也无论“黑出租”违法运营人是否实际向乘客收取了运费，违法运营行为确认已经成立的，城管综合执法机关均可以按照有关法律规定直接进行行政处罚，应当不存在违法形态的疑问，除非执法相对人有证据证明绝非存在违法运营。

第七种情况下，违法运营人在城管综合执法人员进行查处前将车费返还给乘客，同时配合执法人员进行检查和调查，应当认定为构成了违法中止，执法人员应当比照违法成立的标准从轻或减轻处罚。

第八种情况下，违法运营行为结束至举报人向综合城管行政执法机关投诉，未超出两年的，城管综合执法机关可以依法追究，但是要注意进行深入的调查研究、收集证据，必须形成一个完整的证据锁链，才能定案进行处罚。不能单凭乘客的证人证言就一概确认存在违法运营行为。

第九种情况下，也属于违法行为成立的形态，只要乘客进入车内，即可以按无照违法运营行为成立对一个（或两个以上）违法相对人实施行政处罚，违法相对人二人以上时，可以分别对二人适用行政处罚（这可能是对行政处罚的一个突破），每人的罚款额度可按其在共同实施违法运营活动中的作用和收费分额等情况进行掌握。

第十种情况下，属于“工具不能犯”的具体违法运营行为未遂，因为已经查证属实，原则上应当比照违法行为成立的处罚额度从轻或减轻处罚。如果在查处过程中，违法行为人有悔过表示的，也可以给予警告处罚；对于初犯又有悔过表示的，也可以施予口头教育。

第十一种情况下，属于“对象不能犯”违法行为未遂，应当比照违法行为成立的处罚额度从轻处罚。

应当说，对于社会中存在的各种违法行为，给予处罚都不是目的，特别是对于能够减轻或者从轻处罚的，如果是初犯或者施以守法教育能够达到纠正其违法行为目的的，可以给予警告处罚或者以教育为主，不再予以处罚。对于屡禁不止、屡教不改的，应当依法给予更为严厉的行政处罚。

根据《行政强制法》的规定，依据《行政处罚法》的规定行使相对集中行政处罚权的行政机关，可以实施法律、法规规定的与行政处罚权有关的行政强制措施。从理论上讲，有法律依据，城管综合执法机关在对无照违法运营车辆查处过程中，有权对违法工具等非法财产实施扣押，实践中也有扣车现象。但因对后续问题的处理尚无法律明确规定，或者有些规定但不完善，也给执法机关带来许多不必要的麻烦。① 另外，对于那些以无照违法运营“黑出租”为暂时性谋生手段的执法相对人，扣车行为对他们权益的影响也比较大，强行扣车容易产生激化对抗的效应。所以，对于扣车行为还是要慎重实施。

四、无照违法运营车辆问题的成因与对策

北京市城管综合执法机关依据《无照经营查处取缔办法》对无（证）照经营出租车业务（习惯称为“黑车”）、利用合法旅游运营车辆从事旅游违法运营、利

① 因涉案财物处理产生的法律问题后文有专题研究，此处不赘。

用残疾人三轮摩托车违法运营(习惯称为“黑摩的”)和利用无证人力三轮车运营(习惯称为“黑三轮”)三类违法行为进行查处。近年来,随着首都城市化进程的迅猛推进,城市人口不断增加,北京市城市公共交通建设与市民出行需求的矛盾日益突出。从理论上来讲,合法、卫生、安全运营的出租车属于公共服务资源,应当由政府许可的企业从事交通运营,但是,正是由于出租车公共资源的属性,由于社会资源分配不合理,造成了北京市“黑车”在某些地区泛滥无序,主要表现为违法运营“黑车”聚集揽客、堵塞交通、扰乱正常运行秩序,“黑车”经营者欺骗、敲诈或者伤害乘客的现象也时有发生。对违法营运行为的治理工作确已迫在眉睫。据笔者不完全统计,2009 年至 2012 年的 4 年时间里,北京市城管综合执法机关共处罚违法运营案件“黑车”共计 30,000 余件,而且查处违法运营案件数量每年都呈上升趋势,年平均增长率约为 10%。可见,执法处罚的力度不断加大的同时,“屡查不绝、屡禁不止”的问题仍未彻底解决。

(一)无照违法运营车辆问题的成因

“黑车”之所以存在且屡禁不止绝不是一个单纯的社会现象,有其复杂的成因及合理因素。综合归纳分析,主要有以下方面:

1. 北京市现有出租车供给数量不能满足市场需求,形成“小马拉大车”的尴尬局面

北京市出租汽车供给数量严重不足,与实际需求相去甚远。先不论目前存在的“黑车”数量高达 10 万辆之巨的合理性因素,据了解,从 20 世纪 90 年代开始,北京就对出租车实施总量控制,多少年来一直没有大量增加。[①] 据《北京市发布 2012 年国民经济和社会发展统计公报》披露,北京市经过多年的发展、改革和调整,“现有出租汽车企业 252 家,营运车辆 6.6 万辆,从业人员 10 万多人,日均客运量 190 多万人次,年客运量约 7 亿人次,占交通出行结构的 6.6%[②],近 10 年

① 新华网:“北京:两年内改变‘打车难’”,载 http://www.bj.xinhuanet.com/jzzg/2013-04/16/c_115412681.htm,2013 年 5 月 10 日访问。

② 参见“北京市人民政府关于加强出租汽车管理提高运营服务水平的意见”,(2013 年 4 月 24 日),载 http://www.bjjtw.gov.cn/xxgk/zxgkxx/201304/t20130424_74414.html,2013 年 5 月 7 日访问。

以来,北京市对出租车实施总量控制,出租车控制在6万辆之后,一直没有按照人口比例大幅度增加出租车数量。而截至2012年年末,北京市常住人口2069.3万人,其中,常住外来人口773.8万人,占常住人口的比重为37.4%。全市户籍人口1297.5万人,比上年年末增加19.6万人,占全市常住人口总数的62.7%"。①

2. 公共交通规划设计不合理、运载功能发挥不充分

"黑车"问题的地域性、季节性和固定客源性特征比较明显,在人流密集的商场、车站和交通枢纽周边,节假日和上下班高峰时间,乘坐"黑车"的外来游客、上班族和老年人非常多。目前,北京市的出租车里程利用率为68%,属于紧张平衡状态。② 但是由于租价、行业管理以及交通规划等方面原因,高峰时段出租车每小时运营收入低于非高峰时段22元。③ 因此,上下班车流高峰期出租车运营数量明显降低,出现市民群众将"黑出租"作为合法出租车的替代工具。同时,人流密集区域常规交通设施接驳能力不足,致使"黑车"乘虚而入;在火车站、客运站、公共交通枢纽、娱乐场所周边等人流量密集地区,由于相应公共交通工具供给不足,给"黑车"提供了巨大的经营空间;特别是某些居民社区、学校单位、工业集聚区、餐饮娱乐区等附近的公交线路设计存在缺陷,公共交通距离乘客的目的地线路较长,乘客的"最后一公里"乘坐需求出现公共交通运营空白,导致"黑车"成为这些人群出行的首选。

3. 行政执法部门多头管理,执法监管责任落实难以到位

在北京,对"黑车"违法运营行使监管职能的行政执法机关涉及公安、交通、交管、工商、城管等多个部门。目前,北京市城管综合执法机关负责对"四站一场"(四个火车站,一个首都机场)以外地区从事违法运营的"黑出租车、黑旅游车和黑人力客运三轮车、摩的"行为进行查处;公安交通管理机关

① 参见"北京市发布2012年国民经济和社会发展统计公报",载《北京日报》2013年2月7日。

② 新华网:"北京:两年内改变'打车难'",载 http://www.bj.xinhuanet.com/jzzg/2013-04/16/c_115412681.htm,2013年5月10日访问。

③ 据北京市城管综合行政执法局的估算。

负责对机动车违法停车，人力客运三轮车、摩的无牌照上路行驶进行查处；交通执法机关负责对“四站一场”（四个火车站，一个首都机场）从事违法运营的“黑出租车、黑旅游车和黑人力客运三轮车、摩的”行为进行查处。由此职责分工可以看出，各个执法机关的职能管辖的标准既有地域性标准，又有执法对象区分标准。例如，城管综合执法机关与交通执法机关的分工是以“四站一场”来区分管辖权；而城管综合执法机关与公安交通管理机关的管辖权划分是以管理对象来区别，即前者对运营行为本身行使管辖权，而后者则对于违法上路行为进行管辖。此类管辖权的划分，实践当中容易出现执法机关相互推诿的问题。

4. 行政管理环节错综复杂，不利于有效实施管理

一是审批许可环节堵塞。由于本市对人力三轮和“摩的”实行限制发展政策，因此目前市场运营的“黑摩的”、“黑三轮”大部分没有取得公安机关交通管理部门登记核发的号牌和行驶证，大部分运营车辆未取得经营许可证件；二是生产、销售环节监管不力。本市六环以内禁止生产、销售三轮摩托车，①但执法实践中，存在违法交易拼装（改装）“黑摩的”问题，三轮摩托车的购买渠道广泛，购买成本低，违法运营源头监管力度不足。

5. 本地就业需求和外来就业人群的不断增加，②“黑车”运营成为缓解矛盾的一个重要突破口，疏导难度巨大

外来就业人群在给北京市创造经济财富的同时，也带来了一系列社会管理问题。一是“黑车”经营成本低，收益见效快，收入可观，加上城市部分区域公共交通供给不足，由此形成了“黑车”经营空间。二是外来人群的大量涌入加大了城市劳动力市场供需矛盾，外来就业人群的增加促使更多低端劳动力进入

① 此职责分工的依据是：《北京市公安局等部门关于加强三轮车摩托车和残疾人机动轮椅车管理的通告》（通告2010年第12号）。

② 参见《北京市发布2012年国民经济和社会发展统计公报》，载《北京日报》2013年2月7日。据其统计，2012年全市常住人口2069.3万人，比上年年末增加50.7万人。其中，常住外来人口773.8万人，占常住人口的比重为37.4%。全市户籍人口1297.5万人，比上年年末增加19.6万人，占全市常住人口总数的62.7%。

违法运营市场,此类流动就业人群往往缺乏生存技能,进入城市后,对于他们的社会保障机制不健全,从事“黑车”违法运营成为很多低端就业人群谋生的首选。据统计,目前北京市从事“黑车”运营的人群中外地来京人员占到60%以上。三是本市部分地区失地农民获得土地补偿后,未能很好解决再就业问题,手里又有一部分资金,为了有事可做,以打工的心态从事“黑车”运营。还有一些“黑车”经营者是本市的下岗失业人员或者“两劳”释放人员,由于缺乏就业能力,也从事“黑车”运营活动。

6. 执法强制力不足,当事人不愿意配合调查取证,执法效果差

在“黑车”运营当事人被执法机关查获后,往往采取各种方法抗拒处罚,不但拒绝向执法机关陈述违法经营的行为,不向行政机关提供或出示有效身份证明、机动车等相关证明文件,拒不协助执法机关查明案件事实,而且,为了逃避行政处罚,当事人经常会与执法人员无理纠缠,甚至采用耍泼、诬告、自残、寻死等极端手段阻挠执法。同时,有些乘坐“黑车”的乘客出于同情心理,有意包庇违法案件当事人的违法运营行为,拒不提供当事人违法运营的相关证据,造成行政机关在调取证据时陷入被动。还有些违法案件当事人在执法机关扣押其经营车辆、作出行政处罚之后,拒不缴纳罚款,放弃车辆取回权,经执法机关通知后,仍然拒不协助执法机关办理案件,造成涉案车辆长期积压、滞留在执法机关。停车管理费用由执法机关负担也造成行政执法机关成本加大。由于执法环境恶劣、当事人拒不配合等原因,形成了对“黑车”执法工作无法正常进行且收效甚微的尴尬局面。

(二)治理无照违法运营车辆的设想与建议

在对城管综合执法的法律不完善条件下,如何应对在查处无照违法运营“黑车”领域面临的执法难题进行理论探讨并清晰“黑车”产生原因的基础上,需要我们思考的问题还存在另一面,即对待无照违法运营“黑出租”等违法现象,查处是否消除这类违法现象的唯一途径?是否查处立法完善了,执法不存在问题了,就能清除这类违法行为了?经过十几年治理后的现状已经很说明问题,所谓“黑出租”不仅没有减少,而且越来越多,尽管城市环境秩序整治工作

取得了一些成效,但是“黑车”问题并未得到有效解决。这一现象应当引起我们更加深入的思考:光靠“堵”一种治理模式,恐怕是难以奏效的。在深入分析“黑车”产生发展的深层原因和内在规律的同时,多头并举,疏堵结合,标本兼治,综合治理,才有希望从根本上逐步加以控制和解决。

1. 加大宣传力度,使群众自觉抵制乘坐“黑车”

城管综合执法机关应当借助各类媒体加大法律、法规宣传的频次和力度,向广大市民宣传“黑车”运营危害性的典型案例等信息,通过公益广告广泛发布抵制乘坐“黑车”的倡议,动员市民自觉抵制乘坐“黑车”。同时,通过宣传动员,号召市民在发现“黑车”聚集揽客、堵塞交通等情况后,主动向有关行政执法机关反映,及时通知有关行政执法机关到现场查处违法行为。由于“黑车”行为具有一定的隐蔽性,要向市民群众宣传其在发现可疑“黑车”的时候,要注意帮助行政执法机关收集相关证据,为查处“黑车”运营行为提供依据。通过不断的全方位的宣传动员,赢得市民群众对城管综合执法工作的广泛理解和支持,营造良好的执法氛围。

2. 加强立法引导,加大打击力度

国家和地方有权机关应当加强有关立法,明确规定:为被行政执法机关实施两次处罚以上的违法行为人建立违法档案,包括对违法运营人违法行为的处理决定、用于违法运营车辆的不良记录以及违法情节等。对于屡教不改的案件当事人,可以依法从重处罚。有关立法应当对从重处罚的情节、种类、幅度等都作出明确的规定,在进行各种整合的同时,对于仍然坚持进行无照违法运营“黑车”的现象,加大打击的力度。

3. 建立快速通报联动机制,形成整治合力

首先,应当从立法上明确这种机制;其次,在执法过程中切实加强各职能部门执法衔接,形成城管综合执法机关,交通执法部门、市交通委员会运输管理局(以下简称市运管局)齐抓共管,合力监管的执法局面。城管综合执法人员在检查中发现有属于其他部门监管职责范围的违法行为时,应当及时记录现场情况并现场采集证据材料,通过共享指挥平台迅速将案件情况通报相关执法机关

处理。这样用信息传递平台代替了烦琐的案件移送,从技术手段上加强执法部门之间的协调配合,避免部门之间各自为政,查而不管的问题,从而实现各执法环节的有机衔接。例如,城管综合执法队员在街面巡查过程中发现行为人利用无牌证的三轮摩托车、三轮轻便摩托车以及残疾人机动轮椅车等从事违法运营的,可及时通报公安交通民警部门,公安交通民警部门可以根据相关法律规定及时实施行政处罚或者采取查扣、行政拘留等行政强制措施;发现利用违法拼装、改装机动车从事违法运营违法行为的,可立即向公安交通管理部门通报情况,并将相关信息反馈工商行政管理部门,及时查处违法拼装、改装机动车的违法行为。另外,城管综合执法机关在查处违法运营案件中,对出现的暴力抗法、无理扰乱行政机关办公秩序或涉黑势力妨碍执法的,可通过指挥系统请公安机关协助办案,加强执法保障。

4. 广开思路,创新治理模式

国外为了缓解交通拥堵也会采用鼓励公民个人之间“拼车”出行的做法,如美国纽约市2012年在“桑迪”飓风过后,主要交通工具由于洪水被迫停运,造成地面交通严重拥堵情况下,规定每辆前往市中心的车辆至少搭载3名以上乘客,否则视为违法。① 这项规定虽然是在应急状态下作出的,但直接目的也是缓解交通压力。同时,国外并不禁止“拼车”出行的当事人就劳务费、燃料费等相关费用进行约定。我国则不然:对于收费的,目前一律按“黑车”处理,即使因综合执法机关检查,运营行为人不向乘客收取运费,对这种免费运营是否就不按“黑车”处理仍存在疑问,甚至认为是违法行为中止(见上文)。而对于不相识的人运营不收费,一般市民又不敢乘坐,所谓“拼车”一般只能在熟人之间进行。中央电视台在2013年春节期间,通过电视传媒公开呼吁“拼车”,以减轻交通压力。“拼车”本身对“拼车”人来说也比较经济,符合“双赢”理念。但其中有三个问题:一是如果载客人未向乘客收取运费,无异于拼车,如何认定不是无照违法运营?二是要让所有允许别人特别是不相识的人搭乘自己的车

① 韩旭阳:“灾后纽约要求赴市中心车辆须搭载至少3人”,载 http://money.163.com/12/1102/07/8F9NRQKO00253B0H.html,2013年5月2日访问。

而不收费，又不现实。而一旦收费，即使是“拼车”前提下的收费，也很容易或者说大多数情况下都会被认定为违法运营，因为我国对此尚无立法进行调整。只有免费乘坐才被视为合法。三是即使不收费的“拼车”，如果其间产生民事损害问题，如何解决？

笔者认为，积极探索治理“黑车”新方法，鼓励“拼车”出行不失为一种值得提倡的措施，但它绝不是唯一有效的措施，而且靠其不可能从根本上消除“黑车”。要想从根本上消除“黑车”，应当创新管理模式，让那些无照违法运营的“黑出租”从“黑暗”中走出来，能够在阳光下进行交易，成为政府解决“就业”、“税收”、“缓解交通压力”、“打车难”等问题的一个“帮手”。而这才是政府面临的真正难题，也应当是政府在建设社会主义市场经济条件下需要认真考虑和应对的问题。市场需要，不仅是打车人需要，低端劳动力的就业需要，是否开“黑出租”的人就是为了规避税收和“份钱”，也未必，可能情况更为复杂。让“黑车”摆脱“黑暗”，与解决无照经营的措施一样，要疏堵结合，多法并举，引入“登记”、“备案”等市场准入机制，通过征收税费途径纳入市场管理体制。鉴于行政法治原理，创新管理模式也应从完善立法着手，从国家和地方层面双管齐下，对出租车行业尽快制定合理的符合国情和市民需要的市场准入机制，设定合理的从业门槛，同时加强政府的监管、引导和城管综合执法的职能作用。

同时，为了减缓社会矛盾对抗、创造和谐社会环境，从长期来看，应当积极推动劳动、民政、卫生等领域完善就业、医疗、救济等社会保障制度，加强低端就业人群的生活保障；从短期来看，应当充分发挥群众性自治组织居民委员会、村民委员会、社区组织等的引导、教育和服务作用，运用网格化管理方法，以街道、社区等为单位，依托街道、社区、行业等人才服务中心平台，给低端失业、无业人员建立个人档案，制定相应的培训方案，提供适宜的就业岗位。对于生活特别困难、因缺乏生计来源从事“黑车”违法运营的当事人，可以将其纳入社区重点帮扶对象，在社会保障和法治教育等方面给予更多关照。

5. 合理规划交通布局,配合多种管理手段

在社会转型、城镇化加速的背景环境下,“黑车”应当说是各种社会问题叠加的产物。因此,需要综合治理,凡能成为突破口的地方,都不应轻易放过。“黑车”发生在交通领域,因此,道路交通应当成为综合治理“黑车”的一个重要方面。换句话说,“黑车”违法运营行为之所以能以“趴活揽客”等隐蔽形式规避执法,一个重要的原因是其有生存空间,而其生存空间与城市交通又存在直接的联系。城市道路交通规划滞后、道路交通拥堵、公共交通规模与城市发展速度和人口比例失衡、交通微循环规划发展缓慢,现有公共交通难以满足市民群众出行需求。治理“黑车”的一个有效途径就是需要对城市交通进行合理规划和布局,改善方便市民出行条件,优化公共交通服务,以此挤压“黑车”的生存空间。建议一是要加强车场车站接驳换乘的交通设施建设。在某些交通不便的地区,为满足上班群体或本地居民的合理出行需求,可以建立区域特许运营制度,经登记或许可运营的车辆只能在指定的区域内运营,可对运营的车辆、人员、价格及区域等方面进行规范,引导其规范运营,特别是在高峰时段,这有利于解决“打车难”和出行不便等问题,同时弥补交通运力的不足。二是各地区城管综合执法机关与辖区的街道办事处、居(村)委会共同研究,积极解决“最后一公里”交通问题。例如,建立社区交通站点“一公里”车辆接驳制度,由街道办事处、居(村)委会牵头,城管综合执法机关负责检查疏导,以社区为单位在早晚高峰时段设立“社区班车”。三是深化出租汽车行业管理制度改革,保证高峰时段出租车出车率达到80%。梳理出租车运力不足点位,增设出租车停车位。在上述“疏”的同时,城管综合执法机关应当积极与公安交通管理部门协商,在重点地区设置机动车道与非机动车道的隔离栏,设立禁停标志,从源头上遏制“黑车”滞留待客行为。在以“堵”为“治”过程中,城管综合执法机关也要充分利用高科技摄像设备,对滞留候客的“黑车”进行远距离监控取证;同时,按属地划分的原则,要求有关执法部门在所辖地区对重点地段、重点时段实施严防盯守的方法,进一步压缩“黑车”的生存空间。

以上内容只是对在法不完善条件下城管综合执法机关如何应对查处无照

违法运营“黑车”领域面临的执法难题进行的理论探讨。治理“黑车”违法行为需要制定长效管理机制和综合措施,绝非一朝一夕能完成,更不能毕其功于一役,必须依法行政、多措并举、疏堵结合,将行政执法和社会管理、服务理念有机结合,各个职能部门形成合力,齐抓共管,才能取得执法效果和社会效果的有机统一。

第六章　无照经营治理

无照经营违法行为是扰乱城市管理秩序的常见违法行为之一,具有较大的社会危害性,表现为扰乱正常的经营秩序、交通环境秩序、公共卫生秩序等。由于其存在有一定的合理因素,其从业者又多为弱势群体,社会公众对待这种违法行为人大多抱有同情心理。因此,城管综合执法部门在查处无照经营违法行为上难度非常大,表现为易引发直接对抗甚至暴力冲突、行为人上访甚至自残等,执法主体在执法过程中经常陷入两难境地。但是,查处无照经营违法行为又是城管综合执法部门十分重要和常见的执法内容。据统计,2004 年至 2009 年这 6 年当中,北京市城管综合执法系统立案查处的无照经营案件占到全部一般程序案件总数的 42% ,如果再加上建议程序案件和行政指导案件,无照经营案件应当占到全部执法工作总量的 60% 以上。同时,经对通过北京市城管热线举报案件进行分析,2007 年至 2009 年度“96310”城管热线市民反映的突出问题以无照经营为首,以 2009 年为例,无照经营(7. 5828 万件)占全市举报案件总量的 32% 。因此,破解查处无照经营执法这一难题显得尤为重要和急迫。

一、无照经营的定义和查处依据

(一)无照经营的定义

无照经营,是指依照法律规定,未经工商行政管理机关核准登记而擅自从事经营活动的行为。国务院《无照经营查处取缔办法》第 21 条规定:“农民在集贸市场或者地方人民政府指定区域内销售自产的农副产品,不属于本办法规定的无照经营行为。”即除了农村种养殖业、农民在集贸市场销售自产自销农产品等法律明确规定可以不登记,或未明确规定应该登记的行为,可以不领取营业执照从事经营的以外,任何单位和个人不得无照经营。同时,《无照经营查处取缔办法》第4条将具有违法性的无照经营行为概括为五种,即"(一)应当取得而未依法取得许可证或者其他批准文件和营业执照,擅自从事经营活动的无照经营行为。(二)无须取得许可证或者其他批准文件即可取得营业执照而未依法取得营业执照,擅自从事经营活动的无照经营行为。(三)已经依法取得许可证或者其他批准文件,但未依法取得营业执照,擅自从事经营活动的无照经营行为。(四)已经办理注销登记或者被吊销营业执照,以及营业执照有效期届满后未按照规定重新办理登记手续,擅自继续从事经营活动的无照经营行为。(五)超出核准登记的经营范围、擅自从事应当取得许可证或者其他批准文件方可从事的经营活动的违法经营行为。"①对于这些无照经营行为,主要做法是由工商行政管理部门负责查处,但是对上述第(一)、(五)种行为,公安、国土资源、建设、文化、卫生、质检、环保、新闻出版、药监、安全生产监督管理等许可审批部门也有权在法律、法规赋予的职责范围内予以查处。北京市城管综合执法机关对无照经营行为的查处管辖权源自于《北京市实施城市管理相对集中行政处罚权办法》②第5条第11项关于"在工商行政管理方面对流动无照经营行为的处罚权"的授权规定,即城管综合执法机关仅对具有流动性质的无照经营行为即流动经营的无照商贩的违法行为具有管辖权。

(二)北京市城管综合执法机关查处无照经营的法律依据

1. 国务院《无照经营查处取缔办法》

该办法对无照经营的定性条款是其第4条的规定,处罚条款是其第14条的规定,即"对于无照经营行为,由工商行政管理部门依法予以取缔,没收违法所得;触犯刑律的,依照刑法关于非法经营罪、重大责任事故罪、重大劳动安全事故罪、危险物品肇事罪或者其他罪的规定,依法追究刑事责任;尚不够刑事处

① 国务院《无照经营查处取缔办法》第4条规定。

② 北京市人民政府第197号令。

罚的，并处2万元以下的罚款；无照经营行为规模较大、社会危害严重的，并处2万元以上20万元以下的罚款；无照经营行为危害人体健康、存在重大安全隐患、威胁公共安全、破坏环境资源的，没收专门用于从事无照经营的工具、设备、原材料、产品（商品）等财物，并处5万元以上50万元以下的罚款。对无照经营行为的处罚，法律、法规另有规定的，从其规定”。

2.《北京市市容环境卫生条例》

该条例对无照经营违法行为的定性是“擅自占用城市道路、人行过街桥、人行地下过街通道及其他公共场所摆摊设点”，主要的管理目的是维护和保障市容环境秩序。根据该条例第35条第1、5款规定，城管综合执法机关对流动商贩有权“责令改正，没收违法所得和非法财物，并可处500元以上5000元以下的罚款”。

3.《北京市生活消费品、生产资料市场管理条例》

该条例对无照经营违法行为的定性也是“在市场外随意摆摊设点”。根据该条例的授权规定，对经营者在市场外随意摆摊设点的，城管综合执法部门有权责令停止营业，没收违法所得，并可没收其非法经营的商品、工具，对违法个人处以500元以下的罚款，对违法单位处以1000元以上1万元以下的罚款。

4.《北京市实施城市管理相对集中行政处罚权办法》

该办法是一个授权性规章，它以法律规定的形式赋予北京城管执法机关查处无照经营违法行为的职能管辖权，其第5条第11项规定：“城管执法机关根据国务院和市人民政府关于相对集中处罚权的决定，行使法律、法规、规章规定的以下行政处罚权（以下简称处罚权）……（十一）工商行政管理方面对流动无照经营行为的处罚权。”

二、无照经营的分类

（一）按无照经营方式和客体的分类

1. 出售普通商品

例如，小商品、衣服、鞋帽或首饰等日常百货用品等，这类无照经营违法行为大多数情况会出现在路边、繁华的商业区周边或者交通枢纽周边。

2. 提供各种服务

例如，理发、擦鞋、磨刀、修理自行车、修理鞋包、照相服务、清洗厨房器具等，此类无照经营违法行为大多数会出现在居民区或者商业街区。

3. 出租各种商品

例如，溜冰鞋、风筝、照相机或望远镜等设备，此类无照经营违法行为大多数情况下出现在旅游景区或娱乐场所。

4. 收购各种物品

例如，收购废品、烟酒等高档礼品、购物卡、电脑等电子产品等，此类无照经营违法行为大多数情况下会出现在人流密集的商业街区或居民区。

5. 出售违法物品

这类无照经营行为已经超出城管综合执法机关管辖范围，如贩卖假发票、假证件或非法出版物等。这类行为已经触犯治安处罚法或刑法，应当追究行为人的治安责任或刑事责任。执法实践中，城管综合执法人员在查获此类违法行为人后，应当按照《行政执法机关移送涉嫌犯罪案件的规定》向公安机关移送案件。

（二）按无照经营主体的分类

1. 本地无照经营人员

本地从业人群以失地农民、下岗人员或两劳人员为主，这类人员表现为生活拮据，缺乏从业技能等。

2. 非本地的外来人员

北京周边的省份和城市经济欠发达，一些剩余劳动力比较盲目进入北京打工或者就业，一旦没有找到合适的工作，大多数人员均会从事无照经营行为。另外，一些外国人由于好奇或者按其本国的习惯，也会在一些特定地区从事无照经营行为。

3. 青壮年、老弱病人、残疾人

青壮年无照商贩主要以贩卖电子产品和小饰品为主，这些人当中不乏白领阶层，他们大多不以赚钱为目的，很多人是为了体验经营的快乐；老弱病人大多以经营食品和小百货为主，他们的经营目的很简单，主要以补贴家用为主；一些残疾人由于生活无经济来源，也参与到无照经营当中，他们大多以贩卖针头线脑等小百货为主，也有少部分人到繁华的商业街区或交通枢纽贩卖水果和饮料。

4. 少数民族人员

一些来自云南、四川、甘肃、西藏、新疆等地区的少数民族人员会带来本地区的特种商品到北京经营，由于具有民族特征，非常受欢迎。例如，经营少数民族饰品、手工艺品、药材或者特色食品等。由于这些少数民族人员流动性较强，他们往往不愿意或者无法进入正规的市场经营，经常到流动人员密集的商业区或者交通枢纽经营。

（三）其他分类

1. 按无照经营地域进行的分类

流动无照经营摊贩的特性决定了他们经营地域广泛、多样，包括城市中心区、政治中心区、商业中心区、居民居住区、城乡结合部、远郊城关区、农村地区、交通枢纽地区、大型商场写字楼周边地区、地铁内和地铁口周边地区等。

2. 按无照经营行为模式或形式进行的分类

无照经营摊贩的一个重要特点就是经营摊位不固定，具体经营形式表现有：上门推销、坐地摆摊、流动经营。

3. 按无照经营工具进行的分类

违法行为人用于从事无照经营活动的工具主要有：机动车、畜力车、人力三轮车、电动车、自行车、食品加工用具、计量用具等。近年来，一些贩卖水果、蔬菜的无照商贩使用农用机动车或者汽车从批发市场低价批发商品，然后沿街贩卖，这些人收入较高，流动性强，执法当中经常逃避处罚，很容易产生人身安全问题。由于将非法运营“黑出租”也纳入无照经营的执法事项之内，所以以机动车进行非法运营的“黑出租”也是无照经营的工具。

由于经营的商品、形式和内容不同，用于从事无照经营的工具有很多种，在依法查封、扣押和没收之后如何处理，也是一个困扰城管综合执法机关的难题。

三、无照经营的社会危害与成因

（一）无照经营的社会危害性

无照经营行为的社会危害性是显而易见的，因为违法行为人经营的商品、方法、手段、工具、行为人本身都有可能违反不同法律，扰乱市场经济秩序，损害公平竞争，侵害消费者权益，甚至危害人民群众的健康、人身或生命安全。

1. 偷税漏税，扰乱经济秩序

无照经营是以牟取非法利润为目的，未经工商行政部门核准登记，擅自开展商品或者服务经营活动，严重扰乱正常的市场经济秩序。不仅如此，这些无照经营者既不纳税，又不缴费，或者说是同时伴随有偷逃税费的违法行为，导致国家税费流失。

2. 低成本进入交易领域，造成不公平竞争

一部分经营者按照政府规定的市场准入制度付出了进入市场的成本，而另一部分无照经营的经营者却节省了这笔成本支出，这就造成了不同的经营成本，而允许这种二元状态存在的市场环境就不可能是一个公平的竞争环境。[①]由于无照经营者的经营成本大大低于有照经营者，势必造成不公平竞争，对有照经营者构成严重的冲击，如不加以规范管理，长此以往，容易使取得营业执照的经营者产生合法经营吃亏，不如无照经营获利的思想，进而变成无照经营。

3. 逃避执法部门的监管，扰乱社会管理秩序

一些无照商贩经销国家禁止或限制经营的商品，例如，贩卖文物、禁止交易的动植物或出售非法音像制品等，破坏了国家行政管理秩序，并可能危害人民群众生命财产安全，扰乱了市场经营秩序，损害了合法经营者的合法权益。还有的无照商贩涉嫌黑社会性质的犯罪，往往采取欺行霸市、打架斗殴、收保护费

---

① 孙百昌："涉及对无照经营查处的两个问题"，载 http://news.9ask.cn/falvlunwen/xflw/201001/301215_2.html，2013 年 3 月 18 日访问。

的形式非法获利。

4. 出售有毒、有害食品,扰乱公共卫生秩序

由于缺乏卫生管理机关监管,有的无照食品经营者本身患有传染性疾病而经营食品、贩卖收购药品、销售有毒有害食品商品、地沟油、过期食品、“三无食品”、细菌超标食品、假冒伪劣烟酒等。无照经营者生产经销的产品或提供的服务,没有质量保证,例如,有的学校周边的无照食品摊贩经营“三无食品”,甚至是一些腐烂变质的食品,影响危害中小学生身心健康。据《北京娱乐信报》报道,2005 年 9 月 8 日 17 时,朝阳区来广营崔各庄 20 多人食用毛鸡蛋中毒,分别被送往和平医院、华信医院、望京医院和儿研所。当晚 21 时许,有一名男童因抢救无效死亡。事发后,卖毛鸡蛋的老太太被警方带走调查。中毒者彭先生说,卖毛鸡蛋的是村里的一名老太太,她每天先去村里的来广营小学校门口卖鸡蛋,等学生都走了,她就转到村里卖。当时,第一个吃毛鸡蛋中毒的是个男孩,他浑身无力,晕倒在地,其他吃了毛鸡蛋的村民也有了亚硝酸盐中毒反应。

5. 占道经营,妨碍交通,扰乱市容环境卫生秩序

抛撒垃圾杂物,乱摆乱占。妨碍交通秩序、消防安全秩序:农用车、畜力车经营,堵塞消防通道,影响交通安全。

除此之外,还有一些无照非法运营的“摩的”司机不遵守交通规则,横穿逆行,将正常行走的群众撞伤致死的案例均令人触目惊心。2009 年 12 月 13 日 7 时许,朱某驾驶“摩的”在非机动车道内逆行,至朝阳区春华路 966 路公交车站东侧人行横道处时,将步行横过马路的 68 岁老人撞倒。朱某停下车后看到老人没有皮外伤,认为老人伤得不是很严重,又害怕警察来了罚款,于是准备驾车逃跑。在开了大约 50 米后,“摩的”开不动了,朱某弃车逃逸。老人被撞倒后受伤,经抢救无效于 12 月 15 日死亡。①

(二)无照经营存在的原因

关于无照经营,学界早有论证,认为街边的摊贩经济并不缺乏效率,更有其

---

① 李芹:“非法运营‘摩的’逆行撞死老人”,载《人民法院报》2010 年 6 月 20 日。

存在的正当性。因为这种经济成分也是市场经济的重要组成部分。摊贩经济不仅增加GDP、缓解就业压力、有利于社会福利的增加,而且与其他经营形式相比还有很多优势。其中最重要的优势是其进入市场的准入成本为零,而且无照经营者可以自由地进入和退出市场。从理论上说,它符合经济学对经营者进退市场的理论假设,是市场调节和供求平衡的假设前提,减少了经营者为政府缴纳的市场准入费,因而是一种理论上的高效率状态。①

1. 经营商品或提供服务价格低廉,符合普通消费者的购物习惯

流动商贩无序经营长期存在与市民的消费习惯也有很大关系。自古以来,我国就有贩夫走卒,引车卖浆的经营和消费传统,很多无照经营的商品和经营形式符合普通百姓的生活习惯,久而久之,很多人养成街边购物的消费习惯,惯于在路边摊点购买水果、蔬菜、食品,或者需求修鞋、理发等服务。有些人图方便,有些人图便宜,无照商贩在某种意义上满足了低层和普通市民阶层的生活需要,廉价的摊贩市场是他们消费品的理想来源。

2. 解决就业难题,补充正常商业网点的不足

近年来,随着欧洲金融危机的蔓延、我国经济发展放缓等因素,下岗失业人员增多,农村富余的劳动力为了增加收入,也大量涌入城市打工。他们当中的许多人受资金、技术、年龄限制,只能自我就业,为了谋求生存空间或者渴求获得可观的经济收益,做无照流动商贩便成为其首选的谋利方式。从某种角度看,无照经营成为了一种就业形式,解决了无资金、少技能、缺信息那部分劳动力就业的难题。起点低、资金少、操作容易的摊贩生意,成为就业捷径。②

同时,正常商业网点不配套也是无照经营的成因之一。以北京市为例,20世纪80年代末期,北京市大力发展集贸市场,很多依托河边、路边、墙边的“马路市场”迅速形成,同时还有难以计数的流动商贩在沿街叫卖。据统计,1995

① 郑勤华:“对城市无照经营问题的探讨——以广州市海珠区为例”,中山大学2008年学位论文;孙百昌:《涉及对无照经营查处的两个问题》,载 http://news.9ask.cn/falvlunwen/xflw/201001/301215_2.html,2013年3月18日访问。

② 李瑾:“国内外摊贩经济管理研究综述(上)”,载《上海市容》2007年第1期。

年北京集贸市场的总数达到历史最高点,约有1125个。这些市场存在无序经营、噪声扰民和严重影响市容环境卫生秩序等问题,同时也产生了假冒伪劣商品坑害消费者、执法机关难以监管等问题。大约从1995年开始,北京市开始了对“马路市场”的整顿,对路边经营的形式采取收缩挤压的政策,提倡经营者“退路进厅”规范经营,以改变流动商贩无序经营的问题,改善首都的城市市容环境。但是,一些低端的经营者无力进入高端的市场,对于“马路市场”的依赖是显而易见的。由于经营生产安全和经营商品质量等因素,北京市工商行政部门很少许可“马路市场”。没有“马路市场”并不等于没有商品交易需求,撤并了集贸市场,并没有在居民区周边设置相应的日常生活必需品的商业网点,也没有妥善安置无照经营人群,需求决定供给,街面谋生群体必然不减反升。

3. 有效利用公共空间,丰富城市文化

摊贩经济能营造一种特殊的城市街头文化氛围,让游客和市民感受不同城市的特殊文化和民俗风情味。在我国的乌鲁木齐流动商贩被认为是城市的宝贵财富,可以体现城市的特色,政府对他们的存在持鼓励的态度;我国传统的庙会、夜市,不仅提供购物便利,还是城市文化独特的景观,摊贩是恢复街道活力、增加城市魅力的佳径。法国巴黎是世界艺术之都,很多街头艺人向游客展示他们的艺术天赋,街头艺术表演俨然成了巴黎的一张城市名片。欧洲多国都有开办跳蚤市场的传统,允许在固定的时间和地段经营商品或者以物易物,街边的摊贩制造城市的热闹和喧哗,活跃了经营形式,促进了人际交流。

4. 行业管理政策、法规的错误定位使然

1999年11月,《北京市关于加强对外地来京人员经商和利用违法建设从事经营活动管理的通知》,也对小摊贩采取严堵政策。其中明确规定,外地来京人员申领个体营业执照,必须持有户籍所在地县级以上工商行政管理机关核发的营业执照或者出具的进京经商证明;经营场地的合法证明;初中以上文化程度学历证明;育龄妇女必须持有暂住地计划生育主管机关核发的

《婚育证》……凡不具备上述证件、证明材料的，一律不得核发营业执照。①

国家工商行政管理总局自2004年8月1日起施行的《个体工商户登记程序规定》第5条第1款规定："申请个体工商户设立登记，应当提交下列文件：（一）申请人签署的个体工商户设立登记申请书；（二）申请人身份证明；（三）经营场所证明；（四）国家法律、法规规定提交的其他文件。"根据这条规定，个体工商户要取得营业执照必须出具经营场所证明，从另一个角度来分析，流动经营商贩或无经营场所证明的商贩，就无法取得营业执照。

2011年11月1日起施行的《个体工商户条例》仍然没有完全放开关于营业场所证明的行政准入条件，《个体工商户条例》第8条第1款规定："申请登记为个体工商户，应当向经营场所所在地登记机关申请注册登记。申请人应当提交登记申请书、身份证明和经营场所证明。"

四、规范和查处无照经营行为的困境与对策

（一）我国规范和查处无照经营行为的现实困境

1. 管理政策和法律相互矛盾，涉及的执法部门繁多

在我国，申请营业执照属于行政许可事项。依据《行政许可法》的规定，部委规章均无权创设行政许可，省级政府规章只可创设临时性行政许可，而《个体工商户条例》第29条规定："无固定经营场所摊贩的管理办法，由省、自治区、直辖市人民政府根据当地实际情况规定。"②这就在法律层面为地方政府对无照流动商贩合法化带来了一定的法律障碍。在政策层面上，中央强调向地方分权，如国务院关于《全面推进依法行政实施纲要》第19条要求"适当下移执法重心；对与人民群众日常生活、生产直接相关的行政执法活动，主要由市、县两级行政执法机关实施"，但具体法律制度上，又通过《行政许可法》将设定许

---

① 京工商发〔1999〕263号，第二条。

② 从另一角度来看，这又是个授权性条款，根据当地实际情况，省级政府可以自主作出规定。问题在于下位法不得与上位法相抵触或不一致，国务院《无照经营查处取缔办法》禁止从事无照经营。如果说如上文所提乌鲁木齐有例外，是不是因为它有自治权。

可权上收,地方政府难有灵活处置权力。地方和基层最容易发现政策的失误所在,但为了保持上下一致,即使发现政策或法律滞后,也要等待中央调整政策,避免与上级政策发生抵触。另外,按照查处无照经营违法行为的职责分工,工商管理部门、城管综合执法部门、卫生行政部门、农业执法部门、林业执法部门和文化执法部门都有查处的职能,因此,在具体执法实践当中,很容易产生职责不清、管辖范围交叉或管理出现真空的问题。

2. 执法成本较高,教育警示效果差

执法实践证明,不采取综合治理的方法和措施,仅仅依靠行政处罚无法彻底消除无照经营行为。另外,行政执法成本较高,查处一起超过罚款 50 元的无照经营案件,按照《行政处罚法》规定,必须由两名执法人员按照一般程序处理,通常情况下,该案件执法所需成本至少超过 1000 元,而罚款数额不高,可能仅有 100 元到 500 元,很难对违法相对人产生有效的震慑作用。

3. 城管综合执法手段与职能不配套,难以实现疏堵结合的执法目标

城管综合执法机关主要是为"集中行使行政处罚权"设立的,其权力配置仅有处罚权以及与行使处罚权相应的强制权,没有市场准入的行政许可权或者建议权。执法实践当中,没有设立市场的权限,只能协调相关部门建立疏导流动商贩的市场,如果协调不成,对那些可以疏导进入市场的商贩,无法实现疏导结合,以疏导为主,以处罚为辅的目标。只能陷入一种"整治——回潮——再整治——再回潮"的怪圈。

4. 暴力执法和暴力抗法频发,执法人员和执法相对人人身安全难以保障

无照商贩通常被人们视为弱势群体,每当城管综合执法人员对他们依法进行管理时,不仅无照商贩们不服,也难得到周围群众的理解。对于软磨硬泡的小贩,由于缺乏有效的管理措施,执法人员非常无奈。文明执法不能解决问题,发生执法对抗时,极易引发群众不满情绪,围观群众或者为其说情,或者参与干扰、阻挠执法,也给别有用心的人以可乘之机,唆使不明真相的人员混淆视听、制造混乱,严重阻碍城管综合执法人员依法执法。国内因查处无照经营违法行为发生的暴力抗法事例很多,甚至有些执法人员为此付出了生命的代价。如

2006 年 8 月 11 日下午 17 时许，北京海淀城管管理监察大队海淀分队副分队长李某和同事在中关村科贸电子商城北侧路边执法时，依法扣押了在那里违法卖烤肠的崔某的三轮车。当执法人员将崔某的三轮车抬上执法车时，崔某将手持小刀刺入李某颈部，随后逃走。崔某被捉拿归案后被人民法院一审以故意杀人罪判处死刑，缓期二年执行，剥夺政治权利终身。再如，2009 年 5 月 16 日，辽宁沈阳 33 岁的小贩夏某刺死城管综合执法中队长申某和队员张某，被沈阳市中级人民法院一审以故意杀人罪判处死刑，夏不服提起上诉，二审人民法院终审时维持了一审判决。

（二）国外流动商贩管理的成与败

1. 国外无照商贩管理失败的教训

无照经营行为不是中国独有的违法经营现象，对无照经营违法行为的管理也是国外政府管理的难点和重点，稍有不慎，无照经营行为的管理会引发巨大的社会危害，不但会引发社会动荡，更有甚者会导致政府解散，教训深刻。

如突尼斯小贩自焚引发的国家动荡。据“人人网”报道，2010 年 12 月 17 日，有关 26 岁的博阿齐齐在中部城市西迪布济德遭到市政府检查人员汉姆迪殴打而自焚的消息通过网络传开后，引起全国抗议浪潮。抗议民众与国民卫队发生流血冲突，造成一人死亡。自焚青年虽被送到突尼斯最好的医院抢救，但终因伤势严重，于 2011 年 1 月 4 日死亡。民怨在全国各地迅速蔓延，从 1 月 8 日开始，突尼斯部分城镇相继发生示威游行和社会动乱。2011 年 1 月 14 日，突尼斯首都突尼斯市发生大规模抗议活动，示威者要求总统本·阿里立即下台。一些示威者包围了内政部大楼，与维持秩序的警察发生冲突。而总统本·阿里于 2011 年 1 月 14 日当晚突然离境，携家人于 15 日飞抵沙特阿拉伯，寻求政治避难。① 从这个案例来看，一个偶然的无照经营行政执法事件引发了整个

① 张乐：“突尼斯小贩自焚致全国动乱 总统逃亡”，载 http://news.163.com/11/0116/03/6QG589JU00014AED.html，2013 年 3 月 16 日访问。

突尼斯的动荡,并导致政府解散,在近一个月的抗议和反对失业的骚乱中,有70多人被警察枪杀,数百人受伤。暴乱几乎蔓延到突尼斯所有大城市。①

再如,墨西哥花商大规模骚乱,致伤50余人。据“星岛网”讯报道,2006年5月3日上午,位于墨西哥中部墨西哥州的特斯科科市因警方试图驱散市内一些卖花的流动商贩,商贩们动用砍刀等武器与警方对抗而引爆大规模骚乱事件,邻近的圣萨尔瓦多阿登科市的大批农民赶来帮助卖花商贩,农民们使用了石块、棍棒、砍刀和燃烧瓶,并将多名警察劫为人质。墨西哥州州长恩里克·佩纳当晚证实,冲突造成一名14岁的少年丧生,约50名警察受伤。②

亚洲也有类似事件发生,如印度就曾发生因商贩游行示威引发的骚乱。2006年11月6日,印度最高法院向政府施压,要求取缔4万多家在新德里居民区非法经营的商铺。数千商贩于次日一早就发起游行,抗议法院的这项指令。示威过程中,游行者逐渐失控,数百名示威者向警察投掷石块,破坏道路隔离带,当街焚烧垃圾桶,并向来往公交车投掷石块,焚烧汽车轮胎和干草垛,还把道路标示牌连根拔起,与砖头、木板等堆在一起设障,造成交通堵塞。在数次动用警棍向示威者发出警告无效后,当地警方使用催泪瓦斯和高压水龙遣散示威者。新德里治安当局出动2000名全副武装的准军事人员和大量警力,最终控制住局势。法新社说,冲突中,警方共拘留了1500多名示威者,但警方发言人拉詹·巴加特说,只有120人因“破坏法律和秩序”遭到逮捕,另有465人被拘留。③

2. 国外流动商贩管理成功的经验

对于流动商贩,国外一些经济比较发达的城市在管理上并非一概采取“堵”的方式,允许其在一定地域范围或者一定时间段内合法存在,“疏”得颇为

---

① 吴文斌:“突尼斯总统弃国出走去向不明　全国进入紧急状态”,载 http://world.people.com.cn/GB/57507/13737217.html,2013年3月18日访问。

② 杨川颖:“墨西哥发生大规模骚乱事件　11名警察被扣为人质”,载 http://gb.cri.cn/8606/2006/05/04/401@1029342.htm,2013年3月18日访问。

③ 何珊:“印度:商贩示威引发骚乱”,载 http://news.sina.com.cn/w/2006-11-08/145910446244s.shtml,2012年3月18日访问。

成功。例如，在韩国首都，对于街头摊贩，当地政府并没有因为其具有的负面作用而对其一禁了之，哪怕面临举办具有国际影响的奥运会。现在，马路摊贩已被视为韩国城市形象的一部分。韩国政府对流动商贩的管理主要采用区域管理的办法，即将市区划分为三类："绝对禁止区域"、"相对禁止区域"和"诱导区域"。城市的主干道、各类车站、广场、人车道不分的干道辅路等都属于绝对禁止区域。政府对摊位规模、摆摊时间和经营范围有一定限制但允许经营的区域属于相对禁止区域。后者是指政府主动引导商贩到社区或者城市周边的空地、很少通行车辆的河流两侧道路进行摆摊经营，但对经营时间和经营范围有所限制。明确限定区域和时间，既有利于行政管理部门区别对待，也有利于流动摊贩或摆摊设点者自觉遵守，但不影响政府对其进行严加管理。① 据笔者了解，法国巴黎、英国伦敦等西方国家的许多城市都有跳蚤市场，摊贩经营者交纳一定的管理费即可进入市场交易。有的城市是定地、定时，有的城市是将举办跳蚤市场的地点和相关交通管制提前公布于众。这样可以有效地避免无照商贩到处乱跑，也可以方便市民就近采购，利用此类市场满足需要，还有利于市民之间互通有无，减少浪费。除此之外，许多西方旅游城市如英国伦敦、西班牙巴塞罗那等还允许一些能够展示当地风俗文化的街头艺人进行各种表演，营造当地特色城市风味，以满足游客和市民的需要。这些街头摊贩一般都会自觉遵守有关城市卫生和街道畅行等规定。②

但是，西方国家也不是所有的城市允许摊贩经营都无须经过许可，有的甚至是严格管理，如美国纽约除了要求小贩经营必须取得营业执照外，还对其营业时间、营业地点和营业方式也有规定。在纽约的一些地区，只允许小贩们晚7点后摆摊。但毕竟不是一概取缔。小贩们的守法经营也为纽约的繁荣和税收作出了不少贡献。再如，比利时布鲁塞尔对小摊贩的管理虽然比较宽松，但

① 詹德斌、张德强："韩国：小摊已经形成一种'道路文化'"，载 http://www.china.com.cn/news/txt/2006-10/28/content_7287314_2.htm，2013 年 3 月 18 日访问。

② 廖先旺："法国：依法管理与服务是市政管理的核心"，载 http://www.china.com.cn/news/txt/2006-10/28/content_7287314_3.htm，2013 年 3 月 18 日访问。

街边摆摊也必须向联邦政府申请执照，只是要求的条件和申请程序都比较简单。有了摆摊执照，如要摆摊，还需经有关市政管理部门批准。①

管理无照商贩的机构，各国不尽一致。很多国家并没有城管综合管理部门，有的地方由警察进行管理，如法国、美国等；有的地方由秩序局进行管理，如德国。当然，也有的国家与我国一样，由城管执法部门进行管理。但无论由哪一机构进行管理，都不以其杜绝为管理目标。以城市管理水平先进的国家的经济实力尚不能杜绝流动商贩的存在，我们通过简单的行政执法要实现完全杜绝流动商贩存在的目标是不现实的。

（三）走出无照经营管理困境的思考与对策

1. 加强地方立法，从源头上将对无照经营的管理完全纳入法治轨道

如前述提及，从某种意义可以认为，国务院颁布实施的《个体工商户条例》第 29 条是首次对“路边摊贩”实行解禁的规定，因为这一授权性条款并未明确“管理办法”一定是禁止无固定经营场所摊贩存在的，关键在于被授权的国家机关如何进行有关立法。如果从积极的角度进行假定，这在当前的经济形势下，无疑是一个关怀民生、促进就业、政策调整的良好契机。在这一假设下，我们建议对《个体工商户条例》进行修改，对其中有关路边摊贩的规定做进一步调整，以人为本，从有利于民生出发，向下放权，降低准入门槛，实行简便易行，尽量少收费或不收费的登记制管理制度或者模式，以利于解决众多无照摊贩的管理问题。

在城管综合执法机关对流动商贩的管理过程中，“变堵为疏”的管理理念为越来越多的人所接受。我国一些地方政府已开始积极探寻既能有效维护市容市貌，又能兼顾民生的管理立法。如浙江省《城市市容和环境卫生管理条例》②第 17 条第 2 款、第 3 款规定：“市、县、镇人民政府在制定城市、镇规划时，

---

① 胡涛：“探析流动商贩管理中的‘堵’与‘疏’”，载 http://www.ahfzb.gov.cn/content/news_view.php?id=17893，2013 年 3 月 18 日访问。

② 2008 年 8 月 1 日浙江省第十一届人民代表大会常务委员会第五次会议通过，自 2009 年 1 月 1 日起施行。

应当确定相应的经营场所,供农产品、日用小商品等经营者从事经营。”“城市、镇规划确定的经营场所不能满足本条第二款规定的经营需要的,市、县、镇人民政府应当依法及时修改规划。规划修改前,市、县、镇人民政府可以根据方便群众生活的原则,按照法定程序划定一定临时经营场所。”再如,新修订的《南京市市容管理条例》①增加了有关在“不影响市容、交通的前提下,方便群众生活,允许各类摊点在规定地点、规定时间经营”的人性化管理条款。②

这意味着通过地方人大及其常委会和政府合理的制度安排,城市市容卫生环境及其管理与商贩权益不仅并非水火不容,还可以做到共赢。而要如此,关键是要将其管理真正纳入法治的轨道。

2. 执法环节也要疏堵结合,宽严相济

疏堵结合,适当放宽市场经营政策,缓解管理矛盾的办法自古有之,如清政府时期就曾开办北京东安市场以安置、疏导无照商贩,整肃市容秩序。再如,将荒废不用的射箭练习场办成流动商贩可以自由经营的市场(即现在的王府井大街东安市场),这一做法不但缓解了经、管矛盾,改善了民生,还促成了许多名扬中外的中华老字号,可谓无照经营管理的成功案例。对无照经营行为的治理需要疏堵结合,过去需要,现在也需要;治理方式也不可仅仅施以处罚,更不可千篇一律地以一纸处罚决定书了事。城管综合执法以来,对无照经营的执法往往是在“堵”的方面投入较多,而在“疏”的方面努力不够,甚至有的执法人员认为,对无照经营的治理就是要坚决查处,“根据具体情况采取立案查处与说服教育并举的原则”,没有必要。实际上,长期的查处造成的双方抵触已经到了互不容忍的地步。无论从维护社会稳定出发,还是从解决民生需要考虑,这种执法状态都必须改变。

一方面,鉴于北京的高房价和高房租,对于本小利微的路边摊贩来说,终日忙碌能挣得全家基本生存需求已属不易,而目前多数正规市场的高收费使其望而却步。为此,各级人民政府应当转变城市管理理念,采取一些切实能够解决

---

① 2012年1月30日南京市人民代表大会常务委员会公告第2号公布。

② 参见《南京市市容管理条例》第16条的规定。

民生需要的管理措施，如建设各类公益型或廉租型市场。一是各级政府逐年投资，择地建立一些公益性或者廉租市场，对弱势群体不收费或者少收费，以此吸引路边摊贩进市场。二是街道办事处或者物业管理部门利用社区空地或者闲置场所，举办早市、晚市、节市等便民市场，允许社区居民需求量大的项目经营，商贩只要在街道办事处办理登记手续后，就可以持证进入便民市场经营，不收取或少收取管理费。这样既能满足老百姓的生活需要，也为小商小贩们“临时就业、自食其力、生存保障”提供了机会。三是政府与正规市场签订协议，让低收入或生活困难者到正规市场内免费经营，政府根据市场吸纳免费经营者的数量对其给予补贴。目前，北京市城市管理综合执法机关对路边摊贩采取了疏禁并举的措施，自 2010 年以来，在全市范围内设置 289 个大型活动游商疏导区，为流动商贩提供一定的生存空间。笔者认为，这种执法管理的突破力度可以更大一些。作为国家政治中心、文化中心，北京有其特殊性，如党、政、军首脑机关、各国驻华使馆和国际组织驻华机构、大型跨国公司和金融机构在华办事处以及新闻机构等都设在北京。鉴于这些实际情况，可借鉴韩国管理路边摊贩的办法，把全市划分为三类地区：重要交通干线，大型公共场所，交通枢纽，各国驻华使馆和国际组织驻华机构，党、政、军首脑机关周边等属于“绝对禁止游商区”，对于违反规定的路边摊贩行为坚决取缔。在市区的一般街道设立“相对禁止游商区”，规定地点、规定时间，否则严禁设摊。具备条件、市民需要的社区、交通不便地区以及城乡结合部等地区为“规范调整游商区”，允许符合规范条件的流动商贩进入并经营，尊重他们的生存权，同时对其经营活动制定行为规范，如不得影响市容环境卫生、不得影响道路交通、不得扰乱居民生活等。有违反者，则予查处。城市是不同收入人群和不同社会阶层共同生活的地方，应当在城市管理与小商小贩、城市秩序与底层民生之间寻求一种兼顾和平衡。

另一方面，要加强监管，教育与惩罚并举。就前者来讲，城管综合执法机关在对不同类别无照商贩进行管理过程中，要注意贯彻比例原则，选择正确的管理手段、管理方法、管理措施，对于不属于重点监管行业且较为主动地接受监管的无照经营者，例如，进城销售自产农产品的农民和家庭生活困难的群体，尽量不要采取扣押、罚款等强制措施，寓教育于执法过程，工作要耐心细致，寓情于理，引导其合法经营。北京市城管综合执法机关自2006年开展的行政指导"六单制"[①]就是一种有益的尝试。对于违法行为轻微、社会危害不大、首次查获的无照商贩，采取轻微问题告诫制，对管理相对人的轻微违法行为进行告诫，同时告知其应当明确知晓的行为规范和要求，督促、警示其改正违法行为，促使其自觉避免违法行为再次发生。就后者来讲，对那些明知违法故意行为，从事危害食品卫生和人体健康、存在重大威胁公共安全隐患、破坏市容卫生环境资源等的无照经营行为则要严肃查处，绝不姑息。如对于贩卖假冒伪劣商品危害消费者身体健康、财产安全的无照商贩，要坚决打击。对于这类严重损坏社会管理秩序、危害到群众人身财产和生命安全的无照经营商贩，执法机关应当严厉打击。为此，在进行有关无照经营管理的地方立法中，加强对城管综合执法职能的配套立法。目前城管综合执法机关职能不配套，难以查处全部违法行为，笔者认为，可以先通过捆绑执法的形式来弥补，或者在综合执法机关内部细分执法队伍，配备专业执法人员或警察队伍，严厉打击那些流动性强、社会危害性大、难以查处的恶性无照经营相对人。

3. 深化行政许可制度改革，降低小商贩的准入成本

获得经营执"照"门槛的高低及其条件的多寡是人为的制度规定，从进入

① 执法事项提示制度，是指城管执法人员发现行政相对人可能会有违反城市管理事项的违法行为时，预先告知其应遵守相关法律规定或办理相关许可（审批）手续，防止违法行为发生的制度。轻微问题告诫制度，是指对违法行为情节轻微、社会危害程度不大的相对人，如经城管执法人员批评教育后，能够及时改正违法行为的，将不再对其作出行政处罚的制度。突出问题约谈制度，是指针对多次实施违法行为、严重破坏城市管理秩序的相对人，城管执法机关书面约谈该相对人或其上级主管单位，要求其采取有效措施进行整改，避免违法行为再次发生的制度。管理责任建议制度，是指城管执法机关在依法处罚行政相对人的同时，将违法事实、处罚结果抄告有关行政管理部门，或向该行政处罚行为所涉及的相关行政主管部门提出管理建议，促使管理部门加强管理的制度。重大案件回访制度，是城管执法机关针对重大案件定期进行回访，引导相对人继续自觉遵守法律法规，巩固执法效果的制度。典型案例披露制度，是指城管执法机关通过新闻媒体向社会公众披露违法性质恶劣、情节严重、社会危害性较大的违法行为，以此提高社会监督力度，促使相对人接受处理，改正违法行为的制度。参见北京市城市管理综合行政执法局、中国政法大学法治政府研究院编制：《北京市城市管理综合行政执法局执法大纲》。

市场的高门槛到低门槛,从部分行业的低门槛到部分行业的无门槛正是人们所追求的目标。当前正在进行的行政审批制度改革,就是走向这个目标的一个努力。一般来说,某一领域行政许可的门槛越高,前置审批手续越繁杂,该领域的无照经营比例也就越高。行政许可的门槛太高,已经成为无照经营产生的重要原因之一。要改善这个现状可以从以下两个方面着手:

一是在对小商贩经营许可管控上,改许可为登记。对小商贩的市场准入,设置许可门槛应当坚持必要性原则。科学合理地设置行政许可门槛,应该综合考虑经营者经营项目所涉领域或行业的重要程度、对社会经济和居民生活的影响程序、经营活动与周围环境的关系以及国家的法律、政策导向等因素,坚决杜绝地方保护主义。改许可为登记本身就意味着放低了门槛,也就是说,只要经营者达到了经营许可要求的最基本的经营条件,即予登记。如自 2012 年 3 月起,西安市城管执法局依据《西安市蔬菜早市设置管理工作暂行规定》(市政办发〔2010〕132 号),对西安城六区及四区一港两基地范围内符合蔬菜早市设置条件的蔬菜早市设置进行核准登记,①相信这项疏导措施会很大程度上缓解城管与流动商贩之间的执法矛盾。

二是修改有关行政许可收费的规定,取消对小商贩登记许可中的收费,包括营业执照(证)工本费。《个体工商户条例》第 13 条规定:"个体工商户办理登记,应当按照国家有关规定缴纳登记费。"笔者认为,这条规定不甚合理。登记成本费用虽然不高,但将登记的商贩纳入税收法治范畴,更为合法合理。据资料显示,截至 2011 年上半年,我国在工商行政管理机关注册登记的各类经济户口共有 4700 余万户,②那无照经商贩的总量应当不会超过这个数字,仅以地区考虑,数字将会更少。以每个证(照)的登记成本为 50 元计算,总体费用相对于一个地方财政来说,只是皮毛。在构建服务型政府和

---

① 西安市城管执法局:"蔬菜早市核准登记",载 http://www.xacg.gov.cn/detail.php? id = 8076&cid = 24,2012 年 10 月 16 日访问。

② 蒋黎明:"无照经营治理难的深层次原因分析及对策研究",载 http://www.law-lib.com/hzsf/lw_view.asp? no = 15687,2012 年 10 月 20 日访问。

以我国城镇目前的经济发展规模和财政收入来说,应当完全负担得起。取消小商贩的登记收费不仅由于降低其经营成本有利于诱导其愿归管控,也有利于斩断附加于登记费用之上的各种利益链,消除“寻租”腐败现象,促进公权力廉政建设。

4. 引入个体经营备案机制,赋予流动商贩合法地位

借鉴国外城市对无照经营管理的成功经验,国家首先应对流动商贩有一个科学的定位,不能因其没有固定的经营场所或者没有证照而将其都定位成违法。如果流动商贩全部都被认定为是违法的,那么行政执法机关对其能够实施的管理措施就剩下唯一的处罚和取缔。只有在其取得合法的经营地位后,政府才有足够的理由和依据对其进行引导、管理和规范。否则,就无法逃脱“既不能‘一刀切’将其全部取缔又因其存在缺乏合法依据难以有效管理”的两难困境。

要使流动商贩取得合法地位,全部都由行政机关进行许可或者登记后才得以开展经营活动,当然很好,但并不现实。如对于失业人员来说,可能会因此而一时失去生活保障。为此有人建议“实行待办照户先行登记备案制度”,即对于那些为谋生需要马上经营且经营规模较小或者属于经营一些能够满足群众日常需要、对人身财产安全关系不大、季节性较强、经营项目多变、流动性较大、临时从业等非重点行业无照经营户,可采取待办经营证照先行登记备案制度,①一经登记备案即可允许其从事经营活动,借此赋予流动商贩合法的经营地位。笔者对此持赞同态度。采取许可、登记或登记备案制度并行,使摊贩可以方便地取得合法经营手续,有利于提高摊贩申请许可或登记备案取得合法经营手续的积极性,同时也有利于提高城管综合执法有效监管的覆盖面和整体效能。如武汉市硚口区工商局给无证经营的个体户配发社区服务证,就是该局建立社区经营备案管理机制的一种探索,并得到了国家工商总局的肯定。2009 年 7 月 28 日,国家工商总局周伯华局长在《武汉市工商

① 蒋黎明:“无照经营治理难的深层次原因分析及对策研究”,载 http://www.law-lib.com/hzsf/lw_view.asp? no=15687,2012 年 10 月 20 日访问。

局开展社区商贩监管工作情况的调研报告》上批示:"所提的思考和建议积极可行。"①事实证明,无论从对流动商贩的执法实践还是从低端薄利商贩的现实经营需求来看,引入个体商贩从业的登记备案制度以保障其合法经营权的做法都是切实可行的。

5. 转变理念,完善管理模式

行文至此,我们完全可以说,流动摊贩关系民生,而城市管理与民生同等重要。很多小商小贩从事这种经营往往是生计所迫,单纯的查处治理又成效甚微。为此,需要转变治理理念,探寻多种管理模式,也许会收到奇效。

(1)引入社区监管机制,形成管网

流动摊贩选择的经营品种、经营地点、经营时间往往与城市居民集中的社区有密切关系。流动摊贩的流动性是对其进行监管的难点之一。在流动摊贩监管中引入社区管理组织进行监管,形成管网,有利于避其难而发挥出城管执法的综合效能。当然,目前我国社区组织尚不完善,笔者认为,可以同时并举,在发挥社区组织进行社会管理作用的过程中不断完善其本身。

(2)成立流动商贩的行业协会,发挥NGO组织的自治作用

小商小贩在各国都是弱势群体,而弱势群体再无组织,作为个体在一个国家中根本无法行使话语权。要生存,又无力对抗强大的国家公权力,对于他们来说,"流动"即是最好的应对办法。如果把他们组织起来,进行自我管理,在一定程度上可能会解决"流动"问题。而组织起来的最好途径是他们自己的行业协会。让流动商贩通过组织行业协会实现民主自治,让每个流动商贩通过加入其行业协会增强守法的自觉性,让流动商贩行业协会通过对其会员进行自我教育,实现自我管理和自我约束。这样不仅能够起到配合政府管理的作用,减轻政府的执法成本,提高城市管理的整体效能,而且在公权力侵犯他们合法权益时,有利于发挥行业协会的维权作用。当然,如果流动商贩尚未取得合法地位,遑论成立自己的社团组织。正如有学者所言,"社团管制过严,数以千万计

① "'流动商贩'何去何从——我省破解无证经营难题的样本分析",载 http://hbrb.cnhubei.com/HTML/hbrb/20100324/hbrb1018714.html,2013 年 3 月 18 日访问。

的小贩不能组成利益集团，小贩们无法通过集团，将自身利益关系有序有力地进行表达。由于不能组成集团，在利益博弈中，被原子化的小摊贩们，无法与集团化的居民集团和官僚集团相抗衡，在决策程序中，成为‘沉默的大多数’，甚至被妖魔化。又因为利益所关，他们不得不进行‘都市游击战’，抵抗和反击不合理的制度，用无声的躲避、有声的还击和顽强的生存，唤得社会对他们的存在、利益和价值的重新审视”。① 为此，城管综合执法机关应当并且呼吁政府不能只对无照经营行为一味地查处，而要为他们提供他们需要的帮助。如光靠流动商贩自己，很难组织起来，就需要政府的帮助。流动商贩行业组织在国外已有先例，如印度的“全国街头小贩联合会”、韩国的“全国摊店业主联合会”等。② 我国西安市社科院张永春研究员撰写的《西安摊贩生存状况调查》中也呼吁成立摊贩协会，建立政府与摊贩的定期沟通平台。他认为，摊贩协会不仅可以对摊贩进行自我教育、自我管理，帮助他们与政府部门进行沟通、维权，最重要的是，还能够提高摊贩的生存能力，帮助他们一步步把生意做大，成为当地经济发展的重要力量。③

北京市原崇文区革新里社区曾作过对流动商贩自主管理的尝试，取得了较好的管理效果。笔者认为，对于无照流动商贩的管理，也可以尝试将他们纳入个体工商户协会的组织范畴，通过个体工商户协会组织表达其合理诉求，维护他们的合法经营权利，规范他们的经营行为。国务院《个体工商户条例》第7条规定：“依法成立的个体劳动者协会在工商行政管理部门指导下，为个体工商户提供服务，维护个体工商户合法权益，引导个体工商户诚信自律。”执法机关在规范管理商贩的过程中，应当依靠个体工商户协会这个纽带和桥梁，

---

① 何兵：“城管追逐与摊贩抵抗：摊贩管理中的利益冲突与法律调整”，载《中国法学》2008年第5期。

② 高永峰：“‘印度式小贩维权’能否植入中国”，载 http://view.news.qq.com/a/20101026/000046.htm，2012年10月26日访问；詹德斌、张德强：“韩国：小摊已经形成一种‘道路文化’”，载 http://www.china.com.cn/news/txt/2006-10/28/content_7287314_2.htm，2012年10月20日访问。

③ 华商网撰文：“专家呼吁西安应成立摊贩协会”，载 http://hsb.hsw.cn/2009-12/05/content_7552175.htm，2012年10月20日访问。

避免直接与弱势群体发生正面冲突。如果某些经营非法商品的流动商贩根本不能纳入合法经营渠道和个体工商户协会的组织范畴,则应当对其进行查处。

就在本课题即将结题之即,2013 年 5 月 10 日,“交大菜市场”作为本市首个由工商部门监管的“备案”便民菜市场开始试营业,为在行政机关监管下没有营业执照的经营开了先河。2013 年 5 月 11 日,《北京晚报》对“首个‘备案’便民菜场开张”做了报道。① 这也表明,通过“备案制”将无照经营纳入工商监管范畴是可行的。

---

① 杨滨:“没营业执照也能开 首个‘备案’便民菜场开张啦”,载 http://www.chinadaily.com.cn/hqpl/zggc/2013-05-11/content_9004849.htm,2013 年 5 月 11 日访问。

第七章　“小广告”违法行为的查处①

非法“小广告”又称为“城市牛皮癣”，其内容、数量和形式不断花样翻新，在北京市某些地区屡禁不绝，严重影响了首都的市容环境和城市容貌。有些“小广告”已经不仅仅在发布形式上构成违法，②而且其内容也有涉嫌违法。对内容涉嫌违法的“小广告”，也通过行政执法进行查处和处罚，明显存在处罚不到位的问题。这也正是一些内容涉嫌违法甚至犯罪的“小广告”屡禁不止的症结所在。因此，必须对“小广告”违法行为的社会危害性进行分析，对各种“小广告”违法行为所产生的社会危害重新进行梳理和区分，明确城管综合执法机关和其他有权部门的管辖权限。对超出城管综合执法机关管辖权限的“小广告”违法行为，城管综合执法机关应当依法移送其他有权部门查处，力求根治“小广告”的违法、犯罪问题。

目前城管综合执法机关是查处违法小广告行为的主要负责部门，但要全面根治“小广告”违法行为仅靠城管综合执法机关的单打独斗是不够的。同时，对于不属于城管综合执法机关管辖范围违法行为，不能超越职权进行执法。北京大学姜明安教授即持此观点，认为“城管执法涉及多个领域，加上执法范围

---

① 自2006年本文作者就开始关注“小广告”的违法危害及治理问题，并撰文以“小广告社会危害性的调查研究——以北京小广告违法行为社会危害性为视角破解行政执法难题”为题发表于《城市管理与科技》2006年第8卷第6期。此次对城管综合执法问题进行综合研究过程中，再次对其予以关注，并在原来研究的基础上进行了一些必要的修改和补充。

② 正在本文修改过程中，2013年5月10日中央电视台“焦点访谈”节目播出了城市美容师环卫工人王树志被乱贴“小广告”违法行为人殴打受伤的视频，环卫工人表示每天要清除各类“小广告”数以万计，张贴“小广告”违法行为人还故意在环卫工人清理之处张贴，情节极为恶劣。

不明晰等原因，立法存在难度，建议城管需要明确四件事：一是综合执法机关需要规范自己的执法范围，明白到底要管那些事；二是……”①因此，对属于城管综合执法机关管辖的“小广告”违法行为，城管综合执法机关应当坚决依法查处；而对超出其管辖权限的违法“小广告”及其背后的违法行为，则应依法移送到其他有权部门查处。这样才能避免城管综合执法机关仅从表象上治理“小广告”，而不能解决“小广告”深层次的违法问题。只有各个执法机关各司其职、各负其责查处“小广告”违法行为，才有望彻底根治违法“小广告”现象。

一、“小广告”违法行为的分类

通过对“小广告”违法行为的调查发现，这种违法行为有许多自身独有的特点，可以从不同角度进行分类。通过多角度对“小广告”违法行为进行分析，有助于深层了解其本质特征和多方面的社会危害性。

（一）按“小广告”宣传内容的分类

1. 刻章、办证、制作发票等内容类“小广告”

这类小广告主要宣传非法制作各类公章、证件和发票，涉及的证件、印章、发票的种类十分繁杂。经笔者统计，这类内容的“小广告”约占所有“小广告”整体比例的50%以上。② 由此可见，这类“小广告”应当是行政执法查处的重点对象。其涉及的内容主要有：

（1）公章类。经电话调查，违法相对人可以制作任何企事业单位、国家机关、司法机关、社会团体、社会组织的公章、财务章等印章；

（2）证件、发票类。包括：①涉税证（票）类：各类发票、养路费证、完税证、住院票等；②职业、资格证类：技术等级证、厨师证、电工证、焊工证、英语证、高校文凭、学位证、行驶证、驾驶证、会计证、律师执业证、税务师证等；③身份证明类：居民身份证、工作证、军官证、警官证、户口簿、结婚证等；④财产证明类：银

① 姜明安：“制定专门法规改变城管‘借法执法’”，载《新京报》2006年8月16日。

② 同时根据北京市城管综合行政执法局“小广告”整治办公室提供的数据。

行存单、支票、存折、存款证明、保险单等;⑤法人证明类:股份企业独资企业的营业执照、开户证明、税务登记证等内容的证明文件。

2. 买卖、服务、租赁等内容类的“小广告”

主要包括家政服务,车票、机票打折服务,招聘服务,房屋租赁(招租、出租),电脑、英语、打字等培训。这类小广告约占总量的35%,也是治理的重点。

3. 收购药品、出售药品、非法医疗等内容类的“小广告”

这类“小广告”内容包括治疗性病等疑难杂症,收购、出售各种药品和医疗器具等,约占“小广告”总量的10%。

4. 其他内容类的小广告

除了上述内容外,还有一些“小广告”内容涉及如寻人、寻物、公告以及“法轮功”宣传小广告,这些违法“小广告”约占总量的5%。

(二)按“小广告”违法属性的分类

1. 发布形式违法、宣传内容不违法类“小广告”

这类“小广告”宣传的内容不违反法律规定,其广告内容所涉及的社会关系一般由民事法律关系调整,只是其发布形式违法,如违反《北京市市容环境卫生条例》等规定进行散发、喷涂或张贴等形式,如招聘(形式不违法但实质非法除外,例如,“黑招聘”、“黑中介”,涉嫌诈骗的“小广告”除外)、出租招租房屋,出售、收购商品,家政服务,机票、车票代理等内容小广告。

2. 宣传内容违法、发布形式也违法类“小广告”

(1)行政违法类“小广告”,非法行医治疗(性)病,收售医疗器具、药品类。这类“小广告”违法相对人的违法行为只要不造成重大生命、健康、财产损害,均不构成刑事犯罪,由行政执法机关根据行政法律实施行政处罚即可。这类小广告宣传内容及宣传形式均违反了行政法律的规定。

(2)刑事犯罪类“小广告”,以刻章、办证、假发票,虚假招工(涉嫌诈骗罪)等为宣传内容的“小广告”为主,具有很大的社会危害性。这类“小广告”违法行为涉嫌破坏刑法所保护的社会主义社会关系,应由刑法进行调整。涉嫌违法犯罪类的“小广告”数量多,范围广,社会危害性最大,是治理“小广告”违法行为中的重点。这类小广告宣传形式违反行政法律，宣传内容违反了刑事法律的规定。

（三）按"小广告"发布形式的分类

以"小广告"的发布形式为标准，其种类主要包括：粘贴、刻画、喷涂、散发、悬挂、投递（投递目标基本明确，比如，在居民楼内向每户投递的"小广告"、在主干道的辅路路口向停车等绿灯的机动车司机发放等）、夹带（报纸、杂志等刊物）等形式。对市容环境卫生影响程度最大的是粘贴、刻画和喷涂，这类"小广告"清理时间长、成本高，散发数量大，清理简单影响环境卫生次之，其余危害环境卫生再次之。

（四）按"小广告"分布地域的分类

"小广告"多发的地域主要集中在车站、广场、居民区、辅路路口、桥梁、商业网点、高校、医院等人流量较大地区。这类"小广告"破坏市容环境卫生秩序的严重程度直接关系到市容市貌的管理水平。

（五）按"小广告"违法行为人的分类

以"小广告"违法行为人的社会属性、行为能力和行为目的为标准进行分类，"小广告"违法行为人有以下几种：

1. 公民、法人和其他社会组织

"小广告"的违法行为人不仅仅是公民（自然人）这一种，一些中小型企业和经济实力欠缺的社会组织为了节约宣传经费，也常常采取散发"小广告"的宣传形式，后两者的违法行为表现为其雇员或委托其他组织进行散发"小广告"的形式。

2. 完全行政行为能力人、无行政行为能力人和限制行为能力人

依据散发、张贴、喷涂"小广告"的施行行为人的行政行为能力为标准，年满 18 周岁的行为人是完全行政行为能力人；已满 14 周岁不满 18 周岁的为限制行为能力人；不满 14 周岁的为无行政责任能力人。按照《行政处罚法》第 25 条的规定，不满 14 周岁的人有违法行为的，不予行政处罚，责令监护人加以管

教;已满14周岁不满18周岁的人有违法行为的,从轻或者减轻行政处罚。

3.违法发布“小广告”行为人本人和受雇用发布小广告的违法行为人

涉嫌违法、犯罪类内容的“小广告”发布人一般不是其本人,这些违法、犯罪分子隐藏在暗处,雇用一些法律意识较差的人来散发、张贴和喷涂“小广告”。这类“小广告”数量多,范围广,隐蔽性强,不易查处。

宣传内容合法的“小广告”一般由“小广告”受益者本人(包括公民、法人和其他社会组织)进行发布。这类“小广告”数量少,隐蔽性差,社会危害性不大,查处比较容易。

还有一种形式比较特殊的“小广告”发布者,即为非法“一日游”经营者提供“小广告”宣传服务的“黑票提”。“黑票提”不直接经营非法“一日游”,他们负责“小广告”的印刷、散发和投递工作,他们向游客提供联系自己的电话号码,为游客和非法“一日游”经营者之间提供联系工作。同时,“黑票提”也不是“小广告”宣传内容的直接受益者,但“黑票提”是“小广告”形式上的发布者。

4.北京当地的违法行为人和外地来京的违法行为人

目前,在北京散发、张贴、喷涂“小广告”的违法行为人以外地来京人员为主,这些人进京务工比较盲目,欠缺职业技能,又急于找到工作,容易被违法、犯罪“小广告”的发布人所利用。外地来京人员散发一天“小广告”最多可以收入20元,最少的仅有10元,还是按月发放薪水的。据调查,他们经常被克扣薪水,这些人的处境确实令人心酸、可怜,对他们难以处罚。北京当地散发“小广告”者以下岗、失业的弱势群体为主,还有一些利用暑期打工的大学生也常常被利用非法散发“小广告”。这类散发者虽然行政法律意识不强,但是通过城管综合执法队员的说服教育,往往很快就能够彻底改正违法行为,不再实施散发、张贴、喷涂和投递“小广告”等违法行为。

二、“小广告”违法行为的社会危害性

(一)刑事法律领域刑事违法性

涉及刑事违法犯罪的主要是刻章、办证和制作、贩卖真、假发票以及“黑中

介”、“黑招聘”类“小广告”。这些“小广告”的散发行为往往处于犯罪行为的预备行为阶段和实行行为阶段。根据“小广告”宣传内容以及犯罪行为侵犯的客体为标准，上述“小广告”涉及的罪名主要有：

1. 伪造、变造、买卖国家机关公文、证件、印章罪

这类犯罪违反《刑法》第 280 条第 1 款规定，伪造、变造、买卖或者盗窃、抢夺、毁灭国家机关的公文、证件、印章的，处 3 年以下有期徒刑、拘役、管制或者剥夺政治权利；情节严重的，处 3 年以上 10 年以下有期徒刑。

2. 伪造公司、企业、事业单位人民团体印章罪

这类犯罪违反《刑法》第 280 条第 2 款规定，伪造公司、企业、事业单位、人民团体的印章的，处 3 年以下有期徒刑、拘役、管制或者剥夺政治权利。

3. 伪造、变造居民身份证罪

这类犯罪违反《刑法》第 280 条第 3 款规定，伪造、变造居民身份证的，处 3 年以下有期徒刑、拘役、管制或者剥夺政治权利；情节严重的，处 3 年以上 7 年以下有期徒刑。

4. 危害税收征管罪

这类犯罪包括：

（1）非法出售发票罪，违反《刑法》第 209 条的规定，伪造、擅自制造或者出售伪造、擅自制造的前款规定以外的其他发票的，处 2 年以下有期徒刑、拘役或者管制，并处或者单处 1 万元以上 5 万元以下罚金；情节严重的，处 2 年以上 7 年以下有期徒刑，并处 5 万元以上 50 万元以下罚金。

（2）非法制造、出售非法制造的发票罪，违反《刑法》第 209 条和第 211 条的规定，法律引用同（1）。

（3）伪造、出售伪造的增值税专用发票罪，违反《刑法》第 206 条的规定，伪造或者出售伪造的增值税专用发票的，处 3 年以下有期徒刑、拘役或者管制，并处 2 万元以上 20 万元以下罚金；数量较大或者有其他严重情节的，处 3 年以上 10 年以下有期徒刑，并处 5 万元以上 50 万元以下罚金；数量巨大或者有其他特别严重情节的，处 10 年以上有期徒刑或者无期徒刑，并处 5 万元以上 50 万

元以下罚金或者没收财产。

(4)非法出售增值税专用发票罪,违反《刑法》第207条和第211条的规定,非法出售增值税专用发票的,处3年以下有期徒刑、拘役或者管制,并处2万元以上20万元以下罚金;数量较大的,处3年以上10年以下有期徒刑,并处5万元以上50万元以下罚金;数量巨大的,处10年以上有期徒刑或者无期徒刑,并处5万元以上50万元以下罚金或者没收财产。

(5)非法制造、出售非法制造的用于骗取出口退税、抵扣税款发票罪,违反《刑法》第209条和第211条的规定,伪造、擅自制造或者出售伪造、擅自制造的可以用于骗取出口退税、抵扣税款的其他发票的,处3年以下有期徒刑、拘役或者管制,并处2万元以上20万元以下罚金;数量巨大的,处3年以上7年以下有期徒刑,并处5万元以上50万元以下罚金;数量特别巨大的,处7年以上有期徒刑,并处5万元以上50万元以下罚金或者没收财产。

(6)非法出售用于骗取出口退税、抵扣税款发票罪,违反《刑法》第209条和第211条的规定,伪造、擅自制造或者出售伪造、擅自制造的前款规定以外的其他发票的,处2年以下有期徒刑、拘役或者管制,并处或者单处1万元以上5万元以下罚金;情节严重的,处2年以上7年以下有期徒刑,并处5万元以上50万元以下罚金。

5. 诈骗类犯罪

此类"小广告"违法行为涉嫌的诈骗犯罪包括一般诈骗犯罪和金融诈骗犯罪两种,以犯罪分子利用诈骗的形式为标准进行分类,主要有:

(1)一般诈骗犯罪,违反了《刑法》第266条规定。例如非法招聘"小广告",违法行为人利用虚构的用工单位名称,以非法占有他人财物为目的,以非法"小广告"为手段,实施虚假招工、招聘的违法犯罪行为,将应聘受害人的《劳动合同》抵押金非法占为己有、拒不退还的犯罪行为。

(2)金融诈骗犯罪,笔者认为,在这类犯罪中,"小广告"的发布人应与利用假证件的罪犯构成共犯,按照其各自的社会危害程度和犯罪中所起的作用,由公安、司法部门追究其刑事责任,这类诈骗犯罪涉及的罪名有:①贷款诈骗罪,违反《刑法》第193条规定，以非法占有为目的，使用虚假合同或使用虚假证明文件及其他方法进行贷款诈骗；②票据诈骗罪，违反了《刑法》第194条第1款的规定；③金融凭证诈骗罪，违反了《刑法》第194条第2款的规定；④信用证诈骗罪，违反了《刑法》第195条的规定；⑤合同诈骗罪，违反了《刑法》第224条的规定。

6. 非法经营罪

以回收、贩卖药品的小广告为例，涉嫌违反《刑法》第225条的规定，违反国家规定，有下列非法经营行为之一，扰乱市场秩序，情节严重的，处5年以下有期徒刑或者拘役，并处或者单处违法所得1倍以上5倍以下罚金；情节特别严重的，处5年以上有期徒刑，并处违法所得1倍以上5倍以下罚金或者没收财产：未经许可经营法律、行政法规规定的专营、专卖物品或者其他限制买卖的物品的；这种犯罪行为客观方面表现为，未经许可经营法律、法规规定的专营、专卖药品而擅自经营药品的行为，扰乱市场秩序，严重危害人民群众生命、健康权利。

7. 非法行医罪

《刑法》第336条规定，未取得医生执业资格的人非法行医，情节严重的，处3年以下有期徒刑、拘役或者管制，并处或者单处罚金；严重损害就诊人身体健康的，处3年以上10年以下有期徒刑，并处罚金；造成就诊人死亡的，处10年以上有期徒刑，并处罚金。即行为人未取得医生执业资格的人非法行医，情节严重的行为；治疗性病的小广告发布人往往在未取得医生执业资格的情况下，利用小广告非法行医，欺骗患者，如果这类行为人非法行医严重损害患者生命、健康的，即构成刑事犯罪，应当承担刑事责任。

另外，《最高人民法院、最高人民检察院关于办理、妨害预防、控制突发传染病疫情等灾害的刑事案件具体应用法律若干问题的解释》第12条规定，未取得医师执业资格非法行医，具有造成突发传染病病人、病原携带者、疑似突发传染病病人贻误诊治或者造成交叉感染等严重情节的，依照《刑法》第336条第1款的规定，以非法行医罪定罪，依法从重处罚。

（二）行政管理领域行政违法性

1. 破坏社会经济秩序

上述涉及金融、票证、税费、印章等违法“小广告”行为，如假文凭、假身份证、各种假的资格证、假发票、假税票、假银行公章、假国家机关公章等，都会对我国社会经济秩序产生不良影响，破坏国家社会经济秩序的正常运行。

2. 破坏市容环境卫生秩序

“小广告”违法行为严重扰乱和破坏了市容环境卫生秩序，依据《北京市市容环境卫生条例》第41条的规定，擅自散发、悬挂、张贴宣传品，或在建筑物、构筑物上刻画、涂写、喷涂标语、宣传品广告的，责令恢复原状，没收散发、悬挂、张贴的宣传品、广告，并处以100元以上1000元以下罚款，情节严重的处以1000元以上1万元以下罚款。

3. 扰乱社会治安秩序

依据《治安管理处罚法》第26条第3款的规定，强拿硬要或者任意损毁、占用公私财物的违反治安管理的行为，处5日以上10日以下拘留，可以并处500元以下罚款；情节较重的，处10日以上15日以下拘留，可以并处1000元以下罚款。目前，大量非法“小广告”随意粘贴、刻画和喷涂在公交站牌、市政设施、电力设施上，对上述设施造成了严重的破坏和损毁，特别是某些路段的公交站牌，由于反复粘贴和清刷已经面目全非，失去了其指引乘车的功能，这类“小广告”违法行为实际上已经扰乱了社会治安管理秩序。

4. 破坏劳务用工秩序

依据《劳动法》第15条的规定，禁止用人单位招用未满16周岁的未成年人。因此，用工单位和个人不得雇用童工从事劳动。故此，非法雇用未成年儿童散发、张贴、喷涂“小广告”的行为已经破坏了劳动行政管理秩序。

5. 破坏公共交通秩序

在机动车道散发、张贴、喷涂小广告的行为，违反了《道路安全交通法》第63条的规定，行人不得跨越、倚坐道路隔离设施，不得扒车、强行拦车或者实施妨碍道路交通安全的其他行为。

6. 非法行医破坏医疗秩序(未造成群众生命财产损失的)

未取得医生执业资格的人非法行医,未造成重大损害,情节不严重的,由医疗行政部门依法查处。

7. 破坏城市文化、道德建设

违法“小广告”从宣传内容到散发形式都对城市文化、道德建设产生负面影响,为了某种私利可以不择手段。如为了就业或升迁制造使用假文凭、造假资格证;到处喷涂、粘贴、刻画“小广告”,甚至是名胜古迹也难逃厄运。

(三)民事法律领域违法性

1. 侵害出行知情权

例如,喷涂、粘贴、刻画在公交车站牌上的小广告,严重影响了群众的出行知情权,特别是外地来京的群众,他们面对着贴满小广告的公交站牌,满目茫然,不知道如何乘坐公交车。

2. 危害行车安全权

在城市快速路和十字路口散发“小广告”的违法行为,严重地危害了机动车驾驶人、乘车人员的行车安全权。

3. 危害生命、健康权

在道路、桥梁上散发、张贴、喷涂小广告极易发生人身伤害事故,危害违法行为人本人和他人的生命、健康权。

综上所述,“小广告”违法行为侵犯了刑事、行政、民事法律关系,因此,仅靠城管综合执法机关依照《北京市环境卫生条例》这一种地方性法规调整侵犯行政、刑事、民事关系的“小广告”违法行为,无论在法律适用上,还是在执法的整体效果上都是存在问题的。

三、城管综合执法机关查处“小广告”违法行为的问题与对策

(一)行政执法中的法律难题与行政管理问题

1. 处罚依据的限制

城管综合执法机关行使对“小广告”违法行为管辖权的法律依据是《北京

市市容环境卫生条例》第41条的规定，擅自散发、悬挂、张贴宣传品，或在建筑物、构筑物上刻画、涂写、喷涂标语、宣传品广告的，责令恢复原状，没收散发、悬挂、张贴的宣传品、广告，并处以100元以上1000元以下罚款，情节严重的处以1000元以上1万元以下罚款。笔者认为，城管综合执法机关管辖的“小广告”违法行为，应是内容合法、发布形式违法的“小广告”违法行为。目前，很大一部分“小广告”违法行为实际上已经侵犯和破坏了刑法所保护的社会主义社会关系，因此，仅靠行政处罚来惩处这种违法行为达不到治理“违法小广告”的效果和目的，应当以刑事法律为查处依据对违法行为人进行查处，这样才能达到打击违法犯罪行为、根治“小广告”违法行为的最终目的。试想，如果通过刑事法律的适用铲除了违法犯罪的“小广告”发布根源，公共场所何来那么多涉嫌违法犯罪的“小广告”？

2. 被处罚主体确定的限制

（1）未成年人违法行为主体的问题。《行政处罚法》第25条规定，不满14周岁的人有违法行为的，不予行政处罚，责令监护人加以管教；已满14周岁不满18周岁的人有违法行为的，从轻或者减轻行政处罚。目前，北京某些地区散发小广告行为人年龄呈下降趋势，违法行为人利用《行政处罚法》的关于“不满14周岁的违法行为人有违法行为不予行政处罚”的规定，规避法律，雇用未成年人发布小广告。例如，天安门地区、丰台区岳各庄南桥和海淀区中关村、四季青桥地区，未成年人散发、粘贴小广告的现象比较严重。城管综合执法人员查获这类违法的未成年人之后，由于调查手段和法律规定的限制，只能在对未成年违法行为人进行批评、教育后，一放了之，根本起不到打击违法的目的，反而助长了违法相对人雇用未成年人散发小广告的势头。

（2）“雇佣”关系违法行为人确定的问题。天安门周边组织非法“一日游”的违法行为人为了招徕游客，常常和“黑票提”联合发布小广告，“黑票提”负责提供联系的电话号码、“小广告”的印刷、散发及为游客和非法“一日游”经营者之间提供联系。“黑票提”不直接经营非法“一日游”，他也不是“小广告”的直接受益者，但是“黑票提”是“小广告”形式上的发布者，因为他向游客提供了联系电话和出行游玩的价格。“黑票提”按照游客的数量从非法“一日游”经营者处提取报酬,类似于无照经营的广告公司。这种“小广告”违法行为人的出现,给城管综合执法机关确定“小广告”受处罚人和适用案由,提出了法律适用的双重难题:对“黑票提”进行行政处罚是按照“非法发布小广告”案由处罚?还是按照“无照经营”处罚?如果按照“非法发布小广告”案由处罚,受处罚人是“黑票提”?还是非法“一日游”的经营者?或是两者均列为“非法发布小广告”的被处罚人?这是两个值得探讨的法律问题。

3. 强制调查权能的欠缺

执法实践中,城管综合执法机关在调查“小广告”违法行为时,欠缺强制搜查权、强制带离权、强制滞留权和调查跟踪权。

(1)对“小广告”窝点强制搜查权的欠缺。城管综合执法机关在调查“小广告窝点”的过程中,没有对住宅的搜查权,搜查权只能由公安机关依照法律程序行使,目前城管综合执法机关和公安机关的捆绑执法模式还处于比较松散的状态,对城管综合执法机关发现的“小广告窝点”进行调查时,如果违法行为人拒不配合城管综合执法队员的调查,暴力阻止城管综合执法队员进入“窝点”进行行政调查,城管综合执法队员则不能强行进入,否则即因程序违法,而导致城管综合执法队员非法侵入住宅的事实构成违法行政行为的事实。这种情况下,即使城管综合执法人员强行非法进入“小广告窝点”,并获取了支持行政处罚的证据,但该证据亦会因其属于非法采集证据,进入行政诉讼时,而依法没有证据能力,不具有可采性,很可能因程序违法而导致败诉。如果城管综合执法机关请求公安机关配合协助调查“小广告窝点”,由公安部门行使进入住宅的搜查权,理论上又需要相当长的一段时间,在这段时间里,“小广告”违法行人完全可能转移证据,使城管综合执法人员和公安人员的案件调查工作无功而返。

(2)对违法发布“小广告”行为人强制带离权的欠缺。某些情况下,城管综合执法人员当场查获的“小广告”违法行为人不配合案件调查工作,拒不接受城管综合执法人员的案件调查工作,同时拒绝城管综合执法人员请其到分队进行调查处理的要求，由于城管综合执法机关无权行使对人身的强制带离权，同时《行政处罚法》也没有赋予城管综合执法机关对违反行政法规的违法行为人进行人身自由权限制的强制带离权，因此，在一些违法程度较轻的案件中，城管综合执法人员只能“放走”要求离开的“小广告”违法行为人。

(3)对违法行为人强制调查滞留权和跟踪权的欠缺。对拒不配合调查、不提供证据并要求离开城管综合执法机关的违法相对人，城管综合执法机关没有强制调查留滞权。例如，城管综合执法机关在对涉嫌“小广告”违法行为人进行调查后，该违法行为人拒不配合调查工作，并要求离开城管综合执法机关，城管综合执法人员无权对其拒不接受调查的违法行为进行处罚，更无权对其行使调查滞留权，只能要求其按照《谈话通知书》规定的时间到城管综合执法机关接受调查。对于这种随时要求离开、拒不配合调查的违法相对人，城管综合执法机关没有任何强制权，其不到城管综合执法机关接受调查，城管综合执法机关也无所作为。因此，这种案件中城管综合执法机关只能陷于被动的尴尬境地。对离开城管综合执法机关、逃避行政处罚的违法相对人，城管综合执法机关也无权进行跟踪调查。①

4. 处罚权能的限制

城管综合执法机关对严重违反行政法律进行虚假宣传的“小广告”违法发布者，例如，对房屋“黑中介”、“黑招聘”的违法行为人，仅有没收“小广告”和罚款的行政处罚权，无权行使对违法的法人进行暂扣或吊销营业执照、责令停产停业等配套处罚措施。

5. 涉嫌刑事犯罪的“小广告”案件线索向公安机关移送不顺畅

目前，在对涉嫌犯罪的“小广告”案件线索向公安机关移送线索的过程中，城管综合执法机关处于一种比较“困难”的境地，表现为：对查证属实的涉嫌犯罪案件或违法相对人向公安部门移送的数量较多，但是公安部门真正查处得不多。

---

① 从法理上讲，违法相对人拒不提供证据、配合行政执法机关调查的，国家或者地方应当立法授予行政执法机关相应的行政罚款权。

6. 清理时间长,反弹速度快

对粘贴、刻画、喷涂类小广告的清理,特别耗费时间和资金成本,以海淀区中关村大街为例,一台高压水泵车,配4名环卫工人,清刷作业的地域范围是,从成阜路钓鱼台北门至中关村大街北口,清刷一遍需要从早7时至晚17时整整一天。但是"小广告"反弹速度却特别快,白天清理干净的大街,只要一个晚上不足6小时的时间,第二天一早,路两侧的地面、车站牌、市政设施上又出现了大量的各类违法"小广告",并且迅速反弹的"小广告"以刻章、办证、发票类"小广告"为主。通过这种"小广告"的反弹速度来看,刻章、办证、发票类"小广告"是治理的重点。

7. 违法成本低,经济收益高

据调查,每印刷一张小广告仅需要0.1元至0.2元,但是正常渠道的广告发布收费少则数百元,多则上万元;那些涉嫌犯罪的刻章、办证、发票类"小广告"更不能通过正常渠道进行发布,但是这类涉嫌犯罪内容"小广告"的发布、经营者每年通过违法、犯罪行为所获得的利润多达上百万元。即使受到城管综合执法机关的行政处罚,最多不过1万元的罚款。因此,巨大的利润和微小的成本比较起来,"小广告"违法行为人不惜铤而走险,"顽强"地进行"小广告"的违法行为。

8. 涉及责任单位广泛,治理周期长,见效缓慢

清理小广告的产权责任单位涉及"门前三包"单位、公交车站管理部门、市政道路、桥梁管理部门、电力部门、电信部门、大型户外广告载体等在街面设置物理设施的部门,由于清理"小广告"次数频繁、资金成本投入高,故此责任单位清理"小广告"的积极性都不高。以公主坟地区的新兴桥"小广告"清理案件为例,该桥梁的产权责任单位是北京市桥梁管理处,"小广告"的清理由该单位负责,但是对桥梁进行整体的粉刷需要10万元的资金投入,如果没有"小广告"问题,每3年粉刷一次足矣,但是如果按照《北京市市容环境卫生条例》的规定,覆盖"小广告"每年至少需要两次粉刷,即使进行局部的粉刷、覆盖,资金投入也是一笔不菲数额。试想,这种情况下,有哪个产权单位能有清理"小广告"的积极性呢?

(二)治理"小广告"的对策

1.将涉嫌犯罪的"小广告"纳入刑事管理范畴,对涉及犯罪的违法行为,移送公安、税务等执法机关处理

根据《行政处罚法》第7条的规定,公民、法人或者其他组织因违法受到行政处罚,其违法行为对他人造成损害的,应当依法承担民事责任。违法行为构成犯罪,应当依法追究刑事责任,不得以行政处罚代替刑事处罚。因此,城管综合执法机关应当根据《行政处罚法》的规定,将涉嫌触犯刑事法律的"小广告"案件移送到公安机关查处。

(1)移送程序的法律依据。为保证行政执法机关向公安机关及时移送涉嫌犯罪的案件,依法惩罚破坏社会主义市场经济秩序罪(危害税收征管罪)、妨害社会管理秩序罪以及其他犯罪(伪造、变造、买卖国家机关公文、证件、印章罪;伪造公司、企业、事业单位人民团体印章罪;伪造、变造居民身份证罪;诈骗罪;非法行医罪),国务院制定了《行政执法机关移送涉嫌犯罪案件的规定》(以下简称《移送规定》),自2001年7月9日起实施。该行政法规主要规定了案件移送时间、移送材料、异议解决和法律责任等问题。此外,《移送规定》还明确,公安机关违反《移送规定》,不接受行政执法机关移送的涉嫌犯罪案件,或者逾期不作出立案或不予立案决定的,除由人民检察院依法实施立案监督外,由本级或者上级人民政府责令改正,对其正职负责人根据情节轻重,给予记过以上行政处分;构成犯罪的(玩忽职守罪),依法追究刑事责任。对直接负责的主管人员和其他责任人员,比照给予行政处罚;构成犯罪的,依法追究刑事责任。此《移送规定》将行政执法处罚程序与刑事司法追究程序有机地衔接起来。

但是,该《移送规定》没有对移送机关享有哪些权力予以明确,也未对受移送机关、相对移送机关应当履行哪些义务作出规定。针对执法实践中存在的上述"移送不利"的问题,应当从国家层面完善立法,增加同级职能部门之章对相关履职的监督规定,以期收到行政执法的普遍效能。

(2)犯罪行为的违法形态分析。对涉嫌犯罪的“小广告”违法行为进行刑事处罚,我们首先要明确两个概念:一是犯罪预备,二是犯意表示。《刑法》第22条规定,为了犯罪,准备工具、制造条件的,是犯罪预备。对于预备犯,可以比照既遂犯从轻、减轻处罚或者免除处罚。犯意表示则是指以口头、文字或其他方式对犯罪意图的单纯表露。由于犯意表示尚未开始实施危害社会的行为,因而属于犯罪思想范畴,不具社会危害性,刑法不予调整和刑事处罚。① 实务界的主流观点认为,非法发布涉嫌犯罪内容的“小广告”仅仅是违法行为人的犯意表示而非犯罪预备行为,故无法追究其刑事责任,因此,不把涉嫌犯罪的“小广告”作为刑事犯罪来打击。正是由于这个违法形态认识上的误区,放纵了违法、犯罪“小广告”的违法行为,使其不断滋生、蔓延和泛滥。

笔者认为,涉嫌犯罪内容的“小广告”违法行为并非是单纯的犯意表示,这个行为已经开始着手为完成犯罪制造条件和准备了犯罪的工具,或者有些散发“小广告”的同时就在从事着其内容涉及的违法犯罪行为。以刻章、办证、发票类“小广告”为例,违法行为人发布小广告的目的是招引“顾客”,非法售卖虚假的证件、印章和发票,这个发布小广告的行为在《合同法》领域中可以看作是要约邀请行为,只要要约人(购买虚假证件的顾客)联系发布违法小广告的相对人(可以看作受要约人),两者之间就买卖违法证件、印章、发票的意向达成一致,这个违法、犯罪行为即以成立。因此,违法行为人散发、喷涂、张贴内容涉嫌犯罪的“小广告”等发布行为应是一种着手进行犯罪的行为,即已经进入犯罪预备阶段,根据其社会危害性的程度,应当受到相应刑事法律的处罚,而不能仅仅因为其着手犯罪行为是通过“小广告”这种文字信息表露出来,而简单地认定为犯意表示,致使违法犯罪分子利用法律空白和违法形态认识上的误区来逃避刑事处罚。

(3)捆绑执法模式分析。对于城管综合执法机关发现或“引诱”发现的“小广告”违法行为和收集的证据,城管综合执法机关可以在移送公安等执法部门

---

① 高铭暄:《刑法学》,中央广播大学出版社1997年版,第240页。

进入侦查、起诉阶段后，作为案件证人出庭作证，避免“毒树之果”理论导致证据失去可采性（诱引违法行为产生的证据无证据能力，即程序违法的证据不具有可采性），从而保证追究犯罪的诉讼行为正常进行。

2. 联合其他执法部门加大处罚力度

对扰乱社会治安、市场经营秩序和危害交通管理的“小广告”违法行为人，根据比例原则，可以采取暂扣或吊销企业营业执照、责令停产停业、行政拘留等行政处罚。但是这些处罚形式并不都是城管综合执法部门有权实施的，需要联合其他有权执法部门依法执法。为此应当加强有关方面的地方立法，明确税务稽查部门、交通管理部门、卫生监察部门、劳动监察部门和工商行政部门等有权执法部门，在城管综合执法机关联合执法中予以有效配合，“小广告”背后的违法行为予以打击，丰富行政处罚的手段和措施，以短、平、快的方式全方位地治理“小广告”违法行为。

3. 对发布“小广告”违法行为采取“双罚制”

所谓“双罚制”，即对“小广告”的实际发布者和传播经营者均处以行政或刑事处罚。例如，对天安门周边“一日游”的经营者和“黑票提”均处以行政处罚，对“黑票提”按照擅自散发宣传品案由处罚，对“一日游”经营者按照擅自散发宣传品和无证（照）经营两个案由进行处罚；对查证属实的非法印制“小广告”的印刷企业和小广告发布者，均应处以相应的行政处罚；对购买假证件、假印章、假发票的行为人，按照《刑法》及其相关司法解释，同出售上述违法证件、印章、发票的犯罪分子一并处以刑事处罚。只有这样，才能达到震慑、预防“小广告”违法、犯罪行为的目的。

4. 企业化管理模式

北京市怀柔区、顺义区的“小广告”已基本消失，当然这并不说明这两个区完全消灭了“小广告”违法行为。据笔者调查了解，这两个区的政府部门为了保证城市环境卫生秩序，对小广告清刷工作采取了企业化运作模式。具体是由政府出资，采取招标的形式，由专业的清刷企业进行小广告的清理工作，城管综合执法机关负责“小广告”的检查、考核工作，对轻刷、整改不及时的“小广告”

问题记录在案，扣除清刷企业相应额度的资金，从而保证清刷企业的工作积极性。据了解，清刷"小广告"的企业人员每天4时就开始查找、清洗"小广告"，早晨7时左右基本将城区的"小广告"清理完毕，早晨上班的群众根本基本上看不到"小广告"。这对"小广告"的印发作用和目的是一个重大的打击，但笔者以为，其仍然是治标不治本的治理方式，而且行政成本较大，负责清除的企业员工也很辛苦。因此，我们在肯定"企业化管理模式"对"小广告"治理中发挥了重要且有效作用的同时，更应当在治本上多下功夫。

5. 为宣传内容合法的"小广告"提供免费发布介质

为了防止宣传内容合法的"小广告"违法张贴、散发，北京市丰台区、昌平区和顺义区等城管监察局在区内主要大街设置了免费发布"小广告"的宣传栏，宣传内容合法的"小广告"可以在此免费发布。对内容违法的刻章、办证、发票等"小广告"，一经发现立即清除出广告栏。实践表明，这种措施对于治理"小广告""城市牛皮癣"的违法散发方式是有成效的，在昌平区内容合法的"小广告"基本消失于宣传栏之外。

6. 弥补法律缺失

地方立法应当增加"小广告"违法行为人在负有清除自己发布的"小广告"义务的同时，根据其违法行为的社会危害性程度，增加惩罚性义务，即由城管综合执法机关责令其清理其他一定范围内散发主体不明的"小广告"义务。通过违法行为罚的治理措施，还有助于破解产权责任不明公共设施"小广告"无人清理的问题。

7. 设立奖励举报机制

在完善治理"小广告"的地方立法中，应当对奖励举报机制和有关经费来源作出明确规定。治理"小广告"问题要充分依靠群众，对举报"小广告"印制、储藏窝点，经查证属实，又勇于为此作证的群众，应当予以物质和精神奖励，以此激发群众协助城管综合执法机关以及其他有关执法机关治理"小广告"的热情，弥补行政执法力量的不足。奖励机关可以是负有职能的城管综合执法部门，也可以是其他负有查处职能的行政执法机关，以及奖励经费来源，均由立法加以明确。

第八章　城管综合执法行为涉案财物的管理与处置

如果说立案、调查和作出行政决定等是城管综合执法的必经程序，那么，城管综合执法主体对涉案财物的管理和处置同样贯穿于城管综合执法的全过程。城管综合执法主体在开展行政执法过程中，涉及大量的涉案物品。由于我国《行政处罚法》和《行政强制法》等规范性文件对涉案财物处理规定得非常原则，且与有关物权的法律规定不相衔接，致使城管综合执法机关在管理和处置涉案财物时常常感到无据可循，从而难免出现不当处理罚没财物或者对涉案物品管理不善等问题。同时，由于有关涉案财物信息公开、掌握的规定、原则不统一等问题，群众对于城管综合执法机关对涉案财物的管理也常常提出质疑。随着我国《物权法》的实施，当事人对维护自身物权的法律意识日益提高。因此，能否妥善管理和处置涉案财物，对于维护案件当事人合法权利、确保城管执法主体廉洁执法和改善城管综合执法主体自身形象、提升城管综合执法主体执法权威都具有至关重要的现实意义。

一、城管综合执法涉案财物综述

（一）城管综合执法涉案财物的界定

何谓城管综合执法涉案财物，学界有不同的理解。如认为城管综合执法机关涉案财物，是指城管执法机关依法采取行政强制措施或先行登记保存而提取，并由城管综合执法主体暂时保管，或者依法决定没收并转移所有权归国家所有的与案件有关的钱款、票证、物资等财物及其孳息。再如,认为城管综合执法涉案物品,是指城管综合执法主体在执法过程中,依法进行查处并按法定程序予以先行登记保存、查封、扣押(暂扣)、没收的物品,或者公告期满后无人认领的物品,以及在执法过程中发现的影响市容但无法确认其所有人和管理人的物品。北京市城管综合执法局的课题组经研究,认为城管综合执法“涉案物品是指城管执法机关为了行使行政管理职权、履行行政管理职责,按照相关法律、法规的规定,决定采取先行登记保存、查封、扣押、没收和暂存的与案件相关的物品”。[①] 笔者认为第二种界定更为全面。无论如何界定城管综合执法涉案财物,有三点应当明确:一是城管综合执法涉案财物已经脱离了原所有权人或使用权人的监管;二是与城管综合执法权的行使有关;三是城管综合执法主体对其应当依法处置。

由于城管综合执法涉案财物已经脱离了原所有权人或使用权人的监管,必然涉及对涉案财物原所有权人或使用权人物权的保护问题。根据我国《物权法》的规定,“物权是指权利人依法对特定的物享有直接支配和排他的权利,包括所有权、用益物权和担保物权”。[②] 此处的物权是合法物权,在某种意义上说,城管综合执法涉案物品的性质决定着该物的物权性质。国家制定《物权法》,保护的应当是合法物权,通过对合法的物权的保护,明确物的归属,维护经济秩序,促进社会主义现代化建设。如果公民、法人或者其他组织利用享有合法物权的物品从事违法行为,会直接导致该物品的性质发生根本改变。如合法物品可能会变为非法物品、作案工具,或者转化为违法所得。由于物品性质发生改变,也会转而直接影响到该物品上的物权性质,从而决定着城管综合执法主体对这些涉案物品的不同处置。

(二)城管综合执法涉案财物的来源

1. 没收

没收,主要是指城管综合执法机关通过依法没收违法所得、没收非法财物

---

① 北京市城市管理综合行政执法局、中国政法大学法治政府研究院编写:《北京市城市管理综合行政执法局执法大纲》。

② 参见《中华人民共和国物权法》第 2 条。

等行政处罚权的行使取得涉案物品或财物的行为。如根据《行政强制法》的有关规定，城管综合执法机关采取查封、扣押措施后，应当及时查清事实，在法律规定的期限内作出处理决定。对违法事实清楚，依法应当没收的非法财物予以没收。

2. 提取证据物品和先行登记保存

根据《行政处罚法》第37条第2款的规定，城管综合执法机关在执法收集证据时，可以采取抽样取证的方法；在证据可能灭失或者以后难以取得的情况下，经所属执法机关负责人批准，可以先行登记保存，并应当在7日内作出处理决定。

3. 查封、扣押

根据《行政强制法》第17条的规定，“依据《中华人民共和国行政处罚法》的规定行使相对集中行政处罚权的行政机关，可以实施法律、法规规定的与行政处罚权有关的行政强制措施”。因此，查封、扣押是城管综合执法机关有权在执法过程中采用的强制措施，也是城管综合执法涉案财物获取的主要手段。如根据《北京市市容环境卫生条例》第27条的有关规定，对未经批准正在建设的影响市容的建筑物、构筑物或者其他设施，城管综合执法机关可以查封、暂扣其施工工具和设备。

4. 代履行

按照我国《行政强制法》等有关法律规定，由城管综合执法机关负责清理所有人不明的妨碍市容卫生秩序的堆物堆料，如拆除所有人不明的建筑物或构筑物，集中整治、清理居民区老旧无主机动车等。

（三）城管综合执法涉案物品的处置方式

1. 依法作出没收决定后，对涉案物品依法采取的处置措施

涉案财物被查扣以后，城管综合执法机关都应对有关案件作出行政处理决定。对被查扣的财物可能作出没收决定，也可能作出其他处理决定。对被查扣财物依法作出没收决定的，自没收决定作出之日该物品已经成为公物。这种情况下如何处置被查扣财物，基本上没有争议。如何处置也有相关的法律依据，

从国家到地方也早有明确规定，如财政部《关于罚没财物管理办法》①、《上海市罚没财物管理办法》②等。城管综合执法机关要做好的是如何建立内部约束机制，如何贯彻实施好法律法规的工作。

(1)上缴。作出没收决定后，作为国有财产上缴本级人民政府财政部门。

(2)移送。主要适用于有毒有害的危险物品、涉及刑事犯罪的作为证据移送，以及对城管综合执法中无证经营乱设摊经营的宠物、家禽或者疑似文物等予以没收后，大多移送到动物保护部门或文物保护单位。

(3)拍卖。采取拍卖方式处置的涉案物品主要是价值较高的物品。在拍卖之前应当经过物价部门进行价值评估，评估之后由城管综合执法部门经委托具有拍卖资质的拍卖公司进行公开拍卖，在扣除必要的费用后将价款上缴本级人民政府财政部门或依法折抵罚款。

这种情况也有可能发生在未作出没收决定的情况下，如城管综合执法机关查扣涉案财物后作出行政罚款处罚决定但并未没收被查扣财物，虽然解除了被查扣财物并决定返还当事人，如果被查扣人或者查扣财产所有人不到执法机关接受处理或者逾期不履行行政处罚决定，经加处罚款或者滞纳金，并经催告程序，在法定或者合理期限内仍未履行，且没有提出行政复议或提起行政诉讼，作出罚款处罚决定的城管综合执法机关则可根据案件具体情况和《行政强制法》的有关规定对被查扣财物抵缴处理。

(4)变卖。这种方式不仅用于作出没收决定后的处置，即对被查扣财物进行价值评估后变价处理，变价款上缴财政或折抵罚款，还可以适用于城管综合执法机关在执法过程中查扣而又不能即时处置的鲜活物品或者不易保管的涉案物品。为了不给行政相对人财物造成损害，应当通过及时变卖或者拍卖等形式予以转化。

(5)销毁。根据我国《行政强制法》的有关规定，对依法没收的查扣物品法律、行政法规规定应当销毁的，依法销毁。实践当中，城管综合执法机关销毁的

---

① 经国务院批准，财预字〔1982〕91号。

② 1994年1月16日上海市人民政府第58号令。

涉案物品有违禁物品，如淫秽出版物、禁止流通的违禁物品等；变质的鲜活农产品以及其他无价值的非法财物，如已过保质期的食品、非法小广告或者违规的宣传品等。

2. 对依法没有作出没收决定的涉案物品的处理

涉案财物被查扣后又没有作出没收决定的，如何依法处置，存在问题。涉案财物被“查扣”后，又没有作出没收决定，意味着被“查扣”的涉案财物的所有权仍然属于被“查扣”人。笔者认为，在这种情况下如何处置，涉及公法规范与私法规范的关系、公权与私权的关系问题。应当承认，涉案财物一经被城管综合执法机关查扣，对于该财物的处置，不宜完全适用私法规范。因为城管综合执法机关对管理相对人的涉案财物采取查扣措施，就已经限制了对被查扣财物的私权处分（包括占有、使用、收益、买卖等），尽管这种查扣具有临时性，然公权既已介入私权，私权必应受到限制。但是，根据《行政强制法》的规定，城管综合执法机关对被查扣财物应当妥善保管，委托第三人保管的，要认真履行监督职责，以防非法使用、损毁、擅自转移或者处置；如果造成损失，应当承担赔偿责任。对涉案物品所有权未发生转移的处置应当依法进行。

（1）返还当事人。根据我国《行政强制法》的有关规定，城管综合执法机关在涉案财物被查扣后，如果作出行政决定并对案件办理完毕，当事人在规定的期限内接受了处罚并履行了相应义务，或者提取证据的物品查扣到期，或者认为被查扣的财物与涉案违法行为无关，当事人没有违法，即应作出解除查封、扣押的行政决定，经负责人批准后，应将涉案物品返还当事人。① 如果因被查扣财物是鲜活物品或者其他不易保管的财物而已拍卖或者变卖的，应当退还拍卖或者变卖所得款项。变卖价格明显低于市场价格，给当事人造成损失的，还应当给予补偿。

（2）存储。无法折价变卖、拍卖的涉案物品，如未作出没收决定，而超过办案期限当事人仍未认领的机动车、其他涉案物品，以及社区内长期停放的老旧

① 如当事人自觉履行了行政执法主体作出的罚款处罚决定，被查扣的财物即应返还当事人。

机动车等。

(3)提存。城管综合执法机关作出解除查扣财物返还当事人的决定后,当事人在规定的期限内未来领取的,可以进行提存,即将能够改变其存在形态的被查扣财物,如变卖鲜活物品或者其他不易保管的财物,获取价款向公证机构提存价款,以最大限度地保护被查扣财物权利人的利益,同时节约行政成本。

(4)其他处置。城管综合执法机关作出解除查扣财物返还当事人的决定后,当事人在规定的期限内未来领取的,实践中并未都能以提存的方式处置。常见的还有作为无主物、遗失物进行处理。对于决定返还当事人的,一般都会明确领取的期限。当事人在规定期限内不予领取的,一般还会规定一个公告期。公告期满当事人仍不领取的,视为权利人放弃对被"查扣"财物所享有的权利,即作出最终处理。对于无被"查扣"人或者无法通知当事人的,不应将被查扣财物直接作为无主物处理,而应当在相应的场所张贴公告,公告期一般应不少于6个月。公告期满,仍没有人领取的,再作为无主物处理。目前,对于无主涉案物品如何处理,各省级的城管执法机关没有统一方式。实践中其他行政执法机关的做法一般是根据其所属的上一级政府关于涉案物品的规定来处理。① 城管综合执法机关在这个管理领域同样缺乏法律依据,因此,社会各方面对无主涉案物品如何处理会有猜疑。

二、城管综合执法涉案物品处置存在的问题

以北京市为例,随着近年来北京市城市管理力度不断加大,城管综合执法机关依法查扣、没收的涉案物资越来越多,由于城管综合执法权涉及领域广泛,涉案物品种类也越来越多,虽然存在上述多种处置方式,但并不能解决所有问题,同时,由于缺乏法律依据,涉案财物管理方面反映出的问题也越来越突出。2009年,北京市政府折子工程第119项任务要求城管综合执法机关实行精细化管理、规范行政执法行为。因此,对涉案财物规范管理势在必行。笔者认为,

---

① 各地规定多为工商行政管理机关制定,而且规范位阶不高,如《庆元县工商局罚没和暂扣财物监督管理暂行办法》、扬州市江都工商局大桥分局《暂扣、罚没物资管理规范》。

应从制度上对涉案财物进行制约，堵塞涉案财物管理的漏洞，有效解决涉案物品管处工作中随意扣留、变卖、处置和罚没物品长期积压等问题，严控违法、违纪等不廉问题发生。

（一）城管综合执法主体对涉案物品管处中存在的问题

通过前期调查，笔者发现，涉案财物管处在制度方面、人员配备方面以及涉案物品处置方面，各单位规范、做法参差不齐。

1. 普遍存在各城管综合执法单位对存放涉案财物公物仓的建设参差不齐，物资保管制度不统一等问题

由于没有统一规范，也没有统一仓储要求，而城管综合执法主体常常面临由于其权力行使而产生的涉案物品管处问题，如拆除违法建设房屋后的建筑材料、拆除违法建设房屋中的物品、拆除违法设置的户外广告载体、依法扣押、查封和先行登记保存的涉案物品、当事人逾期不接受案件的调查处理，由于事实原因，[①]使涉案物品形成无主物等如何存放就是其中突出问题之一。个别基层执法单位甚至没有设置存放查扣物品的公物仓，一些建立起公物仓的执法单位也存在公物仓场地不规范、面积狭小等问题，有些罚没物品存放在仓库当中多年无法处理，损坏、过期和失效等情况多有发生。不仅如此，各执法单位仓储管理制度和出入库台账格式和种类也各不相同，没有统一台账标准，欠缺财务部门的统一管理。

2. 涉案财物的处置不规范

城管综合执法系统对涉案财物的销毁、变卖、拍卖等处置方式，缺乏统一的操作标准和实施程序。如果缺乏公平竞争平台，容易导致公职队伍中不廉洁的行为发生。《行政处罚法》和《行政强执法》虽然对罚没财物和采取行政强制措施的涉案财物有原则性规定，但是缺乏可操作性，遇到具体问题无法具体适用，

① 如查处无照运营“黑出租”违法行为案件过程中，涉案当事人逃避处罚，在办理案件期间不接受处理，使被查扣涉案车辆形成无主物，由于机动车是备案登记的种类物，长时间停放的车辆无法办理年检、车险等情况下，车辆号牌无法保留，车辆本身也失去实用价值，无法上路行驶；按照市容环境卫生条例清理的扰乱市容环境卫生秩序的如自行车、建筑材料等无主物品等。

难免各行其是。例如,如何开展涉案财物拍卖程序没有切实可行的实施细则,由于缺乏标准和可操作的程序,至今各执法单位极少适用,大多数具有使用价值的物资只能进行集中销毁,一定程度上造成了资源浪费。

3. 涉案财物管理缺乏监督制约机制

对涉案财物的监管包括两方面:一方面是对涉案财物的监管;另一方面是对管理涉案财物的监管。这两方面对于城管综合执法机关都很重要,不可偏废。对涉案财物监管不严,不利于队伍的廉政建设,容易导致行政诉讼、国家财产流失等问题。特别是涉案财物的处置是否合法、妥当,关系着行政相对人的权益,影响着城管综合执法主体与行政相对人之间的关系,影响着对城管综合执法主体的社会评价和法律权威。

4. 缺乏管理涉案财物的专职人员编制

涉案财物专职管理人员的岗位编制未能得到落实,有的由区级基层执法机关临时抽调队员负责看管,有的雇用临时工或保安进行看管,还有的委托其他单位管理,在这些管理人员的管理下,涉案财物容易出现随意处置的现象。可以说,涉案物品管理和仓储费用提高,使行政成本加大,与此也不无关系。

5. 涉案财物变价款管理不规范

按照《行政处罚法》和《行政强制法》的相关规定,罚没财物和行政强制财物必须规范管理,已经转移所有权的罚没财物必须上缴本级财政统一管理,严禁直接由执法机关处置,更不能变相使用。大多数城管综合执法机关依法将涉案财物变价款上缴本级财政,但不能排除有个别执法机关对涉案财物的管理处置不规范。即使将无主涉案物品通过提存、变卖或者拍卖变价处理,处理过程既不统一也不规范。

(二)城管综合执法主体管处涉案财物依据上存在的问题

1. 法律对所有权未转移的涉案物品的处理规定不明确

目前,我国法律对所有权未转移的涉案物品如何处理缺乏明确规定。依据《行政处罚法》第 53 条第 1 款的规定,“除依法应当予以销毁的物品外,依法没收的非法财物必须按照国家规定公开拍卖或者按照国家有关规定处理”。上述规定仅是涉案物品处理的一般原则，以“依法应当销毁”这项规定为例，依据哪些法律销毁涉案物品规定的不清楚，依法销毁涉案物品的“法”的位阶是什么，是法律、行政法规、地方政府规章还是行政规章。对于被依法销毁的涉案物品，是否已经转移所有权归国家所有，如果未转移所有权，但是具有现实危害性的物品如何销毁，例如，掺杂使假的假冒伪劣食品、药品或衣物，如果不及时销毁，可能会产生污染等问题，但是如果不转移所有权而进行销毁，一旦当事人提起行政赔偿，行政机关将会产生极大的败诉风险。

同时，对于已经没收的涉案财物如何“公开拍卖或者按照国家有关规定处理”难以理解和操作。首先，何谓“国家规定”，是指行政法规、部门规章还是政府规章，或者规范性法律文件的相关规定？笔者认为，《行政处罚法》应当予以明确，否则，会出现各执法机关在操作层面上的不统一，相同物品处理手段有差异。其次，“公开拍卖或者按照国家有关规定处理”两者如何选择，首选“公开拍卖”，还是首选“按照国家有关规定处理”，这条规定应当明确适用的原则，防止在执法实践当中自由裁量权被滥用。

另外，依据《行政处罚法》的相关规定，行政机关作出没收决定后的涉案物品应通过拍卖并将所得钱款上交国库。但实际操作中，应委托哪些机构进行拍卖、如何履行拍卖程序没有详细规定。各城管综合执法机关在此项操作中往往自行决定，有的委托专业拍卖机构进行拍卖；有的由于涉案财物价值较低，没有拍卖价值，只能以变卖代替拍卖。

2. 对“无主物品”的认定缺乏标准，处理涉案无主物品欠缺法律依据

执法实践当中，由于先行登记保存、采取扣押等措施涉及的涉案财物价值相对较小等，经常会导致城管综合执法机关对于涉案财物由主动依法执法转为被动没收或暂存的问题。根据《行政处罚法》的有关规定，城管综合执法主体根据案件需要，在收集证据时，可以采取抽样取证的方法，在证据可能灭失或者以后难以取得的情况下，经城管综合执法机关负责人批准，可以先行登记保存，并应当在 7 日内及时作出处理决定。在此期间，无论是案件当事人，还是城管综合执法人员，都不得销毁或者转移证据。实践中，由于某些涉案物品价格低

廉,对案件当事人作出处罚决定的处罚金额往往会超过涉案财物的价值。在这种情况下,案件当事人不接受处罚的损失很小,导致有些案件当事人放弃涉案财物,逾期不接受处罚,直接导致涉案物品由先行登记保存变成城管综合执法机关“被动没收”或由城管综合执法机关进行长期保存。如何处置此类行政相对人明显是放弃权利的物品,基层城管综合执法单位往往按照没收或者上缴方式进行处理。但是对于“所有人不明”的涉案财物进行没收或者上缴缺乏明确的法律规定,具有一定的法律风险。

3. 采取行政强制措施的涉案财物抵缴罚款难以执行

为了防止当事人逃避处罚,对于行政机关采取行政强制措施的涉案物品,可以在未转移所有权的情况下抵缴罚款,但是实践中有些情况下难以执行。《行政强制法》第46条规定:“行政机关依照本法第四十五条规定实施加处罚款或者滞纳金超过三十日,经催告当事人仍不履行的,具有行政强制执行权的行政机关可以强制执行……当事人在法定期限内不申请行政复议或者提起行政诉讼,经催告仍不履行的,在实施行政管理过程中已经采取查封、扣押措施的行政机关,可以将查封、扣押的财物依法拍卖抵缴罚款。”按照这条规定,抵缴罚款的涉案财物至少要在行政机关采取行政强制措施90日或者4个月以后执行。原因如下:根据《行政复议法》的有关规定,公民、法人或者其他组织认为具体行政行为侵犯其合法权益的,可以自知道该具体行政行为之日起60日内提出行政复议申请;法律规定的申请期限超过60日的除外。根据《行政诉讼法》的有关规定,公民、法人或者其他组织认为行政行为侵犯其合法权益的,直接起诉的,可以自知道该行政行为之日起6个月内提起行政诉讼。故在城管综合执法主体对不履行行政处罚决定的当事人实施加处罚款或者滞纳金超过30日后,再加上行政复议或者提起诉讼的期限,不算有关权力机关办案期间,也要几个月。而《行政强制法》第25条规定:“查封、扣押的期限不得超过三十日;情况复杂的,经行政机关负责人批准,可以延长,但是延长期限不得超过三十日。法律、行政法规另有规定的除外。”由此可见,行政强制措施的最长期间一般也不超过60日,而《行政强制法》却规定抵缴罚款要几个月之后,如果城管综合执法主体要将采取行政强制措施的涉案物品抵缴罚款必须采取违法、超期查扣的措施才能得以实现。所以，可以这样讲，《行政强制法》第46条的规定是难以操作且根本无法实施的。

4. 对查封、扣押或先行登记保存的涉案鲜活物品如何处理具体规定缺失

对鲜活物品的处置缺乏较为稳妥的处理办法。由于一线城管执法部门不具备对鲜活物品进行妥善保管的条件，容易造成被扣押的鲜活物品的损毁、变质或腐烂。对于当事人逾期不接受处理的涉案鲜活物品在查扣期满后，往往只能将被查扣的鲜活物品进行“丢弃、销毁”等。执法实践中经常是将此类物品变价处理，实际操作的步骤是：先由具有定价资格的物价人员按照市场价格对此类鲜活物品进行定价，然后委托具有合法经营资质的商业网点予以代卖，或由该商业网点予以收购，然后对变价款进行登记保存。

以上只是城管综合执法机关在管处涉案财物实践中存在的部分问题。由于缺乏有关具体规范和实际操作空间、人力等，城管综合执法成本加大，如拆除违法的广告牌、查扣的“黑车”等存放就是一个突出的问题。这些问题的解决都需要国家和地方加强对有关立法的完善。

三、对城管综合执法主体管处涉案财物的思考和建议

（一）管处涉案财物应当遵循的原则

1. 依法处置原则

查封、扣押等行政强制措施的中间性、限权性等特征，表明了城管综合执法机关并不因为查扣等行政强制措施的行使而当然地获得处分的权利。城管综合执法机关的处置行为应当是有条件的，首要的条件就是必须依法处置。但目前城管综合执法涉案财物查扣的处置依据明显不足，亟待完善。如《道路交通安全法》和《道路交通安全法实施条例》对于公安机关交通管理部门查扣机动车后，行政相对人逾期不接受处理的，如何处理被查扣的机动车就作出了明确

规定，[①]而城管综合执法机关根据《北京市城市管理综合行政执法局关于重新明确黑车查处案由及依据的通知》[②]的规定也有查扣机动车的权力，即查处无证（照）经营的出租汽车（含旅游客运汽车）和小公共汽车。根据该通知的规定，实施“扣押”的行政强制措施，应严格遵守《无照经营查处取缔办法》（以下简称《办法》）规定的审批程序，扣押的期限不得超过15日；案件情况复杂的，经大队或分局主要负责人批准，可以延长15日。而对无照运营人如果不接受城管综合执法机关的处理、不前来领取被查扣的机动车等情况下，城管综合执法主体如何处置，缺乏明确规定。不仅如此，对查扣机动的存放和保管问题也一直困扰着城管综合执法机关。具备保管条件的，依法不收取保管费，也不产生其他费用。如果不具备保管条件的，就会增加执法成本，委托第三方代管场所收取的停车费算不算是保管费，究竟应由当事人还是由执法机关支付等问题至今也没有明确的规定。这仅是一例，实践中对城管综合执法主体权限范围内查扣财物如何具体管处的规范多有欠缺，依法处置原则大打折扣。

2. 程序完善原则

行政强制措施的中间性，表明行政强制措施仅是对行政相对人涉案财物的暂时约束，而非对财物的最终处分。也就是说，查封、扣押是行政执法过程中的措施，不是执法终局性的结果。因此，对查封、扣押后的处置程序的研究，是研究查封、扣押程序的应有之义，也是行政程序法的一个重要内容。而现有的法

---

① 《道路交通安全法》第112条规定：“公安机关交通管理部门扣留机动车、非机动车，应当当场出具凭证，并告知当事人在规定期限内到公安机关交通管理部门接受处理……逾期不来接受处理，并且经公告三个月仍不来接受处理的，对扣留的车辆依法处理。”《道路交通安全法实施条例》第107条规定：“依照道路交通安全法第九十二条、第九十五条、第九十六条、第九十八条的规定被扣留的机动车，驾驶人或者所有人、管理人30日内没有提供被扣留机动车的合法证明，没有补办相应手续，或者不前来接受处理，经公安机关交通管理部门通知并且经公告3个月仍不前来接受处理的，由公安机关交通管理部门将该机动车送交有资格的拍卖机构拍卖，所得价款上缴国库；非法拼装的机动车予以拆除；达到报废标准的机动车予以报废；机动车涉及其他违法犯罪行为的，移交有关部门处理。”

② 京城管执字〔2005〕106号。

律法规,着眼于查封、扣押措施的实施,而对其后有关查封财物的解封、扣押物的返还以及当事人不履行行政决定时对被查扣财物的处分等程序,并没有十分明确具体的可操作性规定。笔者认为,具体明确的处置程序,无论对城管综合执法主体处置行为进行规范、保障查扣措施的顺利行使,还是对减少城管综合执法人员滥施处置、借处置进行"寻租"等各种违法行为的发生,都具有十分重要的作用。

如城管综合执法机关"查扣"了相对人的涉案财物,在其处置查扣财物的过程中应当注意相对人私权的保护。不仅实体上应当严格依法处置,程序亦应严格依法进行。虽然有关法律法规对于执法程序有一些原则规定,但是鉴于城管综合执法查扣的涉案财物种类繁多,不可能按照统一的处置程序模式进行操作,从权益有效保护目的出发,应当根据城管综合执法机关查扣涉案财物的不同类别、特性,规定不同的相应处置程序。这既有利于最大限度地发挥查扣财产的价值,保护当事人的利益,也有利于执法部门的实际操作。① 在具体操作法定程序尚不完善或健全的情况下,城管综合执法机关应当在具体操作过程中坚持处置正当性原则,既要保证实体处置的正当性,即保证处置行为无论是从法理上说,抑或是从事实上看,都合乎情理;也要保证处置程序的正当性,即注意保护涉案财物被查扣人的知情权,并保证其各项程序权利的有效行使。

3. 兼顾效益原则

这一原则是以效益最大化为出发点的。城管综合执法权虽然集中于对各有关管理领域的违法行为进行处罚上,但在建设社会主义现代法治国家,特别是经济建设和社会转型时期,需要城管综合执法机关在采取相应的查扣强制措施后处置涉案财物时,不应只关注负担行政行为的效率和实现法定具体目的方面。如在设计具体处置方式时,应当考虑实现其最充分的效益。这里讲,不应只关注效率,不是不重视效率,城管综合执法机关实施行政强制措施在遵守法

① 王松林主持课题:"行政执法中被查封、扣押财产的处置研究",载《政府法制研究》2009 年第 12 期(总第 208 期)。

定程序的前提下，尽可能进行比例考虑，减少不必要的环节，缩短执法周期，从而提高效率。提高行政效率本身也有助于减少行政成本，兼顾效益的发挥。这里讲效益，不单纯是指实现涉案财物本身的最大价值，还包括关注涉案财物社会价值的实现，其中不单纯是指涉案财物自身使用价值的实现，还包括其所产生的一些影响，如满足社会需要不要造成浪费、社会保障需要（如对无主物有无需求人群）、减少社会负担（如充分发挥其使用价值）、保护环境（如不能因此而造成大气或环境污染、增加垃圾）等全方位利益的实现。即使是销毁违禁物品以保护社会利益，也应当选择能够获得最大价值或者社会效益的处置方式，遵循比例原则。

（二）处置涉案财物制度的完善

1. 加强立法，从制度上解决问题

为彻底解决城管综合执法机关在管处涉案财物方面存在的问题，应当加强国家和地方立法。如《上海市城市管理行政执法条例》①明确规定，“城管执法部门应当妥善保管扣押物品，不得使用或者损毁，属非法物品的，移送有关部门处理。被扣押的物品易腐烂、变质的，城管执法部门应当通知当事人在二日内到指定地点接受处理；逾期不接受处理的，可以在登记后拍卖、变卖；无法拍卖、变卖的，可以在留存证据后销毁。解除扣押后，城管执法部门应当通知当事人及时认领。当事人逾期不认领或者当事人难以查明的，城管执法部门应当及时发布认领公告，自公告发布之日起六十日内无人认领的，城管执法部门可以采取拍卖、变卖等方式妥善处置，拍卖、变卖所得款项应当依照规定上缴国库”。②“城管执法部门在行政执法活动中，对当事人弃留现场的物品，应当按照本条例第二十二条的规定处理。”③在国家尚无具体立法的情况下，建议北京市人大及其常委会或者北京市政府尽快完善这方面的立法，如制定并实施有关城管综

---

① 2012年4月19日上海市第十三届人民代表大会常务委员会第三十三次会议通过，公告〔2012〕第47号。

② 《上海市城市管理行政执法条例》第22条。

③ 《上海市城市管理行政执法条例》第23条。

合执法制度地方性的“条例”及配套措施，对城管综合执法主体罚没或者采取行政强制措施涉及的物资管理进行规范，明确涉案财物的仓储、建账、公示等管理制度，明确拍卖、变价处置、捐赠、销毁、移交、上缴等处置方式，并对处置方式的渠道、程序予以明确规范；可以委托拍卖、变卖的组织也要进行明确；对易燃、爆炸、有毒、有害、假冒伪劣、化学物品等危险物品，以及鲜活农产品和机动车辆等物资，分门别类，明确规范，为北京市城管综合执法系统涉案财物、公物仓管理及具体操作提供完善的制度保障。与此同时，还要对公物仓场地标准和管理人员进行明确规范管理，要把公物仓管的台账和票证制度明确纳入财务规范管理等。

2. 在涉案财物具体管理层面，制定行之有效的工作机制

对于城管综合执法涉案财物管理处置制度的完善，北京市政府应在不断完善立法的基础上，对全市城管综合执法系统进行整合，建议实行“二级管理、三级运行、四家制约”的涉案财物及其公物仓管理机制，对涉案财物进行规范化管理，统一接收、保管、处置。“二级管理”，是指根据目前北京市行政执法系统市、区两级财政的情况，市、区（县）两级城管综合执法机关要在各自管辖区域内成立公物仓管理机构，统一对涉案财物进行接收、保管、处置，街道（乡镇）一级的执法单位不建立实物库，仅在街道（乡镇）一级的执法单位设置涉案财物周转库，城管执法分队涉案财物由其所属的区局（分局）管理；“三级运行”是指市、区（县）、街道（乡镇）三级城管执法单位在各自层面对涉案财物的运行实施管理；“四家制约”是指市、区（县）、街道（乡镇）三级政府的财政、法制、人事、纪检监察四个机构在涉案财物管理中加强制约、相互协调、相互监督，避免城管综合执法涉案财物管理过程中出现真空或漏洞，规范涉案财物的管理。

第九章　城管综合执法领域“违法黑数”问题与对策

——以北京为视角①

北京市城管综合执法机关承担着城市管理行政职能,通过行政处罚和行政强制,查处各种违法侵害城市环境管理秩序的行为。在北京市政府的领导下,全市城管综合执法人员共同努力,先后完成了北京奥运会和60周年国庆期间的城市环境保障任务等超大型任务,取得了有目共睹的工作业绩。但随着近年执法职能不断增加,执法任务不断增多,与之并存的问题也日益显现。其中,违法行为难以有效发现或者发现违法行为后难以追究违法行为人责任并记录在案的问题显得尤为突出,这就是本书提出的所谓“违法黑数”问题。违法行为对于城市管理秩序的危害性不言自明,社会公众希望身边的违法行为都能被城管综合执法机关查证属实,并追究违法行为人相应的法律责任,以保证城市环境秩序整洁有序,任何人都不希望自己生活的城市环境秩序杂乱无章。从政府城市管理的角度来看,出于对城市环境秩序维护的需要,也必须对每一个违法行为进行严格控制和坚决惩处,违法行为数量越少,其社会危害性也就最低,对人民生活秩序的不利影响也就越小。但是对于已经实际发生的违法行为,城管综合执法机关要全部查证属实,并追究违法行为人的责任,实践中难以做到,因为城管综合执法领域存在“违法黑数”的问题。综上,要切实提高城管综合执

① 本章作为本书研究中期成果已发表于《行政与法》2011年第6期,本次出版销有修改。

法机关的执法效能，改善城市环境秩序，我们有必要对“违法黑数”现状和形成的原因进行深入调查与研究，并据此而采取有针对性的应对措施，减少“违法黑数”，破解执法难题。

一、“违法黑数”现状解读

在研究“违法黑数”之前，先了解一下刑法领域中的“犯罪黑数”。“犯罪黑数”，又称隐案或潜伏的违法现象，它是指由于各种原因而没有被记载在刑事统计中的违法案件数量。[①] “违法黑数”，是指在一定的时间内，已经实际发生但是却由于各种原因而没有被发现或者虽被发现但却未经处理或者未被城管综合执法机关统计的违法案件数量。

（一）“违法黑数”存在的可能性

据笔者调查，从2005年开始，城管综合执法机关履职总量快速上升，2009年至2010年又有所回落，尤其是2006年、2007年和2008年，增幅最大，每年均达到7万件之多。职能涉及13个方面、300余个执法案由。抛开2007年至2009年北京奥运会和60周年国庆保障等因素，仅将2004年执法总量与2009年相比，差距竟达22万余件。笔者认为，每年履职数量之间存在差距的原因在某种程度上与存在的“违法黑数”有关。

为了及时惩处违法行为，减少“违法黑数”，维护良好的城市环境管理秩序，北京市城管综合执法机关设置了“96310”举报热线。通过对热线举报的案由分析可知，重点被举报的违法行为有6类，占举报总量的84%。2007年至2009年，“96310”城管热线市民反映的突出问题主要有无照经营、夜间施工扰民、违法建设、露天烧烤、店外经营、小广告六类。以2009年为例，六类违法行为所占比重依次为：无照经营75,000多件，夜间施工扰民将近60,000件，违法建设38,000多件，露天烧烤12,000多件，店外经营6000多件，小广告5000多件。仅上述6个案由就占全部举报案由的84%以上，其余290余个案由仅仅占

① 张旭：《违法学要论》，法律出版社2003年版，第104页。

举报总量的16%左右，是这290余个案由涉及的违法行为没有发生？还是举报人没有发现？或者是大多已由城管综合执法机关查处？这三种情况都有可能存在，但概率都非常小。之所以290余个案由很少被举报，也与存在大量的“违法黑数”有关。

2004年至2009年，北京市城管综合执法机关行使频次最高的职能是市容环境职能，另外是工商行政职能中的无照经营，两项占总比的90%。其他11项职能被行使的频次，与这两项职能相比低得可怜，仅仅占到履职总量的10%。[①] 笔者认为，从履职比例角度来看，其他11项职能中也应当存在“违法黑数”的问题。也就是说，北京市城管综合执法的90%精力都放在了市容环境和工商行政两项职能上，履行职能不均衡的问题在很大程度上也与“违法黑数”有关。[②]

（二）“违法黑数”的分类

1. 绝对“违法黑数”与相对“违法黑数”：两者以违法行为是否被城管综合执法机关发现为区别

绝对“违法黑数”，是指违法行为已经发生，但是由于某种原因城管综合执法机关没有发现或者查获，导致案件违法行为人未得到应有的惩戒等情况。例如，从事“黑车”运营的违法行为人，无证照经营出租车业务，非法载客并收取乘客支付的乘车费用，由于某种原因，城管综合执法机关没有发现，当事人的违法行为未受到任何惩戒，也未能记录在案。

相对“违法黑数”，是指违法行为已经发生，虽然已被城管综合执法机关发现或者查获，但是由于当事人或者城管综合执法机关的原因未能立案处罚，也未能记录在案等情况。以无照非法经营为例，当事人违法行为第一次被查获，社会危害性不大，城管综合执法人员对其实施行政指导，未对其立案处罚，该违法行为因此未能记录在案。又比如，某违法行为人搭建违法建设房屋，城管综

① 中国政法大学课题组：“北京城管职能行使状况实证调查及风险防范对策研究”，北京市城市管理综合行政执法局2009年课题。

② 本章中的数字均出自于北京市城管综合行政执法局互联网站。

合执法人员虽然发现该违法行为，但是由于某种原因，执法人员未对其立案处罚，放纵违法行为，该违法行为未能记录在案，从而形成"违法黑数"。

2. 一般"违法黑数"与特殊"违法黑数"：两者以违法主体为区别

一般"违法黑数"，是指违法行为人是自然人、法人或其他组织，该违法行为已经发生并产生社会危害性，虽然没有被发现或查获，但是在《行政处罚法》规定的两年追溯时效当中被发现的，城管综合执法机关仍然可以追究其行政责任。以擅自设置户外广告为例，该违法行为发生之时虽然未被城管综合执法机关发现，但是在追溯时效内被查获，城管综合执法机关仍然可以对违法行对人实施行政处罚。

特殊"违法黑数"，是指违法行为发生后，城管综合执法机关未能发现，在城管执法机关发现该违法行为后，违法行为人由于某种特殊原因不存在了，导致该违法行为未能立案处罚。违法行为人消失的原因有，自然人类型的违法行为人死亡、丧失行政责任能力等情形。此类情况案例如，当事人搭建违法建设房屋后，由于患病或者意外，违法行为人死亡或丧失行为能力，城管执法机关虽然查获该违法建设房屋，由于上述原因未能处理，导致该违法行为未能记录在案。法人或者其他组织的情况是该法人或其他组织破产或者歇业超过法定期限，被工商部门吊销其资格等。

3. 动态"违法黑数"与静态"违法黑数"：两者以违法行为是否持续为区别

动态"违法黑数"，是指违法行为发生后很快结束，未被发现，从而未能查处并记录在案。以无照非法经营行为为例，行为人从事商品交易后即结束违法行为，城管综合执法机关未能发现。

静态"违法黑数"，是指违法行为发生后一直呈持续状态，虽然在开始阶段未被发现，但是其行为载体一直存在。以违法建设为例，违法建设房屋建成后，一直存在，只要违法行为人未拆除违法建设房屋，该行为一直存在。

4. 轻微"违法黑数"，与严重"违法黑数"：两者以违法行为的社会危害性大小为区别

轻微"违法黑数"，是指违法行为虽然造成一定的社会危害性，但其危害性

显著轻微，只要行为人改正违法行为，可以不予追究其违法责任的情况。以随地吐痰为例，当事人吐痰的行为虽然造成了一定的危害性，但是危害性显著轻微，实践中经常以批评、警告的形式处理，这类“违法黑数”社会危害性较小。

严重“违法黑数”，是指违法行为社会危害性极大，或者情节恶劣，如不及时查处或者制止会对国家或人民的生命财产安全造成重大损害，如污染城市河湖水源、破坏燃气管网、违法开采地下水资源等违法行为。

二、“违法黑数”的成因

“违法黑数”的形成原因是多方面的，有违法行为人的原因，也有城管综合执法机关自身的原因，还有违法数据统计方法方面的原因等。

（一）城管综合执法机关外部的原因

1. 来自案件受害人方面的原因

在已经发生的案件中，案件受害人会根据自身的情况、受损害的程度以及其他各种相关因素来决定是否举报。受害人因为种种原因而不举报的那部分案件就成了“违法黑数”的一个主要成因。综合各种情形得出受害人不愿意举报的原因主要有以下几种：

（1）案件间接受害人不愿或者不知道举报。受到“自扫门前雪”的传统观念影响，对于不直接影响个人利益的违法行为，即使有违公益，大部分人也并不关注、不愿意或不知道去举报。例如，城管“96310 热线”2009 年第一季度举报数据显示，全市涉及无照经营、城市规划、施工扰民、市容环境、黑车黑导的举报数量占举报各类违法行为总数的 80% 以上，这些都是与市民个人利益直接相关的，但对擅自损毁树木、污染城市河湖等危害公共利益的违法行为几乎无人举报。

（2）案件受害人不敢、不能或者认为不值得举报。这种情况导致城管综合执法机关无法获知案件存在。在一般情况下，公民发现违法行为后都会首先想到法律追究，应当向城管综合执法机关举报，借助行政执法来保护自己和他人的合法权益。例如，违法建设搭建在自家的旁边，严重影响自己的出行、通风、采光或者居住安全。但是在现实当中存在相当多的案件当事人因害怕打击报复或者其他现实原因而不敢或者不能去举报,便形成了“违法黑数”。还有的案件当事人认为违法行为并没有给自己造成太大的损失,而没有去举报。例如,擅自散发“小广告”的违法行为人将“小广告”塞进自家门缝或者邮箱,或者将“小广告”张贴在自家的门前。有些案件当事人觉得违法行为对自己危害不大,并没有给自己的身体健康或者是财产造成太大的损失和损害,如果举报甚至会使自己付出更高的代价。例如,沿街擅自设置的自发菜市场,虽然严重扰乱了出行秩序,但是如果举报,有可能会带来自家购买蔬菜困难或遭到违法行为人的报复,因而不愿意去城管综合执法部门举报。还有的案件当事人认为违法行为确实给自己造成了相当程度的损害,但是如果选择举报则需要花费大量的时间、精力和费用去参与行政执法调查或诉讼过程,因为觉得不划算而选择不去举报,如“黑车”类违法案件。综上,案件当事人认为不值得举报的案件便形成了“违法黑数”。

(3)受害人因为对城管综合执法机关不信任而不去举报。在有些案件中,案件的受害人要么是因为对城管综合执法机关的执法能力有疑问,认为即使举报城管综合执法机关也无能为力,未必能够查处违法行为而选择不举报;甚至还有案件受害人认为城管综合执法部门不会处理违法行为,因而不向城管综合执法机关举报。这些不报的案件便成了“违法黑数”的一部分。

2. 来自违法行为人方面的原因

随着城管综合执法机关查处违法行为的能力日益加强,违法行为人规避和逃避查处的能力也越来越强,很多违法行为具有即时性和突发性,隐蔽性很强,违法行为发生后很难被人发现,即使被发现,群众也很难向城管综合执法部门举报,从而加大城管综合执法机关查处的难度。这样就使这部分案件成为了“永远的‘违法黑数’”。诸如无照经营、“黑车”载客、泄漏遗撒、乱倒垃圾渣土等违法行为一旦结束,很难被查获。

(二)城管综合执法机关自身的原因

1. 人员少,任务重,执法力量严重欠缺

城管执法机关要充分行使职能,有效预防“违法黑数”,必须要有相应的执法力量作保障。据笔者了解,广州和长沙等城市城管综合执法人员比例高于北京,履行的职能却少于北京市城管综合执法机关。北京市城管综合执法机关自2004年起,职能增加了近两倍,而执法人员仅仅增加了2000余名,根本无法解决执法力量严重欠缺问题。目前,北京市城管综合执法人员几乎每天都要处于严重的超负荷工作状态。由于执法力量不足,只能应付日常工作,往往是上级要求开展哪项工作,基层城管执法分队就开展哪项工作,很多职能根本无法顺利开展或者无力实施。随着北京城市规模扩大、人口膨胀,各类违法行为数量日益增多,再加上北京建设“世界城市”的远景目标要求,城管综合执法的工作压力还将会持续增加。因此,在现有的执法力量不足、执法职能如此之多的情况下,出现“违法黑数”在所难免。

2. 未建立城管综合执法队伍专业分工体系,基层城管执法分队难以全面履行执法任务

北京市城管综合执法机关经过2002年和2004年两次大规模扩权后至今,职能总量基本稳定在12个方面、390余个案由。很多专家学者和基层城管综合执法人员都认为,这两次扩权划转过来的职能涉及领域过宽,390余项处罚权之间相关度很低,更有一些职能是因为原主管部门管理不力才交给城管综合执法机关履行。同时,在这种情况下,各区县城管综合执法大队、分局的内部专业性分工程度并不高,仅有部分区县大队、分局设置有打击非法运营、旅游管理、违法建设等专门执法队伍,大部分区县大队、分局还是采取“大集中”执法方式开展日常业务工作。“大集中”的执法方式,要求每个基层分队都要全面履行全部执法权能,每名城管执法人员都必须熟悉全部的城管职能和法律、法规。但是,根据目前笔者对全系统城管综合执法人员的专业了解,法律专业人才不足10%,法制业务骨干又都集中在市局和区县大队这一层面,基层法律业务水平相对比较薄弱。因此,在现实中基层分队没有任何执法人员能够具备全面执行全部执法案由的能力。由于采取“大集中”执法方式开展日常工作,很多职能在基层城管执法分队无法履行,城管执法队员对于自己不熟悉的业务难免望而生畏,对于没有执行过的执法职能,往往在接到举报或者上

级机关有命令的情况下才会被动行使，否则就放置不理，执法的充分性和全面性难以保障。

3. 行政强制措施欠缺，城管综合执法人员人身安全受到威胁，容易放纵违法行为，产生“违法黑数”

根据《行政处罚法》的规定，行政机关在作出行政处罚决定前，必须收集证据、查明事实，违法事实不清的，证据不充分的，不得作出行政处罚决定。这就要求城管综合执法机关必须在查明违法事实后才能作出处罚决定。许多违法行为流动性强，若非当场采取行政强制措施，事后无法执行。例如，查处“黑车”运营和散发“小广告”等违法行为。执法实践中，城管综合执法机关需要经常实施强制检查、强制带离等强制行为，但上述强制行为由城管综合执法机关行使却没有法律依据。这就造成了城管综合执法人员在履行职能过程中无法取证、无法有效控制违法行为人的现象。例如，没有强制检查权，在查处“小广告”藏匿的场所时，如果没有公安机关配合，城管综合执法人员很难进入该场所，直接导致无法取证；没有强制带离权，发现运输散体货物车辆无准运证件或泄漏遗撒，如果违法相对人将车辆锁在原地，人员逃离现场的情况下，城管综合执法人员也无法制止相对人离开、无法将车辆拖离现场，更加难以处罚；没有强制执行权，罚款额一旦高出先行登记保存的物品价值，无照商贩不会去主动缴纳罚款。与执法强制权欠缺相同步的问题是城管综合执法人员人身安全压力日增。目前，许多地方的城管综合执法人员都面临有暴力抗法问题。城管综合执法人员与违法者之间的矛盾冲突日益严重，使城管综合执法队员长期处在复杂多变危险的执法环境中，心理往往处在紧张压抑，甚至产生恐惧的心态，很容易放纵违法行为。据统计，2008 年 1 月至 2010 年 8 月，全市共发生阻碍执法、造成城管综合执法人员人身伤害的恶性案件达 194 起。由此可见，暴力抗法频发严重影响了北京市城管综合执法职能的正常履行，甚至危及执法人员的人身安全，给城管综合执法造成了极大的障碍。这种情况下，一些城管综合执法人员对容易发生暴力抗法的违法行为，在不具备现场执法或人身安全保障的条件下，只能采取暂时回避或容忍的态度，不予查处或处罚。

4. 部分职能履职需要专业性较强的技术设备和专业知识，否则难以有效开展

有些城管综合执法事项具有高度专业性，行使这些职能需要配备专业技术设备、手段和人才，必须由专业技术人员、利用专业知识、借助专业设备才能处理。例如，在行使有关燃气方面的执法权能过程中，检查燃气设备和技术指标时，涉及的专业性、技术性较强，很多情况下，城管综合执法队员面对违法行为，不能及时甄别、查处。再如，查处有关燃气方面的违法案件需要掌握大量技术知识和技术标准，否则城管综合执法人员即使面对违法行为也难以判定其是否违法；查处有关供暖方面的违法行为需要掌握大量供暖设备专业知识；查处水上违法行为需要水上船舶和船舶驾驶技术人员；查处大气环境污染案件需要借助专门的检测设备；查处涉及地下管线的违法行为需要管线测量仪等专业仪器和专业操作人员。这些涉及高度专业技术问题的行政职能，以目前城管综合执法队伍的专业技术水平、执法装备情况，出现“违法黑数”是情理之中的事情。

5. 执法权责划分不清晰，多头执法、执法权限重叠，导致“违法黑数”产生

在北京市城管综合执法机关的 12 个管理领域中，职能部分划转的有 8 个，即园林绿化管理、环境保护管理、施工现场管理、城市停车场管理、交通运输管理、工商行政管理、城市规划管理、旅游管理等；职能全部划转的有 3 个，即市容环境管理、市政管理、公用事业管理等。在城管综合执法职能调整过程中，由于存在划转随意性较大、执法权责划分不清晰等问题，以至造成多头执法、执法权限重叠的现状。实践中一些违法行为由多个行政部门依据各自职能开展执法，易导致职责不清、推诿扯皮，如“违法建设”问题，对涉及农村土地上的违法建设问题，由乡镇政府管理；对同一个建设主体在同一建筑物上实施的违法建设问题，由规划部门管理；对危害建筑物安全的，由建委管理。再比如查处“黑车”、无照经营等执法工作，也存在职责不清等问题。

在执法权限重叠的情况下，对某些违法行为的查处权限，虽然已经划转给城管综合执法部门，但实践中原划出行政机关仍在实施该项执法活动。以查处“黑车”的执法为例，交通执法部门和城管部门在不同地域实施处罚。

6. 城管综合执法人员执法素质参差不齐，人为导致违法行为不被发现或查处

有个别城管综合执法人员素质不高，责任心不强，不能做到依法办案。在具体的办案过程中，对于有些查处难度大，但社会危害性小的案件，有时甚至干脆置之不理，既不立案也不查处；有的执法人员在接案后仅做口头答应，不做登记。例如，破坏绿地或者损毁树木的违法行为，由于查处环节多，认定烦琐，危害性并不大，很容易被忽略；更有甚者，为从“案”中谋取私利，人为因素导致应立案而不立案。这些不规范的操作和不负责任的做法都会形成“违法黑数”。

7. 城管综合执法部门难以监督前端行政管理部门积极履职

城管综合执法职能涉及市政管委、工商、园林、环保、建委、国土房管等多个职能审批、前端管理部门，因此，城管综合执法工作的顺利开展需要各个前端管理部门的配合。但是，并不是所有的职能部门都重视城管综合执法机关的协助请求，如果不予配合，便会造成城管综合执法难度大幅度提高。例如，违法建设规划认定，有时规划部门发来的认定违法建设房屋的函复认定语言含混不清，城管综合执法机关据此很难有效确定违法建设房屋的性质，从而降低城管综合执法的水平和效率，甚至引发激烈的社会冲突和诉讼风险。目前，由于北京市城管综合执法机关对于前端管理部门缺乏必要的监督权，没有建议权和话语权，对前端管理部门不能进行有效的制约，致使个别政府职能部门为了部门利益，默许行政违法行为的存在，使各类行政违法行为在前期得不到有效的监督和纠正，从而导致其在后期形成恶性积聚，造成城管综合执法领域的“违法黑数”大量存在。

8. 立案标准不统一，执法案件数据上报不准确，“违法黑数”极易产生

目前，北京市城管综合执法各大队、分局的立案标准不统一，有的单位只要立案申请被批准后，该案件就获得案卷号，即正式立案，被统计在案，但也有个别单位为了提高案件办结率，采取先结案后立案方式，不结案不立案，瞒报未结案的案件数量，不立案的案件数量就不上报，市城管综合执法局对这类案件无法统计；还有的案件在大队、分局的层面上虽然登记了，但不做统计上报数字来使用。

三、“违法黑数”的危害与对策

（一）“违法黑数”存在的危害性

1. 履职种类过于集中，处罚案由比例分配严重失衡

从有关统计反映的数字看，2004～2009年，北京市城管综合执法各项职能的行使次数与履职总量的比值，行使频次最高的一类职能是市容环境方面的执法职能，约占履职总量48%；另外是工商行政方面的执法职能，占总比的42%。而上述占90%以上的职能中，常用案由仅有23个，其他11项职能中的280余个案由被使用的次数仅占执法职能总量的10%。这些职能与前两项职能相比，执法量总比低得可怜、低得可疑。也就是说，北京市城管综合执法部门大部分的精力都放在了市容环境和工商行政管理两项职能上，履职比例十分不均衡。

2. 近四成执法事项处于停滞状态

由上述可知，2004～2010年北京市城管综合执法部门全面地履行了12项职能，但是存在没有全面履行所有案由的问题。对比可知，北京市城管综合执法职能对园林绿化、市政管理、城市河湖、旅游景点、非法运营机动车、黑导游等领域的年度行使频次差异较大，其他几项职能的年度行使频次比较平均。另外，由2004～2010年案卷目录显示，北京市城管综合执法职能履行过的案由共139项，仅占全部案由的50%，大部分属于市容环境职能，排除30余个简易程序案由未能列入统计的因素，在12大类职能中至少有40%以上未曾履行的案由。如果说这些案由涉及的违法行为从未发生，或者不需要使用处罚的手段解决，那么这种状况就属于正常现象。但是，现实中并不存在这样的合理理由。法律之所以规定对某些违法行为的处罚措施，是因为这些违法行为真实地存在，并且有必要运用处罚的方法进行管理。

3. “违法黑数”导致城管综合执法机关履职效果差，社会满意度低

通过分析我们可知，社会公众对城管综合执法机关最不满意的事项是城管综合执法机关关注问题的长期解决效果。也就是说，社会公众对城管综合执法

机关的长效管理机制最不满意。城管综合执法机关长效管理机制不健全，直接的表现就是违法行为得不到发现和查处，这些违法行为严重扰乱了社会秩序，干扰了群众的正常生活，因此，“违法黑数”越高，社会公众对城管综合执法机关的社会满意度越低。反之，“违法黑数”越低，社会满意度水平应当越高，两者是反比的关系。

4.“违法黑数”易产生违法乱纪等腐败行为

如果城管综合执法人员收受当事人财物，必然会放纵违法行为，导致已被发现的违法行为被默许存在，得不到及时查处和制止。不仅如此，这些被放纵的违法行为造成的社会危害还有可能无法挽回和弥补。

（二）减少“违法黑数”的对策和建议

通过以上对产生“违法黑数”原因的分析，我们可以发现，其原因很多，情况也错综复杂，要完全消灭“违法黑数”几乎是不可能的事情。如何有效减少“违法黑数”，最大限度地降低其社会危害性，笔者认为，可以考虑采取以下几个方面有针对性的对策加以解决：

1.科学界定城管职能，发挥最佳执法效能

重新界定城管综合执法部门的职能时，应把握“精简、效能”的原则，对哪些职能适宜集中、哪些职能不适宜集中、哪些应当归入城管综合执法范围进行认真系统研究，以精简机构、提高行政执法效能为根本。为解决职能划转不彻底、不清晰的问题，今后应当：

（1）对于涉及行政许可的案由，应考虑全部划转由一个部门行使。一是原许可机关只享有发放许可的权力，对被许可人的监督、检查、处罚应当统一交由城管综合执法部门负责，原许可机关不再行使行政处罚权。二是按照“谁许可谁监管”的原则，考虑到对于与前端审批、管理衔接过于紧密的职责，可由许可部门继续承担后续监管职责，应当理性划转回原许可部门，不再纳入城管综合执法范围。从根本上杜绝职权交叉、多头执法问题。

（2）对于执法技术含量较高的行政处罚案由，应采取以下三个方案解决。一是可以将原行政管理部门的专业执法队伍调到城管综合执法部门；二是城管综合执法部门自身增加编制，建立专业执法队伍，强化培训，加大技术设备支撑；三是在上述两项机构编制调整前，建议将原行政管理部门的专业工作人员派驻到城管综合执法部门，配合城管综合执法机关开展专项执法工作，解决城管综合执法队伍专业性不强的问题。

首先，高度专业化的职能应回归原主管部门，高度专业化的职能对城管综合执法部门来说并不合适。其次，许可权与处罚权要进一步分离，原许可机关只应享有发放许可的权力，对被许可人的监督、检查、处罚应当统一由城管综合执法部门负责。与此相适应的是，许可机关要与城管综合执法机关充分实现许可信息共享，同时要完善对许可机关违法发放许可的追责机制，城管综合执法机关在这一追责机制中应当拥有建议权。最后，明确职能重叠情况下的处理原则，应当对城管综合执法职能涉及的违法行为性质进行深入研究，以解决职能重叠情况下的适用法律问题。

2. 提高城管综合执法部门的法律地位，完善综合执法的职权范围

除行政处罚权和行政强制权以外，应当增加审查、监督、管理等权力，能够对政府职能部门的行政管理行为进行监督，以确保城管综合执法机关能够形成对相关职能部门进行有效的监督和约束，及时地发现和纠正行政管理领域前端出现的问题和缺陷，从而切实提高城管综合执法的效能。在城管综合执法机关充分行使监督权的实践中，北京市顺义城管执法局进行了有益尝试，并得到了顺义区委、区政府的有力支持，取得了很好的执法效果和先进经验。

3. 建立专业执法队伍，实施执法资格分类、分级管理制度，细化专业分工，突出个人素质能力

笔者建议把城管综合执法机关 11 个方面的执法权限分为四类：一是市容类或街面秩序类（含：市容环境管理、园林绿化管理、工商行政管理），二是市政公用类（含：市政、公用），三是环保规划类（含：环境保护管理、施工现场管理、城市规划管理），四是旅游运输类（含：城市停车场管理、交通运输管理、旅游管理）四类别。

在执法事项分类的基础上，应建立适应城管综合执法工作特点的执法人员办案资格级别制度，分为初级、中级、高级三个层级。初级办案资格：取得市政府法制办颁发的资格证书即获得初级办案资格；中级办案资格：可以办理街面市容类、环保规划类、旅游运输类的案件，具有初级办案资格 2 年以上，经晋级考核取得中级执法资格；高级办案资格：可以办理全部 13 个方面执法案件，具有中级办案资格 2 年以上，经晋级考核取得高级办案资格。办案资格与津贴收入、职务晋升挂钩，其办案资格越高，执法津贴随之提高，并优先考虑其职务级别晋升、年终评优等方面。

4. 尽快增加执法力量，增强一线执法人员数量

目前北京市城管综合执法机关的正式执法队员的数量欠缺，基层分队需要聘用大量城管综合执法协管员。但是协管员毕竟不是正式公务员编制，其工作质量和积极性都很难保证，甚至会造成相对人的误解，影响城管形象。因此，北京市城管综合执法机关与其聘用大量协管员，不如增加正式执法人员的编制。当然，城管综合执法机关的编制不能无限扩张，仍应本着精简高效的发展方向，扩大规模必须适度，这个度如何把握还需要更为严密的论证，建设按常住人口百分之八比例配备、城管执法人员数量。

5. 加强专业培训，提高城管综合执法队员的履职能力

北京市城管综合执法人员的工作任务繁重，执法难度大，尤其是基层城管综合执法队员待遇低，影响工作积极性，容易产生消极怠惰心理，难以适应全面履行执法工作的需要，严重影响履职效果。对城管综合执法人员应采取各种培训方式以提高其业务素质和法律素养，在有条件的情况下，提高室外城管综合执法人员的待遇。

6. 加强普法宣传教育，提高社会群众法律素养

城管综合执法过程应当成为法制宣传的过程，成为宣传群众、教育群众的过程，同时也应当成为联系群众、保护群众的过程。在城管综合执法中，使社会群众了解日常生活中与自己密切相关的法律规范，增强公民的法律意识，一旦发生了案件，尽量减少或者避免由于案件当事人没有法律意识而隐案不报的情

况，同时也要建立好案件当事人举报后的相关配套保护措施，以保障案件当事人的人身财产安全，避免其因为举报而受到被举报人的恶意伤害和报复。

7. 改变对违法案件的统计方法，完善录入台账系统

对于应对不结案不立案，瞒报案件数量等问题，应当明确立案标准。案件一经城管综合执法机关负责人批准立案，就对该案件编制案卷号码，第一时间统计在案，一案一号。为了杜绝虚报、瞒报案件数量问题，应当采取科技手段，尽快在全市城管综合执法机构系统内全面推行市城管执法局研发的“北京市城管执法局电子法律文书系统”，每个基层执法分队都要将案件登录到互联网系统，时时接收上级城管综合执法机关的监督和检查，避免擅自瞒报案件或者擅自撤销案件的问题发生。

8. 建立公众城管，引入多方力量共同治理城市

在城市管理领域应建立城管综合执法机构与其他社会组织之间的合作机制，以建设服务型政府为导向，从源头上解决城市管理领域所存在的种种痼疾。如：充分发挥居民委员会等群众性自治组织在城市管理中的作用，发展社区自治，调动自治社区协助城管综合执法机构履行职责，减轻城管综合执法机构的负担。在现代信息社会，实时、准确、充分的信息收集和反馈是良好城市管理的前提。我国有些城市也在积极探索城管信息收集的有效渠道，如哈尔滨市南岗区聘任出租车“的哥”担任信息收集员，利用出租车司机工作地域范围广泛，昼夜活跃的特点来提供实时、迅速的城管信息。这种方式不但解决了城市管理的信息收集问题，还有助于克服城管综合执法力量不足的“老大难”问题。因为“的哥”们向城管部门反映信息并不妨碍其日常工作，政府只需要投入很少的资金就可以支持他们完成这项额外的工作。

9. 在城管综合执法机关内部设置公安机构或者增加公安职能，强化行政强制权，提高城管综合执法权威

在城管综合执法组织中设置公安机构已有实践。目前，经过广州、长沙、沈阳、哈尔滨等一些城市的实践，效果普遍反映较好。所以，建议在北京市城管综合执法体制内也配置公安机构，协助城管综合执法机关开展城市管理工作，或

者增加城管综合执法部门的公安职能，以有效提高城管综合执法的强制性，维护城管综合执法的权威。

应当看到，不仅仅是城管综合执法领域存在“违法黑数”问题，其他行政执法领域也都存在“违法（犯罪）黑数”的问题，我们必须正视这个问题。如果这种现象不能被及时发现和纠正，违法行为数量会迅速增大，社会危害性会急剧升级，严重危害到正常的社会管理秩序，并最终对城市运行稳定、法律权威产生严重的危害。为了尽最大可能减少“违法黑数”，应该出台相应的法律法规，制定相应的执法措施，建立完善的执法机制，努力提高执法效率，改善执法效果，为我国的城市现代化建设提供强有力的执法保障。

第十章　城管综合执法自由裁量权的自我规制[①]

在我国,集中行使行政处罚权可能是全国各地城管建置的最初始动因。而自由裁量权作为行政处罚权的附随物,也是城管执法所具有的一个最显著特点。正是这一显著特点,又使城管综合执法权的约束程度成为最具广泛性的关注焦点。不仅为迎合广大人民群众的心理与期望,也是行政法治的基本要求,随着城管综合执法建设的逐渐成熟,对城管综合执法自由裁量权的规制,在他律的基础上,开始自律,并由点到面,成为一种普遍的社会存在。

自由裁量权的自我规制有广义和狭义之分,前者包括政府系统的自我规制,后者既指某一行政管理系统的自我规制,如城管综合执法系统的自我规制,也指具体执法者的自我规制。以北京为例,为贯彻落实国务院《全面推进依法行政实施纲要》[②]和《国务院办公厅关于推行行政执法责任制的若干意见》[③],北京市政府颁发了《北京市关于规范行政处罚自由裁量权的若干规定》[④](以下简称《北京市规范裁量权若干规定》),作为在全市范围内实行的六项配套制度之一,其要求权力自我规制的意图十分明显。其中第3条明确规定:"本市市级行政执法部门应当结合工作实际,按照本规定制定本系统行政处罚自由裁量权的统一规范,明确行使各类行政处罚自由裁量权的标准。"根据北京市政府的

---

① 本章作为本课题研究中期成果已发表于《法律适用》2013年第3期,本次出版销有修改。

② 国发〔2004〕10号。

③ 国办发〔2005〕37号。

④ 京政发〔2007〕17号。

这一部署，为规范城管综合执法自由裁量权，2009 年 8 月，北京城管执法局依据《行政处罚法》和《北京市规范裁量权若干规定》，在充分征求一线执法人员意见的基础上，制定并印发了《北京市城管执法机关实施行政罚款裁量权办法》（试行）（以下简称《北京裁量办法》）和《北京市城管执法机关（常见违法行为）实施行政处罚裁量权一览表》（试行）（以下简称《北京裁量权一览表》），对城管综合执法中执行频次高、自由裁量幅度大、群众投诉举报数量多的 23 项常用案由进行自由裁量权自我规制的试点工作。在试点工作的基础上，经过充分论证和评估，2010 年 11 月 11 日，北京城管执法局向全市城管综合执法系统印发了《关于全面推进城管执法机关行政处罚裁量权规范工作的通知》（以下简称《北京城管通知》），与此同时修订了《北京裁量办法》和《北京裁量权一览表》。此后，又根据新法律、法规的颁布实施陆续规范了新的执法案由。截至目前，北京城管综合执法系统自由裁量权的自我规制工作已经全面覆盖到城管综合执法所涉及的 360 余项案由。上述国务院、北京市政府、北京城管执法局制定的规范性文件对自由裁量权行使要求的规定都属于自由裁量权的自我规制，只是自我规制的范围不同。自由裁量权的自我规制除了行政主体自律之外，行政主体执法人员的自律也是自我规制的重要组成部分。

城管综合执法自由裁量权的自我规制是我国行政法治建设的一个缩影，不仅关系着人民政府的形象和权威、关系着我国行政法治的现代化建设，更关系着我们党的执政地位、关系着广大人民群众的切身利益、关系着人民群众与政府之间关系的和谐构建。城管综合执法部门对执法自由裁量权进行自我规制，可以说是我国行政法治建设的一个重要的新内容。城管综合执法自由裁量权的自我规制如何做到既符合法治要求，又具有管理创新意义，且不失科学性，是值得我们付出精力进行研究探索的新课题。

一、享有自由裁量权是城管综合执法题中应有之义

（一）自由裁量权是执法权——关于行政自由裁量权的一般理解

在进入法治社会以前，行政自由裁量权仅仅是个事实问题。随着法治社会

的建立和分权制度的确立,行政自由裁量权进入了法律领域,[①]并一直受到公法学者的关注。从对自由裁量权的普遍理解特别是一些高端学者的著述中可以看出自由裁量权于行政管理之非常必要。如美国布莱克法律词典对自由裁量权的解释是:行政机关在特定的情况下依照职权,以适当和公正的方式作出行政决定的权力。[②] 王名扬先生在研究美国行政法时,也认为,"自由裁量是指行政机关对于作出何种决定有很大的自由,可以在各种可能采取的行动方针中进行选择,根据行政机关的判断采取某种行动,或不采取行动。行政机关自由选择的范围不限于决定的内容,也可能是执行任务的方法、时间、地点或侧重面,包括不采取行动的决定在内"。[③] 王珉灿教授是我国较早阐释自由裁量权定义的学者,他认为,"凡法律没有详细规定,行政机关在处理具体事件时,可以依照自己的判断采取适当的方法的,是裁量的行政措施"。[④] 朱新力教授在研究我国行政法时,也认为,"我国的行政自由裁量权应该是行政主体(能以自己的名义对外行使行政权,并对行为后果承担法律责任的组织)在法定的权限范围内就行为条件、行为程序,作出作为与否和作出何种行为方面作合理选择的权力"。[⑤] 德国学者哈特穆特·毛雷尔经对行政自由裁量权研究后认为,"行政机关处理同一事实要件时可以选择不同的处理方式,构成裁量。法律没有为同一事实要件只设定一种法律后果(如法律羁束行政),而是授权行政机关自行确定法律后果,例如设定两个或两个以上的选择,或者赋予其特定的处理幅度"。[⑥] 从上述这些对行政自由裁量权的阐释我们可以看出,自由裁量权于行政管理不仅必要而且并非仅局限于行政处罚领域执法。自由裁量权之所以广

---

① 胡亚球、陈迎:"论行政自由裁量权的司法控制",载《法商研究——中南财经政法大学学报》(法学版)2001年第4期。

② 毛光烈:"试论行政合理性原则对行政自由裁量权的控制",载《汕头大学学报》(人文科学版)1999年第1期。转引自 Henry Campbell Black, M. A. *Black's law Dictionary*, p. 419, St. Paul Minn. West Publishing Co., 1979。

③ 王名杨:《美国行政法》(上),中国法制出版社1995年版,第545页。

④ 王珉灿主编:《行政法概要》,法律出版社1983年版,第113页。

⑤ 朱新力:《行政法基本原理》,浙江大学出版社1995年版,第258页。

⑥ [德]哈特穆特·毛雷尔:《行政法学总论》,高家伟译,法律出版社2000年版,第124页。

泛存在是行政管理发展的必然要求。特别是现代社会,发展迅速,加之改革于社会发展之需要,行政管理范围不断扩大,自由裁量权非但不能取消,而且还会随着行政管理领域的扩大而不断拓展。

虽然从上述经典阐释中所提到的行政自由裁量权的归属主体是行政机关或者行政主体,然而笔者以为,行政自由裁量权的行使主体,应当既包括行政执法机关,也包括行政执法人员。因为行政执法主体是一个组织,其行为必须通过行政执法人员来实施,尽管行政执法人员是以行政主体的名义作出具体行政执法行为。这一点其实也早有定义,如美国颇具影响的行政法学家伯纳德·施瓦茨就曾经明确指出,“当我们说行政裁量权时,我们的真正含义是指行政官员或行政机关拥有从可能的作为和不作为中做选择的自由权”。[①] 立法者通过立法将行政自由裁量权赋予给行政执法主体,当然不排除行政执法人员对其所赋予的行政裁量权的拥有和行使。换句话说,行政执法人员在行政执法过程中依法享有行政自由裁量权。同时,行政自由裁量权是法律为行政执法主体设定的执法权。通常情况下,执法权不会被也不应被理解为立法权。也就是说,立法赋予行政机关享有的行政自由裁量权系执法权,而不是授权给行政主体就如何行使自由裁量权进行抽象的立法权。否则立法赋予给行政主体的自由裁量权就会变成对行政主体制定规则的立法授权,[②]而不是执法授权。

(二)城管综合执法自由裁量权的基本定位

作为深化行政管理体制改革、解决城市管理领域中多头执法、重复执法、执法扰民问题的重要举措,城管综合执法是将城市管理各个领域行政处罚权相对集中行使的制度。其拥有城市发展所必需的诸如确保市容市貌整洁、绿化不受破坏、市政设施完整等重要职能。而这些职能的发挥,主要体现为对各类违法违章行为的查处。为使这些城管职能得以有效发挥,行政立法赋予了其较多的自由裁量权。只要城管部门履行执法职能,便离不开自由裁量。由此可见,自

---

① [美]伯纳德·施瓦茨:《行政法》,徐炳译,群众出版社1986年版,第567页。

② 通常情况下,这类授权应当是明示的、明确的。

由裁量权是其城管执法权的应有之义。城管执法实践证明,这一权力的存在和行使,既适应了城市发展快速高效的特征,也适应了城市管理行政法无法涉及的领域对自由裁量的需要,有效增强了城管执法办案的灵活性和公平、公正性。

尽管由于这样那样的问题,社会上对于限制城管执法自由裁量权的呼声越来越高,越来越普遍,但是笔者仍然认为,自由裁量权于城管执法不可或缺。城管执法自由裁量权具有行政自由裁量权的从属性,规制城管执法自由裁量权绝非对城管执法自由裁量权的限缩甚至剥夺。另从立法依据来看,城管执法建置是法律授权国务院或者经国务院授权的省级政府通过制定规章的结果。① 由此可以说,城管执法主体行政处罚自由裁量权作为行政自由裁量权的从属地位,同样是一种执法权,即城管执法主体在进行城管执法行为时,依据法律、法规和规章的规定,对违法行为人酌情作出执法决定的权力。同样这种执法权的行使主体应当既包括城管执法部门,也包括城管执法人员。当然,城管执法人员在行使自由裁量权进行执法时应当以城管执法主体的名义作出执法自由裁量行为。

(三)目前城管综合执法自由裁量权的主要类型

城管作为集中行使行政处罚权的一种制度,行政自由裁量权必然伴随城管执法的自始至终,既包括实体性权力,也包括程序性权力。城管执法中的行政自由裁量权可以概括为以下几种:

1. 认定执法相对人行为是否违法的自由裁量权,进而决定是否应当予以行政处罚的权力。

如城管综合执法机关对管理相对人的行为性质认定有自由裁量的权力。

2. 认定执法相对人违法行为性质的自由裁量权,进而决定应当适用何种违法案由予以行政处罚的权力。

以市容管理为例,管理相对人将经营工具堆放在经营场所外的情况下,依据《北京市市容环境卫生条例》的相关规定,既可以认定为“店外经营”,也可以

① 参见《行政处罚法》第16条。

认定为“堆物堆料、摆摊设点”,两者之间的差别非常小,一般人难以认定。

3. 判定执法相对人行为违法情节轻重的自由裁量权,进而决定是否予以处罚的权力。

违法情节涉及违法行为发生、发展及其因果关系和结果情形等,在认定上包括主观和客观两个方面。城管综合执法主体在对违法相对人实施行政处罚时,必须认真考虑其主观和客观两个方面的违法情节。

4. 在决定对执法相对人违法行为给予行政处罚时,就处罚种类和幅度作出决定的自由裁量权,进而决定给予何种行政处罚的权力。

城管综合执法机关在对违法行为人执法予以行政处罚时,可以在法定的罚则中自由选择。它包括在某一处罚种类的幅度内自由选择和不同处罚种类的自由选择。例如,《无照经营查处取缔办法》规定,对无照经营行为的处罚,按照情节轻重可以处 1 万元以上至 50 万元的罚款;还可以没收违法所得、非法财物等。

5. 对执法相对人违法行为作出行政处罚决定时选择适用法律规范的自由裁量权。

例如,在对无照经营的执法中,执法人员根据违法行为的具体情形可以选择依据《无照经营查处取缔办法》或者依据《个体工商户条例》的相关规定来执行。

6. 对作出具体行政行为时限的自由裁量权。

由于有相当数量的法律、法规没有规定作出具体行政行为的时限,从某种意义上讲,这就为城管执法主体在何时作出具体行政行为上提供了自由选择的余地。

7. 决定是否予以强制执行以及如何强制执行的自由裁量权。

对具有执行力的行政决定,有些法律、法规明确规定由行政机关决定是否强制执行。例如,《行政诉讼法》第 97 条规定:“公民、法人或者其他组织对具体行政行为在法定期限内不提起诉讼又不履行的,行政机关可以申请人民法院强制执行,或者依法强制执行。”这里的“可以”就表明了对是否付诸强制执行,行政机关可以自由裁量。虽然《行政强制法》第 44 条对拆除类的强制执行作出的规定含有羁束性内容,①但是在具体行使行政强制执行权过程中,城管综合执法主体仍然拥有很大的自由裁量空间。

8. 对是否作出具体行政行为(作为与不作为)的自由裁量权。

例如,按照《行政强执法》第 5 条有关"行政强制的设定和实施,应当适当。采用非强制手段可以达到行政管理目的的,不得设定和实施行政强制"的规定,城管综合执法主体有权选择决定采取或不采取行政强制措施。再如,按照《行政处罚法》的有关规定,城管综合执法主体在符合法律规定的前提下可以对是否将证据先行登记保存作出选择。

上述表明,城管执法主体享有的自由裁量权是执法权,不是立法权,即是作出具体行政行为的自由裁量权,而不是作出抽象行政行为的自由裁量权。也就是说,这种自由裁量权是指城管执法机构及其城管执法人员在处理具体执法事件时,在法律、法规、规章授权的范围内,拥有依照自己的判断采取适当的裁量方法或者行政措施的权力。在这种权力范围内,城管执法机构及其城管执法人员对于作出何种决定有一定程度的"自由",可以在各种可能采取的行动方案中进行选择,可以判断并决定是否需要"作为"或者"不作为"。②

二、城管综合执法自由裁量权存在的价值与规制的必要性

在法治社会,权力来源于法律,要受到法律的控制。然而"在世界史上没有任何一个法律制度无自由裁量权。取消自由裁量会危害政治程序,会抑制个体正义"。③ 虽然法治要求一切社会管理行为都要严格纳入法治轨道,但在当

---

① 即"对违法的建筑物、构筑物、设施等需要强制拆除的,应当由行政机关予以公告,限期当事人自行拆除。当事人在法定期限内不申请行政复议或者提起行政诉讼,又不拆除的,行政机关可以依法强制拆除。"

② 吴新叶:"城管执法中的自由裁量权",载《上海城市管理职业技术学院学报》2003 年第 6 期。

③ 王学栋、王舒娜:"论行政自由裁量权的价值定位",载《中国行政管理》2007 年第 6 期。转引自 Kenneth Culp Davis, Discretionary Justice: A Preliminary Inquiry. Louisiana State University Press, 1969. p. 17。

今的法治社会中，行政管理并非意味着将法律简单地具体化，有时国家的行政管理仍需要依靠人的智慧，①自由裁量权存在于行政执法程序的自始至终，其公正行使，能够有效增强执法办案的准确性和灵活性，特别是在城管行政执法当中，自由裁量权必不可少，又必须规制。

（一）保留执法自由裁量权是行政法治进步、城市管理的需要

行政管理权是行政机关执行法律，管理行政事务和社会事务的权力。行政自由裁量权是行政管理权的重要组成部分，也是行政管理权力中最显著的一部分，它能使行政执法者按照实际情况合理地处理行政管理问题，由于行政管理事务的广泛性与复杂性，必然要求赋予行政主体一定的行政自由裁量权。这一点在城市管理领域尤为突出。

1. 公平正义需要城管综合执法自由裁量权

从我国行政管理史上来看，城管执法机构算得上是一个“新”部门，虽然其执法所涉领域有些并不是现代社会才出现的，但所涉事务却时常“翻新”。从一般意义上讲，城市管理执法权会由于社会事务的增多和城市管理的需要而不断扩大，从而使相对稳定的法律规则难以满足城市迅速发展的管理需求，必然需要城管部门享有较大的或者说是更多的执法自由裁量权，要求城管执法根据客观实际情况和法律精神以及执法人员通过专业的理性判断加以灵活处理城管事务，对复杂的社会关系、法律关系进行有效的管理。但这还不够。特别是在我国的中国特色社会主义建设过程中，社会经济发展迅速，改革开放形势多变，城镇化发展速度相对较快，对城管执法部门灵活处理复杂的管理问题，要求更为提高，不仅需要做到“相同情况相同处理，不同情况不同处理”，有时甚至需要即使是“相同情况”，亦应做“不同处理”，以求实现真正的公平正义。

2. 科学管理需要城管综合执法自由裁量权

城市管理执法部门是应当地城市管理方面需要组建起来的行使相对集中行政处罚权的行政机关，依据《行政处罚法》和国务院等政府部门的有关规定，

① ［古希腊］亚里士多德：《政治学》，吴寿彭译，商务印书馆 1996 年版，第 201 页。

相对集中行使城市管理中部分行政处罚权,具体范围涉及:市容环境卫生管理、城市规划管理、城市绿化管理、市政管理、公用事业管理、城市内河管理、环境保护管理中的噪声污染、城市饮食服务业排污管理、工商行政管理中的无照商贩管理、公安交通管理中的侵占道路行为的管理以及省、市人民政府规定的其他职责等。其中专业性、技术性不断增强,对城管执法的科学性要求越来越高。城管执法不仅要依法进行,而且由于专业性、技术性不断增强,还应科学管理。而城市管理所具有这些专业性、技术性以及实时性、地域性等特点,致使有关行政法律法规的规定难以做到面面俱到或者明确、具体、及时,科学有效的城市管理就使得城管执法自由裁量权必不可少。

3. 高效行政需要城管综合执法自由裁量权

效率是行政管理的生命。行政自由裁量权能够赋予行政执法部门享有在法律制约下具有灵活性与合理性的权力,使行政执法部门能够审时度势地及时处理各种违法问题,应对城市发展变化的复杂性、多变性、快速性,提高管理效率,适应越来越多的行政事务需要行政机关根据实际情况运用自由裁量权来灵活处理进行管理的需要。目前我国城市管理行政法制尚不够健全,特别是有些内容存在一定的"概括性"甚至"模糊性",这就要求,城市管理领域的行政法律法规应当授予城市管理行政部门在行政处罚中以必要的自由裁量权,使之能更切合客观情势,权衡轻重,在应对各种违法现象时能够在法定范围内作出灵活高效的处理决定,以达到依法行政,保护相对人的合法权益,维护城市秩序的目的。

4. 弥补实在法律规定的不足需要城管综合执法自由裁量权

如上所述,城市快速发展与立法的相对稳定与滞后,为城管执法部门享有较大的或者说是更多的执法自由裁量权的时代价值提供了展现时空。

（二）规制执法自由裁量权是行政法治进步、保护权利的需要

城管执法自由裁量权的存在与扩大,一方面有利于发挥城管执法职能的能动作用,实现城市法治的要求,满足城市生活的需要;但另一方面又可能对依法治市、权利保障构成严重的威胁。因为,按照马克思主义辩证唯物主义观点,任

何事物都有两重性，一个能动的权力没有约束必然不利于法治进步，不利于对权利的保护，特别是对执法自由裁量权不得缺乏必要的监督和规制。

1. 防止执法自由裁量权自我膨胀或擅自扩大

执法裁量作为一种执法手段，应当以实现立法目的为宗旨。但是，权力的本性使“有权力的人们使用权力一直到遇有界限的地方才休止”。[①] 因此，对权力必须予以制约。自由裁量权亦不能例外。这里对“自由裁量权自我膨胀或擅自扩大”应作广义理解，包括所有不依立法目的实施某项权力的行为表现。

2. 防止执法人员滥用自由裁量权

“一切有权力的人都容易滥用权力，这是万古不易的一条经验。”[②]这些名言告诉我们一条真理：即公权力容易被滥用；公权力的滥用可以被规制；私权的保护在很大程度上取决于对公权力的有效制约。行政裁量权作为法律赋予行政执法者执法的手段和工具，目的是更好地保护行政相对人的合法权益。如果自由裁量权被滥用，必然导致其授权的目的与行使的目的不一致。为了使这把“双刃剑”为善，保障执法者运用其时确实是为了追求法定目标，实现实质正义，杜绝这把“双刃剑”为恶、偏私，祸害于民，为害于国，就有必要对自由裁量权进行规制。“要防止滥用权力，就必须以权力约束权力。”[③]私权利与公权力是矛盾的两个方面。公权力无法滥用，私权利才能得到有效保障。反之，权力变成危害国家的祸水，公民的合法权益就会遭受侵害。

3. 确保执法相对人享有的程序性权利不受抑制

自由裁量权具有执法自主性和执法灵活性，决定了其更易于被滥用，也决定了执法相对人对执法者难免怀有畏惧心理，加之如果已为违法行为产生心虚的心理，导致执法相对人面对执法时，有权利也不敢大胆行使，有意见也不敢充分表达，或者存在怕得罪执法人员，或者怕再遭遇报复等心态。为了防止行政执法者通过滥用自由裁量权破坏形式正义，从而导致无法实现实质正义，应当

---

① ［法］孟德斯鸠：《论法的精神》，张雁深译，商务印书馆1961年版，第154页。

② ［法］孟德斯鸠：《论法的精神》，张雁深译，商务印书馆1961年版，第154页。

③ ［法］孟德斯鸠：《论法的精神》，张雁深译，商务印书馆1961年版，第154页。

对执法自由裁量权加以规制,既使行政相对人的程序性权利得以张扬,又使行政执法者执法状态受到广泛监督,实现行政法治。

总之,只要我们的执法者尚未全体具备执法者应当具备的专业素养、知识素养、品德素养、法律素养,对其享有的执法自由裁量权的规制就不可或缺。

三、城管综合执法自由裁量权的自我规制——现状、成效、问题与解决思路

(一)城管综合执法自由裁量权自我规制基本现状

城管执法机构是各城市相对集中行使城市管理领域行政处罚权的行政机关,由于处罚职能覆盖领域广,处罚依据多,处罚裁量空间大,具体执法办案人员的法律素养、品德素养、专业素养、知识素养普遍有待提高,加之在量罚过程中时常会受到各种主客观因素的干扰,整个社会对其执法的法律效果和社会效果所产生的负面影响反映比较强烈。同时,有关的法律、法规、规章虽然作了一些原则性规定,有些规定比较具体,但就目前的普遍情况来看,由于上述诸多原因,城管执法自由裁量权的违法、错用、滥用,客观上难以避免。为此,全国各地城市管理执法机关对城管执法自由裁量权在他律的基础上,又进行自我规制。这已成为一种共识,并已在城管执法实践中成为普遍趋势。① 从城管执法机关自我规制自由裁量权的具体做法来看,无论城市大小,各城管执法机关大都根据各自的“上级领导机关”的要求或者部署,制定了行政处罚自由裁量权执行标准(以下简称执法标准),虽然这些规范性文件名称不一。如《北京裁量办法》、《广州市城市管理综合执法规范行政处罚自由裁量权暂行规定》、《长沙市城市管理行政执法局行政处罚裁量权基准》、《铁岭市城市管理综合行政执法局行政处罚自由裁量权实施标准》(以下简称《铁岭裁量标准》)、《麻阳苗族自治县城市管理行政执法局行政处罚自由裁量权基准(试行)》等。这些规范性文件普遍都将涉及自由裁量权的处罚行为一一加以具体规范,首先明确行为依据,在明确行为依据的基础上,将针对违法行为的处罚执行标准进行细化规定。

---

① 有关规范性文件大都已在网上公开。

但细化的程度和考虑的因素不尽相同。如《北京办法》根据违法行为发生的事实、情节和社会危害程度，确定了影响行政处罚罚款数额的四个主要因素：区域因素、情节因素、变量因素和系数因素，并规定了相应的处罚计算公式：行政罚款数额 = 罚款基数 ×（基准系数 + 区域系数 + 情节系数 + 变量系数）。公式中，罚款基数为法定处罚幅度内的最低罚款额或者指定罚款额；区域系数按照2008年北京奥运会时期“平安北京”①所确定的严格控制地区、重点管理地区和日常管理地区三类地区确定；情节系数按照“是否屡罚屡犯”等因素确定；变量系数根据与违法事实密切相关的面积、体积、数量、长度、位置、距离、持续时间等因素确认。为避免适用计算公式有可能造成结果行政处罚显失公正，对涉及较大数额罚款的重大、疑难、复杂案件，经案审会集体讨论，可以决定最终的处罚额度。再如《铁岭裁量标准》中将有关上位法规定的内容按“适用条件和事实要件”进行“处罚阶次分类”，从而确定处罚标准和处罚决定权限。

（二）城管综合执法自由裁量权自我规制取得的成效

各城管执法部门对执法自由裁量权进行自我规制以后，促进了依法执法，特别是以下几点值得肯定：

1. 进一步增加了执法依据的统一性，在一定程度上弥补了执法人员素质参差不齐带来的执法水平不一的现状。

城管综合执法部门承担着集中行使城管领域行政处罚权的职能，其执法依据具有涉及面广、规范性文件位阶多、行使权力的裁量余地大等特点，而城管综合执法人员的整体素养参差不齐又普遍不高，这就容易导致执法不公现象的发生。城管综合执法部门自我规制自由裁量权，将不同位阶的立法规范进行全面梳理，对适用条件和事项逐项明确，细化每一处罚标准，甚至将某一违法事实固定对应某一处罚标准，有利于增加城管综合执法人员在办案时不断强化取证意识、规则意识，克服随意执法和感情执法等弊端。

① 详见北京市城市管理综合行政执法局：《平安北京城管执法责任制基础台账》，其中将北京地区划分标准确定为三类：一类为严格控制地区，二类为重点管理地区，三类为日常管理地区，执法工作标准再根据这三类地区进行划分。

2. 进一步增加了适用规范的透明度，在一定程度上遏制了城管执法负面影响不断扩大的趋势。

通过自我规制行为将城管综合执法标准细化、具体，使执法双方一目了然，既增强了对执法人员的约束力，又增强了对执法相对人的说服力，这在执法过程中减少了执法相对人对执法的抵抗和对立情绪，也在某种程度上促进了城管综合执法工作的顺利开展，提高了城管综合执法效率。

3. 进一步增强了上下级权力监督，促进了执法高效、公开、公平和公正。

城管综合执法机关通过对自由裁量权自我规制，不仅确定了权力裁量标准，而且明确并细化了上下级城管综合执法机关的行政执法权限，既使各级城管综合执法机关将管辖权限范围内的办案处罚裁量标准整齐划一，处罚结果基本一致，而且有利于上级对下级的执法效果进行监督，不仅提高了办案效率，更体现了执法公平、公正。

4. 进一步提高了行政主体及其执法人员对自由裁量权依法行使的关注度，促进了执法主体与执法者对依法执法两个积极性的发挥。

通过制定规范性标准或细则来对执法自由裁量权进行自我规制，一方面是要借此提高其执法人员的依法执法水平；另一方面也是要借此提高城管综合执法主体的法制建设水平。

(三)城管综合执法自由裁量权自我规制存在的问题与解决思路

各地城管执法部门开展执法自由裁量权自我规制工作在取得上述成效的同时，在实际操作中，我们也发现一些问题，这些问题如果不予重视与解决，势必会对城管综合执法自由裁量权自我规制的长期成效产生负面影响。

1. 从某种视角上看，自由裁量行为变相成了羁束裁量行为，限制了城管综合执法主体的执法能动性。

这一方面给本应具有自由裁量余地的个案实现个案正义设置了障碍；另一方面又因部分城管执法人员素质不够全面，难以准确运用自由裁量权；部分执法人员缺乏必要的执法实践或者正规、系统的法律专业知识培训等因素导致其对有关自我规制规范的本意和宗旨不能正确领会，在行使执法权时，不考虑案情需要,机械执行裁量标准。结果是从一个极端走向另一个极端,仍然难以保证执法过程正确贯彻自由裁量权必须遵循的原则和标准。如在行使自由裁量权时,必须考虑到一切应当考虑的因素,进而作出综合判断。不能机械地理解"相同情况相同处理,不同情况不同处理",当事人的违法程度一样,而当事人自身情况不同或者家庭背景情况不同,这些因素亦应成为执法人员衡量执法尺度的重要参考。正确行使自由裁量权不仅要达到执法的目的,也要让当事人配合执法,减少执法难度,实现个案正义。

通过明确标准将自由裁量权转化为羁束裁量权,执法人员本应享有的自由裁量权削减,虽然看似依"法"的含量增加了,但是本应考虑的因素不再考虑,不仅会影响执法人员的执法责任心,影响执法人员能动执法的积极性和主动性,也不利于调动、激发执法人员提高执法水平、执法的积极性和能动执法的自觉性以及责任心,不利于促进执法人员整体素质的提高,包括执法人员个人的整体素养和整个执法队伍的建设,而且从城管执法的社会效果来看,也并不理想。一直以来,各国对于如何规制自由裁量权,都在做着自己的努力,但似乎也是一致的看法,那就是,自由裁量权于行政管理,其存在是必要的。即规制并非意味着取消。如果将自由裁量权通过自我规制变为一种完全的羁束裁量权,并不可取。第一,自由裁量权既是法律法规赋予给行政主体的,也是法律、法规赋予给行政主体执法者的,执法人员所属行政主体不能借自我规制之名将其变为羁束裁量权,否则即违反法律优先和法律保留原则。第二,不利于执法人员发挥执法的能动性和追求个案公平、公正的积极性和责任感。第三,不利于执法人员提高自身执法素养的自觉性和主动性。如果规制向着与规制目标相反的方向发展,不仅是立法者不愿看到的,也是行政相对人不愿看到的。

2. 规定执法标准的规范性文件位阶普遍偏低,权威性不高,且相关规范之间的一致性欠缺,极易引发争议。

这类表现比较多,纵向的如下位自我规制规范与上位法规范不配套,甚至不一致。如《北京市市容环境卫生条例》第 31 条规定,"在道路上设置的井盖、雨箅,应当保持完好。出现损坏、丢失、移位的,所有权人或者维护管理单位应当立即采取设置警示标志、护栏等临时防护措施并及时维修、更换”。“违反前款规定的，责令改正，并可处200元以上2000元以下罚款。”而按照《北京裁量权一览表》对这类违法行为的执法标准规定，罚款的最高额度就有可能超过《北京市市容环境卫生条例》第31条规定的最高罚款额度。① 横向的如同位法规范不配套。如关于《厦门市城市市容和环境卫生管理办法》第45条的执行标准，认定违章行为的违法程度是以违法行为的发生地为标准，但违章行为的发生地是否为小街巷、次干道、主要街道，目前厦门市尚未制定统一的认定标准，需由城管执法人员主观判断。②

执法标准大都是由城管执法部门自行制定的，虽然其制定机关的级别较低，却是城管执法的主要依据。如《北京裁量办法》第10条即规定，“对同一违法行为，可以适用多部法律、法规、规章实施行政处罚的，应当根据《一览表》的具体规定执行”。第14条还规定：“本市城管执法机关进行案卷评查以及审理行政复议案件，应当将本办法作为审理处罚行为合理性的重要依据。”由此引发行政争议不可避免。

3. 各自为政制定裁量标准，有损法律面前人人平等的宪法、法治原则，也有碍实现实质正义。

---

① 参见《北京裁量权一览表》，其中根据第8号案由，罚款基数是200元，基准系数为1，变量系数为：“井盖、雨箅所有权人或者维护管理单位接到维修通知后：1. 未立即采取临时防护措施的，系数为1。2. 未在规定时间（城市主要道路、公共场所和居民居住区等地区4小时内，其他地区12小时内）内修复的，延后1小时，系数0.5；延后2小时，系数1；延后3小时，系数1.5，以此类推。3. 因未及时补装、维修或更换，致人伤亡或车辆损毁等严重事故的，变量系数9。”罚款数额 = 200 × (1 + 区域系数 + 情节系数 + 变量系数)。同时参见《北京市城管执法机关实施行政处罚裁量权办法》第6条的规定，“情节系数：情节系数为1。适用于以下情形：（一）拒不改正违法行为，造成较大经济损失、社会影响或者其他危害后果的；（二）以隐匿、伪造、销毁证据或者以虚假陈述手段妨碍城管执法机关查处违法行为的；（三）一年内有2次以上同类性质违法行为，并受到本市城管执法机关告诫或者处罚的；（四）违法行为发生在国家和本市批准或组织的重大活动、国际性会议、庆典等期间，市级以上专项整治或者联合整治期间，法定节假日、中高考期间的。上述活动或者期间存在固定场所和执法保障范围的，该情节仅适用于固定场所周边和执法保障范围。构成（一）、（二）、（三）、（四）规定的两种以上情形的，系数累加计算”。

② 百度匿名文章：“浅谈城市管理行政执法自由裁量权”，载 http://wenku.baidu.com/view/6d83cd641ed9ad51f01df2bd.html，2012年10月4日访问。

如山东省人民政府根据国务院《城市市容和环境卫生管理条例》制定了《山东省实施〈城市市容和环境卫生管理条例〉办法》(以下简称《山东办法》),其中对有关违法行为规定了比较详细的罚则,同是为了规制行政处罚自由裁量权而制定的城管执法标准山东省的不同城市却规定得并非一致。如青岛市城市管理行政执法局制定的《青岛市城管执法行政处罚裁量标准》对在主干道两侧及主干道两侧临街建筑物的未封闭阳台、窗外摆放有碍观瞻的物品的规定每处罚款20元,情节严重的,罚款50元。而淄博市城市管理行政执法局制定的《淄博市城市管理行政处罚自由裁量权参照标准》对在临街建筑的阳台、窗外堆放、摆设或者吊挂有碍市容和公共安全物品的规定经教育改正的,处以警告;未按要求改正的,堆放、摆设或吊挂物品有碍市容的,处以10元罚款,有碍公共安全的,处以20元罚款。不仅如此,该两个规定所依据的规范性文件也不尽相同,前者依据的是国务院《城市市容和环境卫生管理条例》和《青岛市城市市容和环境卫生管理办法》,后者依据的只是《淄博市市容和环境卫生管理办法》。①《山东办法》本来对有关违法行为明确地规定了处罚幅度,②而其下位规范性文件对《山东办法》却只字未提。《山东办法》第2条还明确规定:“在本省设市城市规划区范围内,一切单位和个人都必须遵守《条例》和本办法。”③

本来城管部门自我规制自由裁量权是为了防止自由裁量的滥用,但是如果不严格遵循法律优先和法律保留等法治原则的要求规制,将执法者的滥用转换为行政主体的滥用,仍不免给社会造成城管执法部门有恣意执法之嫌。

4.处罚标准不够细化。

如关于《厦门市环境保护条例》第50条的执行标准,噪声超过规定标准5

---

① 参见《青岛市城管执法行政处罚裁量标准》第1条第2项规定和《淄博市城市管理行政处罚自由裁量权参照标准》第三节第13条第1、2项规定。

② 《山东省实施〈城市市容和环境卫生管理条例〉办法》第27条第3款明确规定:“在城市人民政府规定的主街道临街建筑物阳台和窗外,堆放、摆设或吊挂有碍市容的物品的,处以20元以下的罚款。”

③ 国务院《城市市容和环境卫生管理条例》第2条也明确规定:“在中华人民共和国城市内,一切单位和个人都必须遵守本条例。”

分贝属违法程度较轻微，处罚标准为2000～8000元，上下幅度仍然较大。另外，噪声超过规定标准5～10分贝属违法程度轻微，处罚标准为8000～10,000元。实际操作中，若噪声超过规定标准6分贝，只比较轻微标准最高上限5分贝超过1分贝，罚款额度却由最低2000上升到最低8000元，波动太大，有欠合理。

鉴于上述问题，笔者以为，我们在肯定城管执法部门自我规制自由裁量权的同时，应当着重解决以下问题：

首先是提高规制城管执法自由裁量权规范性文件的位阶等级。就目前来看，我国设置的城管执法机构自行设定执法标准的规则，不仅位阶太低，而且影响执法的统一性。特别是目前许多规则超越上位法的规定，难免引起对其是否合法的质疑。姜明安教授曾经指出，"行政裁量自我规制（self－regulation）是行政裁量权规制的途径之一，是行政主体及其工作人员基于自律，对法律、法规授予其行使的裁量权，自行设定和自觉遵循一定的规则，规范其裁量行为，以保障相应裁量权在法律、法规授权目的的范围内合理地行使"。① 不可否认，城管执法自由裁量权自我规制是规制行政自由裁量权的重要组成部分，也是行政自由裁量自我规制的重要组成部分。但是"各自为政"地规制自由裁量权，致使严重违反法律优先和法律保留原则的现象大量存在。解决现实中存在的自我规制违法现象，当务之急是应加强省一级的地方立法。制定有关规制城管执法自由裁量权的地方性法规或地方政府规章。即使是执法裁量基准，制定地方性法规或地方政府规章，不仅提高了规制文件的位阶等级，也有利于对城管执法自由裁量权规制的统一。从长远来看，从国家法治建设来看，意义更为重大。

其次是规制执法自由裁量权，但并非将裁量行为等齐划一。正如英国著名学者威廉·韦德所言，"法治所要求的并不是消除广泛的自由裁量权，而是法律应当能够控制它的行使。现代政府管理要求尽可能多且尽可能广泛的裁量权，议会法案起草者也竭力寻找能使裁量权变得更为广泛的新的措辞形式，议

① 姜明安："论行政裁量的自我规制"，载《行政法学研究》2012年第1期。

会在通过这些法案时也无意多加思量。"[①]在现代社会管理当中,由于社会管理事务的多元性和行政案件的复杂性,行政主体不可能针对所有的行政事务均采用同一的法律思维与行政行为手段。同样,也不可能针对同样的行政事务采用完全同一的行政手段。因此,针对不同的行政案件,行政主体作出的行政自由裁量权的内容必然是要有一定的尺度或幅度,"一刀切"式的管理模式必然产生社会管理不公或者管理缺失。一般认为,自由裁量权(discretion)有两层含义:一是指谨慎对待;二是指斟酌决定的自由。法律界限内的余地很大,其中各种不同的观点不能都认为是不合理的。[②] 执法标准划一,将本来是自由裁量权范围的执法活动,严格统一成一个模式的执法标准,看似规范了自由裁量权,其实存在潜在的隐患。特别是对执法中有关"相同情况相同对待,不同情况不同对待"的要求绝对不可机械理解。对于"同样情况做不同对待,不同情况做同样对待"的做法,也不能一概而论为"以权谋私"。[③] 因为如果同样情况一律做同样对待,那就没有自由裁量了,与羁束行政有何区别?现实生活是千差万别的,处在同样法律关系中的人,实施同样法律行为的人的情况(经济状况、身体条件、智力水平、社会背景以及由此决定的行为目的、动机、行为方式、行为结果等)是千差万别的,法律不可能针对千差万别的情况作出千差万别的规定。[④]同样,其他规范性文件也不可能对千差万别的情况作出千差万别的规定。如果这样强行规定具体的标准,无异于将自由裁量立法变为羁束性规则,将执法自由裁量权变相取消,代之以羁束性执法权。行政自由裁量权的授予,就是为了

---

① [英]威廉·韦德:《行政法》,徐炳等译,中国大百科全书出版社1997年版,第55页。

② [英]威廉·韦德:《行政法》,徐炳等译,中国大百科全书出版社1997年版,第79页。

③ "行政裁量是一种手段和工具,法律赋予行政执法者这种手段和工具是为了更好地实现公共利益和更好地保护相对人利益。但行政裁量这种手段和工具乃是一把'双刃剑',其运用既可以为善,执法者可运用裁量权实现法定的行政目标,追求实质正义;同样,这种手段和工具的运用也可以为恶,执法者同样可利用法律赋予其裁量空间为自己滥权、偏私服务。在有裁量空间的场合,执法者如欲以此谋私,就可以通过裁量对同样情况做不同对待,对不同情况做同样对待。执法者如果这样行使裁量权,就会既破坏形式正义,更无从保障实质正义。"——参见姜明安:"论行政裁量的自我规制",载《行政法学研究》2012年第1期。

④ 姜明安:"论行政裁量的自我规制",载《行政法学研究》2012年第1期。

给予执法者视情况需要以裁量机会，只不过裁量的条件应当符合行政目的，符合合法合理要求。只有这样才能提高个案执法的公正率。近年来我国许多地方群体性事件的频发，个案不公的日积月累，不能说不是一个值得特别关注的致发因素。

德国行政法学家毛雷尔指出，“裁量主要服务于个案正当性。行政机关处于这种情形之下：既要按照法定目的考虑（法律目的、合理性），又要考虑案件的具体情况，从而找出适当的、合理的解决办法”。① 笔者认为，现代法治国家之所以保留行政裁量权，其重要目的之一就是要保障实现个案实质正义。即使裁量权有被执法者滥用的风险，立法者也不能将所有的行政行为都规定为羁束行为，而是力求尽量对这种风险加以控制。同样，执法者也不能为了避免不公正之嫌而放弃裁量权的行使，相反，执法过程中绝对不能违反合理、比例等行政法基本原则，以彰显行使自由裁量权的必要性。例如，通过制定裁量基准将自由裁量权限制到最小限度……行政主体为防止自由裁量权滥用而对自由裁量权行使加以适当、适度自我规制虽属必需，但这种自我规制绝不能过分、过度。否则，就可能妨碍自由裁量权的有效行使，不仅影响行政管理的效率，更影响实质正义和实质法治的维护和实现……因为硬法既然赋予了行政主体以裁量权，它就不可能再对被授予裁量权的行政主体处置相应事务作更进一步的具体明确的规定，或更进一步制定裁量基准式的规则。否则，行政裁量空间就会大为压缩，甚至使之不复存在，行政裁量就无裁量可言。②

再次是尽快提高城管执法队伍的整体素质。城管执法人员对于法律规定的理解是依法正确行使执法自由裁量权的重要前提条件。从城管机构设置之初城管执法人员构成进行考察，应当说，经过10多年的执法历练和执法队伍的发展壮大，城管队伍的执法水平已经大大提高。同时也应当看到，目前城管的执法水平离行政法治和广大公众的要求，差距还很大。要想缩短这一差距，仅靠将自由裁量执法权通过自我规制变成准羁束性执法权是远远不够的，必须从

---

① ［德］哈特穆特·毛雷尔：《行政法学总论》，高家伟译，法律出版社2000年版，第127页。

② 姜明安：“论行政裁量的自我规制”，载《行政法学研究》2012年第1期。

素质上提高城管执法队伍的整体水平。自由裁量权是行政主体的自由裁量权，还既是行政主体的自由裁量权，也是执法者的自由裁量权。早在16世纪，英国的科克大法官就曾指出，“如我们说由某当局在其自由裁量之内做某事的时候，自由裁量权意味着，根据合理和公正的原则做某事，而不是根据个人的意见做某事……根据法律做某事，而不是根据个人好恶做某事。自由裁量权不应是专断的、含混不清的、捉摸不定的权力，而应是法定的、有一定之规的权力”。①科克大法官的这段话中多次提到“个人”，表明“自由裁量权”应当是执法者拥有并行使的，而不仅限于行政机关。但从城管执法部门各自为政进行自由裁量规制抽象行为来看，有的地方，自由裁量权完全成了行政主体的自由裁量权，而具体执法者的自由裁量权被“限制”抑或被“剥夺”。作为权宜之计，满足群众要求，从实践来看，似无可厚非。而且法律赋予自由裁量权的行政机关有将自由裁量行为进行基准量化的权力，甚至有学者根据自由裁量的幅度将裁量权力划分为高度、中度、低度裁量权，但终究是要使执法人员享有裁量的权力。如果一味地通过制定所谓的“执法标准”以削减执法者的自由裁量权力，很容易使素质不高的执法人员“机械”执法。久而久之，不仅依法执法的水平难以提高，执法人员的法律素养也难以提高。行使行政自由裁量权的主体是行政执法机关，而具体行政行为的操作者是行政主体执法人员。因此，在执法层面对行政自由裁量权进行控制，是解决行政自由裁量权被滥用的有效途径，也是当务之急。只有尽可能迅速地提高执法者的法律素养，使其真正懂得法律赋予自由裁量的目的，使其能够自觉依法正当地行使自由裁量权，实现裁量而不违反法律设定权力的目的，才能真正有效地体现出政府工作水平的提高。

最后是加强对行政自由裁量权自我规制的监督。加强对行政自由裁量权自我规制的监督应从立法、执法和权利救济等方面进行全方位监控。从立法方面加强监控，目前所要加强的，除了上述提及的要加强地方性立法，提高规制自由裁量权的规范性文件的位阶之外，应当着重从地方立法层面加强执法程序规

---

① ［美］施瓦茨：《行政法》，徐炳译，群众出版社1986年版，第568页，转引自［英］1598年《科克判例汇编》第5卷，第99页。

制和裁量基准规制，特别是地方性法规。提高规制裁量基准和执法程序的规范性文件的位阶，更有利于体现国家赋予执法裁量权的立法目的、立法精神、基本原则或者政策目标。与此同时，还应加强对城管综合执法主体自我规制的规范性文件的备案审查制度。特别是应当建立和完善在备案审查制度中的公众参与机制，发挥公众参与在监督城管执法自我规制规范性文件中的作用。从国家层面来讲，应当加快行政程序统一立法的进程，现代行政法治国家大都制定了统一的行政程序法典，而我国在社会主义法律体系基本形成的条件下，统一的《行政程序法》至今仍然缺位。与此同时，还应当加快行政责任追究制的立法，进一步规范、明晰行政执法主体的责任。从执法方面强化监控制，目前应当紧贴执法实际，加强城管部门对其执法人员执法过程以及执法合理性、合法性的掌控。从权利救济方面强化监控，需要强加三方面的工作，一是通过行政复议加强对规章以下规范性文件的监控。① 二是以修改《行政诉讼法》为契机，将规章以下规范性文件纳入司法审查受案范围，建立对规章以下行政规范性文件的司法审查制度。三是充分利用现行行政诉讼制度，加强对城管综合执法自由裁量权的司法审查。尽管目前我国司法审查的范围还仅限于《行政诉讼法》第70条规定的“滥用职权”和“行政处罚明显不当”两个方面，但其法治监督的作用不容轻视。

---

① 《行政复议法》第26条规定："申请人在申请行政复议时，一并提出对本法第七条所列有关规定的审查申请的，行政复议机关对该规定有权处理的，应当在三十日内依法处理；无权处理的，应当在七日内按照法定程序转送有权处理的行政机关依法处理，有权处理的行政机关应当在六十日内依法处理。处理期间，中止对具体行政行为的审查。"第27条规定："行政复议机关在对被申请人作出的具体行政行为进行审查时，认为其依据不合法，本机关有权处理的，应当在三十日内依法处理；无权处理的，应当在七日内按照法定程序转送有权处理的国家机关依法处理。处理期间，中止对具体行政行为的审查。"

第十一章　城管综合执法风纪问题分析①

目前，在困扰城管综合执法队伍的诸多问题当中，执法风纪问题表现得最为突出。执法风纪是什么？笔者认为，是执法当中应当贯彻或体现的作风与必须执行或遵守的纪律。城管执法离不开坚实、优良的工作作风和钢铁一般的纪律！作风纪律建设是决定事业成败的关键。城管综合执法队伍如果没有良好的作风和严格的纪律会怎么样呢？答案很明显：必将失去灵魂，丧失民心，失去生存的空间、土壤和根基。据零点公司调查，社会各界对城管综合执法最负面的认知，主要集中在查处无照商贩过程中经常发生冲突、执法队员形象不佳等所反映出来的执法风纪问题上。翻阅报刊、登录网络，各类媒体对城管综合执法爆料最多、诟病问题最严重的，也集中在城管综合执法人员与行政相对人发生冲突的负面报道上。千里之堤，溃于蚁穴。对城管综合执法风纪问题频发的危险趋势如不加以遏制，必将致使城管综合执法权威由于负面影响越来越大而丧失殆尽，使其失去存在的合理性或存在价值，最终犹如溃堤大坝般土崩瓦解、一败涂地！因此，对侵蚀城管综合执法队伍健康肌体的执法风纪问题认真加以分析，找出症结所在，有针对性地加强队伍建设非常必要、非常重要。

一、城管综合执法风纪问题产生的主要原因

城管综合执法风纪问题产生的诱因是多方面的，种类也多种多样，笔者仅

---

① 自2009年笔者就开始关注城管执法风纪问题，并撰文以“城管执法风纪问题及其遏制的对策建议”为题发表于《上海城市管理职业技术学院党报》2009年第5期。此次对城管综合执法问题进行综合研究过程中，再次对其予以关注，并在原来研究的基础上进行了一些必要的修改和补充。

从主观心理和客观因素两个方面进行分析。

（一）城管综合执法风纪问题产生的主观原因

1. 对城管综合执法队员的心理分析

（1）特权心理作祟。据调查，个别城管综合执法队员在执法过程中具有特权心理，认为自己是执法者、行权者，代表着政府进行城市管理，头顶国徽、身穿制服，行政相对人理所当然应当服从自己的管理，执法当中不愿蹲下身子、放下架子、平和心态。在这种心理控制下，城管综合执法队员在执法过程中很难做到倾听民意、了解民生、服务民众，执法方式难免简单、粗暴，缺乏人性化和艺术性，甚至只想使用“短平快式”的执法方式，忽略与行政相对人的交流与沟通。结果是使执法双方关系紧张，导致自己和执法相对人心理都失去平和、平衡。如此下来，执法行为想不变形都难。因此，在特权心理指导下的执法行为遭到执法风纪问题投诉成为必然。

（2）惘然无奈心理使然。应当承认，城管综合执法队伍从整体上看，是一支值得信任、作风过硬的执法队伍，主流是好的，绝大多数队员工作都非常尽心尽力。但是，由于城管综合执法工作的特点，执法权能的有限性，致使执法工作成效难以显现、成绩不突出、得不到应有的社会评价，缺乏正确的舆论导向配合。这种情形下，许多同志难免产生惘然无奈心理，不知道自己的前途命运和发展方向，常常会产生敢问路在何方的感叹。因此，执法作风和执法纪律很难在这种心理下得到保证。

（3）心浮气躁心理驱动。城管综合执法实践中，因受处罚而被迫“夺权”的相对人很具体，而获得利益的受益群体却不具体，同时，城管综合执法效果缓释、同一违法行为反复性强，执法队员没有成绩感，加之社会群众的认同感不符合自身心理预期，难免产生心浮气躁心理。这种情况下，执法风纪问题接踵而至。

（4）漠然从众心理潜伏。城管综合执法实践中，每次出现违纪问题以后，或者无人查处，或者无人问津，即使有人查处时，也会被极力掩盖，长此以往，违纪执法在城管综合执法队伍中形成一种可怕的惯性，队员们耳濡目染形成惯性心理，久而久之，大家对执法风纪问题未当回事，漠然处之，从众心理可怕地潜伏下来。

2. 对城管综合执法队伍管理者的心理分析

(1)鸵鸟心理,也叫掩耳盗铃心理,或放任侥幸心理。城管综合执法风纪问题发生后,出于各种原因,姑息迁就,任其自生自灭,觉得执法当事人和社会公众会逐渐淡忘,事情终究会烟消云散。殊不知积小害成大害,大害降临时,悔之晚矣。

(2)护短心理。俗话说得好,自己的孩子自己管,别人打不得、说不得、管不得,时间长了,“孩子”被娇惯、纵容成了“逆子”,自己也管不好、管不住了。

(3)过渡心理。对城管综合执法队伍中发生的小问题暂时搁置,打算以后有条件或时机成熟时再行管教,可等到出现重大、恶性执法风纪问题时,管理的条件和时机已经错失,事态发展程度已经导致本级领导管不了、管不好或来不及。

(4)两难心理。城管综合执法风纪问题一旦查证属实,并且具体到人时,处理起来非常棘手,分寸不好拿捏,处理重了,不但当事人难以接受,某种程度上还会挫伤其他队员的工作积极性;可是处理轻了,起不到警示违纪责任人、管理队伍的普遍教育效果。

(5)饮鸩止渴心理。明知违纪执法不可行,但是由于某些违纪执法行为的手段直接、效果明显、节约时间,为了完成工作指标或是工作任务,明知不可为而为之,饮鸩止渴。

3. 对执法风纪问题举报人、检举人的心理分析

(1)爱护心理。检举人出于爱护城管综合执法队伍的心理,一经发现执法风纪类问题,认真负责地向有关部门反映,希望得到重视,并对城管综合执法作风纪律问题加以改进,对执法队伍加强管理。城管社会监督员的举报和检举正是出于这种心理。

(2)报复心理,也称抹黑心理。一些违法相对人在被城管综合执法主体行政处罚后,虽然明知道自己的行为违反了法律规定,但是出于报复心理,编造虚假事实,恶意举报不存在的执法违纪问题。

(3)炒作心理。一些媒体为了吸引读者眼球,引起公众关注,对涉及城管

综合执法的信息进行别有用心的编排，对一些存有争议或道听途说的消息添枝加叶后不负责任地向社会公众爆料，致使城管综合执法产生或者扩大负面影响，恶意炒作心理极为明显。

(4)制乱心理。有些举报人对于有可能涉及自身违法行为被查处的执法风纪问题，假意进行检举或反映，试图制造混乱，以达到阻碍城管综合执法机关查处自身违法行为的目的。

(二)城管综合执法风纪问题产生的客观原因

1. 纪检监察不到位，不能做到抓小、抓早、抓苗头、抓趋势

由于管理体制的原因，或者某些单位没有纪检监察部门，或者设置了纪检监察部门的单位行使监察职能查处违纪行为措施不到位，对城管综合执法风纪类的小问题姑息纵容，积小害成大害，出现大问题后给城管综合执法队伍造成损失，负面影响严重。

2. 执法过程中，只重视结果，轻视程序，看重成绩，忽略过程，为达目的，不择手段

有些单位评判工作绩效优劣以完成任务为最高标准，不注重执法过程的文明与否。这种考核机制难免导致城管综合执法队员竭泽而渔，为了达到执法效果，忽视执法相对人和周围群众的感受，忽视执法方式可能导致的社会影响，从而为负面社会评价埋下了危险的伏笔，也为自身的发展带来了隐患。

3. 执法手段单一，应对突发情况或突发事件能力不足

由于作为城管综合执法依据的实体法律和程序法律均欠缺，特别是应对突发情况的规范尚属空白，城管综合执法人员一旦遭遇暴力抗法事件，警力协助不到位或警方保护不力时，往往会自行采取“以暴制暴”的手段作为回应，与执法相对人大打出手，导致城管综合执法主体的正面形象丧失殆尽。

4. “怠”于执法或执法不作为

城管综合执法性质和工作任务决定了其执法工作完成与否没有标准可循，遇到执法难题后，不知工作做到何种程度算是达到完成标准，导致一些执法队员畏难心理突出，从而催生“怠”于执法或执法不作为问题。

5. 工作时间长、工作任务重，心理负担大，经常为完成任务而放任违纪

目前，每个基层城管监察执法人员不但要完成日常的工作，每周至少要加一次班，还要承担其他临时性任务，牺牲了大量的业余时间；同时，在城管综合执法工作量化管理考核模式下，很多工作任务被列为必须完成的指标，有些城管执法队员担心完不成指标任务，不惜铤而走险，违纪执法。如被媒体曝光的“钓鱼”执法等，就不乏这类因素。引诱当事人违法再执法，执法程序本身就不合法，执法相对人当然不会服气。这种执法方式也易造成与执法相对人的直接冲突。

6. 执法环境差，稍不留神就会成为众矢之的，发生暴力抗法后人身安全得不到保障

城管综合执法队伍自成立以来已有 19 年时间，一些长期从事违法经营行为的执法相对人已经被“磨炼”为成熟的“弱势群体”，已经积累了非常丰富的“对抗经验”，他们对城管综合执法机关非常了解，对城管综合执法机关的执法手段、办案程序和制度弱点十分清楚。执法人员一旦对他们的违法经营财物采取强制措施，他们就立即采取过激行为对抗执法，以引起大量群众围观，或者召集同伙聚众闹事，以使事态扩大。他们认为，事态发展越恶劣、影响范围越大对他们越有利，这种情形之下，围观群众心目中容易产生城管综合执法的负面印象。事实也的确如此。

二、城管综合执法风纪问题的种类与表现

城管综合执法风纪问题的表现形式很多，但是执法相对人反映最集中、社会负面舆论最突出的问题主要集中于积极作为和消极不作为两类行为上。

（一）积极作为类的执法风纪问题

1. 越权执法、滥用职权、执法扰民

不可否认，有些城管综合执法人员存在一些不正常心理。出于某种非正常心理，这些执法队员对应当履行的职责不能正当履行，致使该管的没有管好；而对于没有执法权的工作，由于利益驱动或是上级指派，在执法过程中又滥用职权、越权管理，导致执法扰民。

2. 执法态度生硬、粗暴

即在城管综合执法过程中不能正确对待相对人，轻视、蔑视执法相对人，忽视、无视执法相对人的正当权益，不能认真听取他们的陈述和辩解，不能耐心进行说服教育，执法态度生冷、蛮横、强硬。对于这种执法，不仅执法相对人难以接受，围观群众的不满情绪也溢于言表。

3. 谩骂、殴打相对人

有些城管综合执法人员由于存在特权思想，在遇到执法相对人不配合时，受特权思想驱使，不能控制情绪，谩骂相对人甚至动手殴打相对人现象也会时有发生。

4. 以权谋私

有些城管综合执法人员由于某种私心作祟，贪图小利，利用职权索取、收受执法相对人财物，以权谋私，用手中的权力为自己谋取不正当的利益。

5. 其他情形

如酒后执法、酒后驾车、开“霸王车”，无正当理由违法停车、私自使用执法车辆、执法车辆遮挡号牌等。

（二）消极不作为类的执法风纪问题

1. 执法不作为

城管综合执法不作为主要表现为：面对违法行为视若无睹，或者发现违法行为后干脆避开、溜之大吉，逃避执法责任，还有的甚至在接到举报后不到违法现场，或者谎称没有发现违法行为，或者敷衍了事、执法态度不端正、不认真，不能正当履行职责等。

2. 协管员冒充执法人员执法

这是一种特殊的不作为的执法风纪问题。目前执法力量欠缺是各城管综合执法单位普遍存在的问题。为补充执法力量不足和执法空缺，协管员便承担了大量的工作任务。这样一来，本来应当由城管综合执法人员完成的工作任务，由于人员数量少等其他原因，让不具备执法资格的协管员予以完成。由于协管员不具备行政执法资格和相应的行政执法技能，因此，城管综合执法协管员在执法当中出现了大量的执法风纪问题。

3. 程序不作为

程序不作为主要表现为:开展城管综合执法之前,执法队员未按规定出示证件,不依法履行告知义务。按照法定执法程序和正当法律程序要求,城管综合执法人员在执法过程中应当向执法相对人表明身份,在实施行政处罚前应当告知相对人有陈述、申辩、寻求救济等权利。但有些城管综合执法队员对这些执法程序重视不够,总是忽略,不仅可能导致执法的合法性受到质疑,而且常常导致执法风纪出现问题。

4. 罚没财物不制作法律文书,扣缴执法相对人涉案财物过程如同"抢劫"

根据有关法律的规定,对行政相对人涉案财物采取强制措施,或者进行罚没,都应当制作相应的法律文书。但有些城管综合执法队员忽视程序,忽视执法相对人的权益,在作出有关具体行政行为时不填制票据、不制作法律文书、不告知相对人权利,擅自扣缴、提取相对人涉案财物,执法行为形同"抢劫"。

5. 衣着、语言、行为举止不文明、不规范

城管综合执法过程中,有些城管综合执法人员不以执法为一件庄重、严肃的事情,导致其在执法过程中不注意言行、举止,着装不规范,行为粗鲁,不使用法言法语等。

三、查处城管综合执法风纪问题存在的困难与设想

(一)查处城管综合执法风纪问题存在的困难

1. 查处机制不健全

目前城管综合执法机关的纪检监察体制严重制约着纪检监察工作的效力,管理体制成为城管综合执法队伍风纪问题难以查处的根本原因。前几年,①北京市城管综合执法局通过"96310"城管热线、信访受理、政风行风热线、新闻媒体等渠道受理的投诉举报案件,每年都在700件以上。由于北京市监察局没有

① 截至2009年。近几年有关统计数字已有所下降,说明城管综合执法风纪已有好转。

在北京市城管综合执法局派驻监察机构，市级城管综合执法机关的纪检监察人员没有市纪委监察局派驻人员的身份，在工作中发现重大违规违纪问题后，无权直接查办涉案人员，也无权适用《行政监察法》或国务院《行政机关公务员处分条例》追究相应责任人。查处城管综合执法人员违规违纪案件中，由于存在缺乏法律手段等尴尬问题，只能通过督办或转办责任人单位的形式对案件进行处理，对违纪人员的责任追究也只能由其所属区、县政府的纪检监察部门来进行。

2. 查处队伍不健全

从城管综合执法机构体系来看，配备的专职监察干部队伍力量薄弱，多为兼职人员，纪检监察业务能力有待提高。目前，北京市 20 个区县城管监察局（分局），由于受编制的限制，有近 10 个大队（分局）尚未设置监察部门和专职监察干部，这些单位的执法监督工作只能由兼职部门和兼职人员负责，责任部门不明确。而已经设置专职监察科室的单位，由于监察人员数量不足，监察干部又缺乏纪检监察业务培训，其专业监管能力也有待提高。

3. 查处手段不完备

应当看到，在城管综合执法中，有些违纪行为具有隐蔽性，而且随机性强，这就给发现并予查处带来困难，如调查取证难，加之缺乏相应的查处手段，导致对执法风纪问题查处的程序复杂、办案时间长，工作效率低，效果不明显。

4. 监督难以落实到位

由于机制、体制和规范等方面的不健全，现有的惩治手段难以落实，教育效果差，警示效果不明显。如管理体制上的制约，表现为北京市、区两级城管综合执法机关的纪检监察部门管理体制不垂直，市城管综合执法局与区县人民政府的监察部门既没有协调关系，又没有配合机制，市局受理的案件大多转给区县大队、分局自己办理，即使是市城管执法局进行了调查核实的重大案件，按照属人属地管理的原则，市城管综合执法局也无权处理，导致监督工作难以落实到位。

（二）遏制城管综合执法风纪问题的设想

1. 明确组织机构，明确主抓风纪的领导

要严肃城管综合执法风纪，首先应当加强制度建设。而要加强制度建设，首先应当配备承载并执行该制度的组织机构。毛泽东同志曾经说过:“政治路线确定之后,干部就是决定的因素。”有鉴于此,应当在城管综合执法机构中配备健全风纪监察机构。同时,建议由基层分队的教导员、大队(分局)的政委负主责。从制度、组织、领导等方面予以健全,以全面推动城管综合执法队伍政治思想、廉政勤政、依法行政、文明执法等风纪建设。

2. 设置专职监察职位,切实加强监察队伍建设

根据目前北京市城管综合执法系统的具体情况,应当配齐、理顺纪检监察机构体制,提高纪检监察人员的工作水平。北京市监察局应向市城管综合执法局派驻监察机构,或者由市城管综合执法局向各区城管局(分局)派驻专职监察干部,并在各区城管监察局、分局统一设置专职监察部门,并配备专职监察干部。北京市城管综合执法局与各区政府之间应当明确职责权限,建立协调一致的监督检查制约机制。各区纪检监察部门应与北京市城管综合执法局建立有效的监督检查机制,定期通报情况,以加强对城管综合执法风纪问题的监督检察。

3. 切实发挥城管综合执法监督员的作用,为监督员履行职责提供必要的条件和保障

目前,北京市城管综合执法系统已经在市、区两级机构建立起人民监督员队伍,市城管综合执法局聘请的监督员 50 余人,区城管监察局(分局)聘请的监督员 800 余人。为了让监督员更好地履行职责:一是可以根据监督工作需要邀请监督员列席有关会议、参加有关活动、了解城管综合执法队伍的工作情况;二是畅通监督渠道,要求各级城管综合执法队伍严格按照规定接受人民监督员的监督,不得控制、规避监督员对其工作的监督;三是对打击报复或者阻碍人民监督员履行职责的,一经查证属实,严肃处理;四是人民监督员因履行职责所支出的交通、住宿、就餐等费用,由城管综合执法机关列支经费给予补助。

4. 严肃处理典型问题,强化查处效果

要想真正遏制城管综合执法中的违反风纪问题,就要严格落实《关于进一

步加强城管综合行政执法工作的意见》①中明确提出的"要严格落实行政执法责任制、考核评议制、过错责任追究制和城管执法行为规范。严肃查处城管执法人员违法违纪行为,坚决辞退严重违法违纪和损害人民群众利益的城管执法人员……"对于严重违规违纪的城管综合执法队员,一经查证属实,按照相关规定严肃处理,以儆效尤,强化纪检监察效果,以防止违反风纪问题在城管综合执法队伍中渗透和蔓延,避免形成不良趋势。

5. 扩大城管综合执法队伍,以适应城管综合执法任务的需要

北京市城管综合执法任务由建队之初的 5 个方面 90 多项职能,迄今已增加到 12 个方面近 390 项处罚权。职责任务增加了 3 倍多,而人员编制一直未有大幅增加。现有人员编制和执法专业水平远远不能满足城管综合执法任务的需要。面对任务重人员少的境况,各区城管监察局(分局)结合实际情况普遍采取了相应措施,狠抓责任落实。但由于人员少、任务重、专业技能低,只能集中力量抓重点,不可避免出现顾此失彼、履职不到位、执法行为粗糙等现象,导致城管的很多职能无力实施。因此,如果不能对执法任务进行"减负",或者说在执法任务不变甚至还可能增加的情况下,②扩大城管综合执法队伍迫在眉睫。

6. 加强教育管理,对城管综合执法人员进行"同质化"建设

这里的"同质化",是指"通过法定的或规范的人员筛选机制和周期性的人

---

① 京政办发〔2007〕62 号。

② 如根据《北京市食品安全条例》(2007 年 11 月 30 日北京市第十二届人民代表大会常务委员会第四十次会议通过,2012 年 12 月 27 日北京市第十三届人民代表大会常务委员会第三十七次会议修订,并于 2013 年 4 月 1 日正式实施)的规定,自 2013 年 4 月 1 日起,北京市城管综合执法机关增加了对食品摊贩的监管职责。为了更好地开展食品摊贩监管工作,让队员及时了解法律适用及城管部门职责权限,掌握新的执法技能,2013 年 3 月 27 日,北京市城管综合执法局在北京大兴外研社国际会议中心举办了全市城管综合执法系统食品安全条例新法规培训会,全市城管综合执法机关 800 余名执法队员参加了本次培训。本次培训由两个讲座组成,第一讲由市人大常委会法制办王爱声处长就《北京市食品安全条例》的出台背景、立法思路、立法目的进行说明,并结合城管部门监管职责对该条例进行解读;第二讲由市城管执法局法制处谢韶伟同志对《北京市食品摊贩监督管理办法》、《北京市城管执法系统食品摊贩监督管理工作规范》两个配套文件进行讲解,并对监督管理程序、内容等进行说明。——参见"北京市城管执法局举办全市城管执法系统《北京市食品安全条例》法规培训",载 http://www. zjfzb. gov. cn/il. htm? a = si&key = main/xwzx/dtxw/wsxx&id = 5c3f755b3cb3d664013e43a37d0b2cf0,2013 年 5 月 26 日访问。

员培训机制，确保特定的群体对问题的处理具有相同的价值理念和解决方式，从而避免因‘个人因素’导致‘良莠不齐’”。① 遏制城管综合执法系统违反风纪问题，应当在把好人员“进入关口”的基础上，以教育为先导，坚持教育的针对性和实效性。通过持之以恒的正面教育，培养城管综合执法队员的执政为民意识、公仆意识，摆正权力观，树立正确的世界观、人生观、价值观。定期对城管综合执法人员进行法律素养培训。“因为法律是一门艺术，在一个人能够获得对它的认识之前，需要长期的学习和实践。”②加强教育管理，可以采取多种多样的教育形式或教育活动，例如，聘请有关专家进行授课、观看廉政勤政光碟、参观北京教育警示基地，等等。通过正反两方面教育活动的开展，促使城管综合执法风纪面貌有一个大的改观，从而全面提升城管综合执法水平和执法权威性。

---

① 赵婧雪：“论以审判管理的完善为视角进行司法公信力的提升”，中国政法大学2013年学位论文。

② 贺卫方：“陛下，您不能审案”，载《学习月刊》2006年第7期。

第十二章　城管综合执法的涉诉应对

社会利益格局的深刻变化导致负重日甚的城管执法机关所面临的执法环境遇到了前所未有的压力和挑战，这既具体表现为群众日益增长的对城市良好环境的需求和对执法服务质量的期待，也具体表现为社会弱势群体的大量出现及其带来的管理难度越来越大。形成反差的是，城管综合执法机关自身却存在“职权界定标准模糊、执法物质保障缺乏、执法队伍结构不合理、职权配制不科学、执法理念落后、执法方式简单化”等诸多问题，这不仅直接影响了城管综合执法功能的有效发挥，也直接导致城管综合执法人员在社会上的形象不佳。① 于是，在城管综合执法专业化、法制化的进程中，自然就演绎着一个管理者与被管理者相互适应或不相适应的磨合过程，具体浓缩在一个个以城管综合执法存在的问题为案由的行政诉讼案件中。虽然从量上看，行政诉讼案件总量较民事、刑事案件每年数量上升不多，但这些案件越来越反映出社会发展所带来的深层次问题。其中，涉及城管综合执法的行政诉讼案件也反映出城管综合执法部门在具体执法行为、执法理念、执法队伍建设和内部管理上存在的一些问题。笔者通过相关搜索引擎对北京市法院系统涉及城管综合执法的案件进行了调查。数据显示：自2008年12月21日至2011年10月18日，涉及城管监察大队的行政诉讼案件有400多件。本章以部分涉及城管综合执法的行政诉讼案件为分析基础展开。希望通过有关分析有助于进一步提升城管综合执法的整体水平。

---

① 马怀德、车克欣：“北京市城管综合行政执法的发展困境及解决思路”，载《行政法学研究》2008年第1期；刘经宇：“北京市城管综合行政执法情况调查”，载《北京观察》2009年第9期。

一、城管综合执法涉诉案件概览

(一)城管综合执法涉诉案件的主要类型

以2011年涉诉案件为例,全市各区县城管监察大队引起行政诉讼案件的类型在具体内容上主要涉及以下四类:违法建设、行政处罚、联合执法和信息公开。

1.违法建设类

不仅2011年如此,该类案件在近几年都是各区行政诉讼案件的主要内容。譬如,通州区近5年来,先后共发生行政诉讼案件18起,均为违法建设类案件。其中,涉及拆除违法建设强制拆除决定的案件12起,行政不作为的案件2起,行政执法行为(违法建设的限期拆除和强制拆除行为)4起。而丰台区城管监察大队因违法建设受到起诉的案件也占到2011年涉诉案件总数的52.4%。

2.行政处罚类

行政处罚是城管综合执法机关的主要职责,随着文明执法和内部管理的加强,以此为案由的行政诉讼案件虽然大为减少,但仍在涉诉行政诉讼案件中占据着主要地位。

3.联合执法类

该类案件较前两类案件虽然不多,但值得关注。联合执法主要是由政府其他部门牵头进行的联合执法行为或活动,城管综合执法机关仅仅是在场参与而非主要执行者,但在行政诉讼案件中,城管综合执法机关也有可能成为被告,而且还多为败诉一方。如海淀区城管监察局就存在这样的情形。

4.信息公开类

随着人民群众权利意识的提高和法治意识的增强,与执法有关的信息公开问题越来越受到关注,从而成为引起行政诉讼的热点问题,此类案件也日趋增多。譬如,北京市丰台区城管监察局仅2011年因信息公开问题受到起诉的案件就有6件,占涉案总数的28.6%。由于有关信息公开的具体规定不够详细,城管综合执法部门在信息公开方面的工作可操作性不强,一旦被诉,败诉率很高。因此,这是一个需要认真研究和对待的问题。

(二)城管综合执法机关涉诉行为的主要表现

通过对涉及城管综合执法机关行政诉讼案件的案由进行分析,我们发现,引起行政诉讼的原因主要是执法行为违法,具体可以分为作为违法、不作为违法、执法行为瑕疵和“联合执法”四种情形。

1. 执法作为违法方面的具体表现情形

一般来说,行政行为一经作出即会产生相应的法律效果。① “执法作为违法”,是指城管综合执法机关以作为的形式作出的具体行政行为违法。从广义上讲,这里的“违法”包括“不当”,都以侵犯或损害行政相对人的合法权益为特征。城管综合执法机关的执法行为违法,是引起行政诉讼的主要原因之一。具体来看,城管综合执法机关作为违法较多表现为:超出自身的权限范围进行执法、暴力执法以及具有暴力倾向执法、违反执法程序等。

(1)执法行为超出权限范围。城管综合执法机关超越权限范围执法行为主要包括两种情形:一是超越法定职权范围进行执法。譬如,对某建筑物、构筑物等是否属于违法建设进行界定,应当属于城市规划行政主管部门的权限,城管综合执法机关并不具有认定权,但在某种情况下,城管综合执法人员会自行取证调查认定被举报房屋的性质,这显然超越其法定职权。② 二是不遵守执法权限进行执法。如城管综合执法主体在作出限期拆除决定、强制拆除通知之前未尽履行相关调查、告知权利等义务,从而由于程序违法导致实体违法;再如具体执法过程中超出权限导致违法,如拆除违法建设时使波及的合法建筑物受损等。

(2)暴力执法及其倾向。暴力执法本身就是一种行政违法行为,主要表现为通过粗暴手段迫使执法相对人接受处理决定,通常伴随着对行政相对人合法

---

① 所谓行政行为,即行政主体行使国家行政权,针对具体事项或事实所作的能产生直接外部法律效果的行为。参见杨海坤、章志远:《中国行政法基本理论研究》,北京大学出版社2004年版,第206页。

② 《关于贯彻实施北京市人民政府办公厅关于本市查处违法建设职责分工调整有关事宜的通知的意见》(京城管执字〔2004〕97号)规定,城管综合执法机关对违法建设事实调查时,应以协查通知形式通告规划行政主管部门做好违法建设的认定工作。

权益的损害。城管综合执法过程中，总有个别执法人员进行暴力执法，或者体现出暴力倾向，包括言语暴力和行为暴力。近些年来，城管综合执法中暴力执法现象已经引起全社会的普遍关注。[①] 尽管城管综合执法机关加强了自我约束，使暴力执法现象有所遏制，但仍时有发生。言语暴力虽然不会直接伤及人身，但由于其是"一种严重违背心理平和原则的语言现象"，会造成精神伤害，仍具有伤及行政相对人情感、自尊和侮辱心灵的力量。[②] 所以，无论是城管综合执法行为中的行为暴力还是言语暴力，或者其他暴力倾向性，都会成为引起行政诉讼的重要因素。

(3)执法程序不规范。《行政处罚法》对实施行政处罚规定了简易程序、一般程序和听证程序三种程序，城管综合执法实践中多采用简易程序，也因此易引发争议和诉讼。譬如，城管综合执法机关依法负有对涉嫌无照经营饮料的行为进行调查处理的职责，同时负有通知权利人领取物品的义务。[③] 但在作出行政处理决定后，城管综合执法主体往往仅采取在当事人所在地张贴通知的方式向其告知返还物品的决定。而根据上述告知方式中通知的张贴地点及可能的受众范围，并不足以推定被通知人能够知悉该返还物品决定的内容。再如，在城管综合执法机关对违法建筑强制拆除后，如对拆除后的建筑材料予以扣留，且未按规定程序进行登记保存以致灭失的情况经常发生，这显然不当或者构成违法，从而容易引起行政诉讼。

2. 执法不作为违法方面的具体表现情形

行政不作为虽然没有明确的实体法律规范，但《行政诉讼法》明确了这类

① 由于加强内部管理和文明执法建设，可以说，北京市城管综合执法中的暴力执法现象已经基本消失，虽然暴力倾向和痕迹还不能说完全消灭，如语言暴力等，但从全国范围来看，暴力执法事件还时有发生。

② 金立鑫："'文革'语言的社会心理文化分析"，载《书屋》2001年第3期。

③ 《行政处罚法》第37条第2款规定，在证据可能灭失或者以后难以取得的情况下，经行政机关负责人批准，可以先行登记保存，并在7日内及时作出处理决定。《北京市实施城市管理相对集中行政处罚权办法》第9条第2款规定："先行登记保存、扣押的财物需要返还给当事人的，城管执法机关应当通知权利人领取；权利人不明的，应当发布招领公告；权利人拒绝领取或者公告期满后无人认领的，由城管执法机关依法处理。"

行政行为的可诉性。实践中存在城管综合执法机关及其执法人员应当履行而不履行或拖延履行其法定职责的情况。执法不作为的构成是以其有应当积极履行的执法职责或义务为前提的。因此，执法不作为，是指城管综合执法机关未履行其法定作为职责或义务，并且在程序上没有明确意思表示的执法行为。执法不作为也以侵犯或损害执法相对人的合法权益为特征。① 城管综合执法机关的执法不作为违法行为具体表现为不履行执法职责或者不完全履行执法职责、拖延履行执法职责和选择履行执法职责等。

(1)不履行执法职责或不完全履行执法职责。行政高效原则是行政机关履行行政职责时应当遵循的基本原则。根据这一原则，城管综合执法机关在接到当事人举报后应当积极地予以查处，如果借口各种理由不履行法定职责或者不完全履行法定职责，就有可能引起行政诉讼。譬如，某城管综合执法部门在接到有关违法建设的举报后，虽然有履行职责的意思表示，进行了立案、调查，发出了限期拆除通知书，且在责令执法相对人自行拆除违法建设未果后向所属人民政府申请强制拆除，但执法行为往往到此为止，直到有人提起行政诉讼时仍未采取有效的执法措施。不履行其法定职责或者履行职责不到位，反过来又会严重侵害到其他人的合法权益。

(2)拖延履行法定职责。拖延履行职责是城管综合执法机关不积极作为的另一具体表现，当然这可能有诸多主客观原因，但拖延履行法定职责的行为很可能侵害到有关行政相对人的合法权益。譬如，城管综合执法机关具有对辖区内市容环境卫生违法行为进行查处的法定职责，竟然存在对于涉嫌违法问题立案已逾 3 年仍未作出处理决定的情况，一旦引起行政诉讼，显然会被认定为拖延履行法定职责的情形。

(3)选择性执法行为。所谓选择性执法，就是城管综合执法机关在面对同类情形时有所为有所不为，这会导致有失平等原则。譬如，有当事人指证在同一区域范围内有其他与之类似的情况，甚至也有人进行过举报，而城管综合执

① 郭卫东："以案说法——城管执法机关在查处违法建设中行政作为的认定"，载《城市管理与科技》2009 年第 3 期。

法部门却视而不见,或者还进行推脱,告之不属于其职责范围。这种情况虽然不是引起行政诉讼的主要原因,但也是重要的辅助性因素。

3. 执法行为瑕疵的各种情形

城管综合执法行为瑕疵主要集中或体现在实施行政处罚过程中,制作现场检查笔录、提取物品通知书和清查物品等方面。如在制作现场检查笔录时写错具体执法行为发生地的地址;对提取物品的通知书书写不规范;清查涉案物品时不能做到细致认真,在制作清查物品清单时将物品的数量、质量或者制作时间等记载不明确,还有在法律文书中把行政相对人的名字写错从而引起行政诉讼的情况等。① 这些具体执行行为存在的瑕疵往往成为引起行政诉讼甚至导致城管综合执法机关败诉的原因。

4. "联合执法"引起诉讼或败诉的各种情形

这在当前来说较为少见,但也是引起被诉的主要情形。一般来说,联合执法是在涉及多部门管理相关的问题时,由县级以上政府出面组织,指派有关具体执法部门牵头而其他各职能部门予以配合的一种执法模式。这在行政管理职能不统一时不失为一种提高行政效率的方式。当前联合执法的范围越来越少(除了开展联合大检查活动)。但部分街道办事处(仅就北京地区而言)往往会以联合执法的形式进行一些复杂的强制执行案件,城管综合执法部门也往往被召集其中。如该执行中出现问题或者该执行行为引起诉讼,城管综合执法机关往往就会成为被告。

二、引起行政诉讼的原因分析

根据最高人民法院发布的统计数据,在法院审理的行政诉讼案件中,行政机关的胜诉率只占到13.6%,而败诉率却占到了31.5%。② 相对而言,城管综

① 如海淀城管综合执法主体作出的处罚决定书上,执法人员把"宋春有"的名字写成"宋春友",从而引起行政诉讼。

② 如果再加上被告改变被诉行为而原告撤诉的比例,行政机关的败诉率达到了60%~70%。参见徐继敏:《行政程序证据规则与案例》,法律出版社2011年版,第1页。

合执法机关的败诉率是比较低的，从北京地区来看，在被调查的 73 个行政诉讼案件中，其中进行正式判决的只有 17 个，其他皆以行政裁定书的形式结案。在这 17 个案件中，被法院判决城管综合执法机关败诉的只有 1 个案件，约占 5.9%。① 尽管如此，其中引起行政诉讼的原因也不能不引起我们的注意。认真对待引起诉讼的这些作为和不作为违法现象，客观分析产生这些现象的主要原因，对于提高城管综合执法水平是非常必要的。

（一）城管综合执法人员的执法能力问题

所谓"执法能力"，如果从城管综合执法机关来说，"是城市管理部门实现自己职能，在从事执法活动过程中所拥有的资源、能量"；②从具体城管综合执法人员来说，是指执法人员的素质和能力。根据国务院和北京市政府关于相对集中处罚权的决定，北京市城管综合执法机关行使 12 个方面的处罚权，涉及城市管理的各个方面。③ 而在当前，无论是从城管综合执法部门的整体功能还是从其执法队伍的个人能力方面来看，显然并不完全具备这种全方位的执法能力和素质要求。正如有人分析城管综合执法机关不作为的主要原因时所指出的那样，存在"迫于权势不敢为、无利可图不愿为、得过且过不思为和监督不力不必为"的现象。④ 这些现象也许只是个别的，但这些现象的存在，既影响着城管综合执法水平，也影响着城管综合执法机关的社会形象。上述城管综合执法中的行政不作为的种种表现，可以说是城管综合机关及其具体执法人员能力欠缺的真实注脚；而那些超越职权进行执法、暴力执法及其倾向和违反程序要求执

---

① 王雅琴、施新洲："北京城管法制建设的诉讼视角分析"，北京市城市管理综合行政执法局 2011 年课题报告。

② 陈国宁："城管行政执法能力的结构分析"，载 http://www.legaldaily.com.cn/zt/2006-09/07/content_405318.htm，2011 年 10 月 28 日访问。

③ 这 14 个方面具体包括：市容环境卫生管理、市政管理、公用事业管理、城市节水管理方面的全部处罚权，园林绿化管理、环境保护管理、城市河湖管理、施工现场管理、城市停车管理、交通运输管理方面的有关处罚权；工商管理方面对流动无照经营行为的处罚权；城市规划管理方面对违法建设的有关处罚权；旅游管理方面对无导游证从事导游活动行为的处罚权；食品安全管理方面关于对摊贩管理的相关处罚权。

④ 陈静、孟文燕、李晓婧："关于行政不作为的思考"，载《山东水利职业学院院刊》2006 年第 4 期。

法的表现,更加说明城管综合执法人员在素质和能力方面都亟待提高。

(二)城管综合执法机关的执法理念问题

执法理念决定执法行为。上述城管综合执法中的违法作为和不作为现象之所以会产生,主要是由于一些城管综合执法人员在执法理念上还存在某些偏差,尚未真正树立起社会主义法治理念。

1. 根深蒂固的“官本位”而非以人为本的“民本位”

这在暴力执法等诸多事件中体现得较为突出。城管综合执法人员中如果存在“官本位”思想意识,“执法为民”的权力意识就难以树立,就会使其在执法过程中轻视人权,从而导致其开展执法活动仅仅是以惩罚行政相对人为目标,甚至不惜采取粗暴的执法方式以达到其所谓的执法目的。譬如,有些行政相对人指证说,个别城管综合执法人员在执法过程中面对当事人的询问和质疑“不但不解释,还要我滚”。① 由于对行政相对人的人格及其相关权益尊重不够,甚至在客观上还造成侵权,势必会在执法过程中引发双方产生矛盾甚至严重冲突。

2. 传统社会遗留的“特权意识”而非现代政府要求的“服务意识”

这是针对某些具体城管综合执法人员来说的,他们在执法过程中没有意识到自己应当只是一个服务人员,反而总是以一个拥有管理特权的人的身份出现,这与建设现代法治型政府和服务型政府的要求是格格不入的。当然,要实现城管综合执法由“治理”到“服务”的根本性转变,“在国家和社会之间进行调节以实现两者的良性互动”,从而克服各自局限性,②还需要很长的一段路要走。

3. “情绪化执法”而非“理性化执法”

法律是理性的产物,法治需要理性,执法更需要理性的支撑。然而,一些城管执法人员在执法的过程中常常带着个人偏见和个人情绪进行执法,这往往会

① 某判决书中当事人的话。
② 刘刚:“城管执法过程中的矛盾分析和民主制度建设初探”,载《中国市场》2009年第9期。

导致执法人员与执法相对人之间的矛盾无端发生和无端升级,轻则使执法相对人产生反感或者抵触情绪,重则会引起暴力抗法和行政诉讼。

(三)城管综合执法人员的依法意识和法律观念问题

我国的法律体系已经建成,①但并非意味着法律制度已经完善,更不能说明法律意识没有问题,特别是城管综合执法人员的法律意识。从目前城管综合执法水平来看,可以说,在有些执法人员身上还非常缺乏。城管综合执法机关以及执法人员如果法律意识淡薄或者权利意识淡薄,都会对依法执法、执法为民等执法要求造成负面影响。

1. 执法行为不遵循法定程序

一般来说,“行政程序证据规则是行政机关和当事人在行政程序中调查收集、审查判断和采信证据必须遵守的规则,它是行政程序法的重要内容。”②然而,通过对某些涉及城管综合执法的行政诉讼案件进行分析我们发现,有些案件被诉到法院正是由于城管综合执法人员在执法过程中没有遵循法定程序所致,尤其是在行政处罚案件中存在较多程序违法现象,如没收商品不开罚单、不说明情况等。

2. 执法行为具有随意性,存在有法不依和执法不严的现象

有些城管综合执法机关及其执法人员由于缺乏法律观念,随意执法,特别是在执法主体享有自由裁量权领域,既不考虑合法性,也不考虑合理性,致使有法不依、违法不纠的行政不作为和选择性执法等现象时有发生。

3. 对行政诉讼的应诉意识不强

这里的应诉意识,实际上是讲,城管行政执法机关在执法过程中应当具有证据意识。被诉城管综合执法机关在向法庭提供证据时不熟悉证据排除规则,常常出现其提供的证据被人民法院排除或不予采信的情况。根据行政诉讼的证据排除规则,被告及其诉讼代理人在作出具体行政行为后自行收集的证据,

---

① 2011年3月9日,在十一届全国人大四次会议上,时任全国人大常委会委员长吴邦国向近3000名全国人大代表庄重宣布:中国特色社会主义法律体系已经形成。

② 徐继敏:《行政程序证据规则研究》,中国政法大学出版社2010年版。

以及被告严重违反法定程序收集的其他证据，不能作为认定被诉具体行政行为合法的证据。[①] 而实践中常有城管综合执法机关在其被诉案件中提供“现场检查笔录”（复查）类证据材料的制作时间发生在被诉行为作出之后，这样的证据自然就被法院排除了。应诉意识不强，究其本质，也可以说是法律意识不强。

（四）客观方面存在的败诉因素

1. 法律规范不健全和法律适用上存在的问题

规范不细，有法难守，难以责众，违法难究，诸如此类的问题在城管综合执法领域时有发生，导致执法被诉。譬如，在强制拆除违法建设问题上，既存在新旧法规定不一致的现象，也存在规范不细的情况，难以操作，一旦操作，很难服人。如有些违法建设与原有建设混为一体，风格统一，以现有执法手段和职能权限无法区分，而无法采取执法行为，尤其是在许多别墅区内，违法建设现象普遍，盲目执法很可能会引发连锁反应，引起蝴蝶效应。

2. 职能交叉，责任难查

城管综合执法机关行使的职权涉及城市管理的多个领域，就目前而言，这些领域也有其相应的管理部门，如规划、卫生、市政、园林绿化、环境保护、市容等相应的主管部门都不同程度地承担着城市管理的职能，此外，还有各街道的城管执法中队等。不可避免的职能交叉给城市管理带来许多负面影响。尤其在联合执法行动中，地方领导带头现场强制执行，一旦有严重后果，城管综合执法机关往往成为被诉的对象而“背黑锅”。

3. 其他社会问题

这主要体现在违建方面。在违法建设案件中，通常需要入户才能进入违法现场，开展执法检查，相对人不配合，往往造成城管综合执法人员不能进入现场开展检查、勘验等具体工作，执法活动无法进行。

---

① 参见《最高人民法院关于执行〈中华人民共和国行政诉讼法〉若干问题的解释》，法释〔2000〕8号；《最高人民法院关于行政诉讼证据若干问题的规定》，法释〔2002〕21号。

三、应对行政诉讼需加强的相关工作

相对于其他地区，北京市城管综合执法过程中产生的行政诉讼案件，整体来看，其胜诉率还是很高的。譬如，北京市丰台区城管监察执法局，2011 年共涉及行政诉讼案件 32 件，无一败诉案例。尽管如此也不容轻视，因为每败诉一起行政诉讼案件，对该地方的城管综合执法机关带来的消极影响都是非常明显的。败诉的原因主要是行为违法、取证不足等；另外还有应诉准备不足等因素。综合上述原因分析，我们认为，城管综合执法机关应在制度上建立并完善案件处理机制和应诉流程，在主观上提升必要的证据意识和取证水平，做好应诉前各种必要的准备。

（一）建立并完善涉诉案件的处理机制和应诉流程

综合 2011 年北京市城管综合执法机关部分涉诉案件情况来看，胜诉原因比较清楚，主要是行政相对人也就是原告方在法律认知、事实认定和执法程序等方面不清楚，更重要的是各区县城管监察大队在案件应诉上做了充分准备。有的区城管监察局如丰台区和通州区城管监察局还建立了案件处理机制和应诉流程。案件处理机制和应诉流程包括“建立团队——加强沟通——案前研究——准备应诉——庭前调解——案后分析”六个步骤，可以称为“六步工作法”。

1. 建立团队

即建立应诉团队，主要以城管综合执法机关法制科的人员为核心成员，积极促进局领导、分队领导出庭应诉，共同组成应诉团队。对于重大复杂的行政诉讼案件，由党委领导及涉及分队的队长共同出庭应诉，并组织分队队员进行案件旁听，这样既可以引起全分队的重视，同时也让执法队员正面直击案例，深入感觉法律如何考验行政执法，从中感悟执法中容易出现的问题，从法律方面加以借鉴，增加法律意识，加强对依法执法的重视，提高行政水平。

2. 加强沟通

即加强部门联系、沟通。城管综合执法机关应当保持与区法院、法制办等工作部门之间的密切联系和沟通。譬如，通州区城管监察局在拆除违法建设上遇到法律适用方面的问题时，就曾从这种沟通中获益。对城市道路两侧，影响市容市貌的违法建设，依据《北京市市容环境卫生条例》进行查处；对不影响市容市貌的违法建设，如何正确适用《北京市城乡规划条例》进行查处，在全市还没有相关执法程序和规定的情况下，城管综合执法机关又不能等相关程序规定出台后再予执行。为正确贯彻执行法律法规，做到依法行政，通州区城管监察局积极地与区人民法院、区政府法制办进行沟通协调，进行座谈，力求取得有关部门的理解和支持。

3. 案前研究

即重大疑难案件事先研究。在日常执法中，如遇到重大疑难的案件，积极向市城管综合执法局请示，并及时与区法制办、人民法院进行沟通，希望有关部门给予正确的指导；同时还聘有专门的法务人员与应诉团队成员共同研讨，确保案件调查事实清楚，证据确凿，程序合法，适用法律正确。

4. 准备应诉

即做到应诉思路清晰。城管综合执法机关收到起诉状后，根据起诉状的内容确定是什么性质的案件，是违法建设，是扣押黑车，还是其他案由？尽快与作出处罚决定的执法主体联系，要求其在最短时间内提供有关文书、照片、录像等证据材料；将其提供的证据进行梳理，有问题的要修改，缺少的证据要补充；与案件承办人进行沟通，把握案件的整体情况，了解事实真相，询问与案件有关的问题；针对原告的诉求和手中的证据材料，做好应诉答辩准备；而且站在对方角度，再次设想原告会提出哪些问题，如何答辩，要准备充分；答辩时要思维敏捷，把握分寸。在撰写答辩状和提交相关证据时，要在法定期限内高质量准备相关应诉材料，并在法定期限内及时向法院提交证据，为行政诉讼应诉工作做好一切准备。

5. 庭前调解

即从构建和谐社会维护稳定的立场出发，建立庭前调解制度。在行政诉讼开庭审理前，即找到原告相对人做思想工作，对其提出的不合理要求，尽量协商，以诚感人；讲明道理，拿出依据，以理服人。如果法院进行庭前调解，应当尽量配合，如发现被诉城管综合执法行为确有违法或不当之处，及时作出变更决定，尽可能节约行政成本和司法资源，实现庭前调解。

6. 案后分析

即在案件结束后，召集有关人员参加总结分析会。通过案后分析会，一方面，对案件办理的经验教训进行及时总结，哪些地方做得好，以后应诉时应坚持；哪些地方做得不好，下次应诉时予以改正，不断积累经验。另一方面，对案件本身的情况进行分析，即对城管综合执法工作中存在的瑕疵和不足进行分析总结，以提升执法质量。最后形成总结报告，归档备案并报送市城管综合执法局。

（二）提升证据意识和取证水平

城管综合执法人员在执法过程中缺乏证据意识，取证水平有待提高，因此，城管综合执法人员在执法过程中，应当重视调查取证阶段的每一个作为，增强证据意识，提高取证水平，从而提高在行政诉讼中举证和质证的水平。

1. 关于城管综合执法相关证据的规定

在行政诉讼中，被告对作出的具体行政行为负有举证责任，应当提供作出该具体行政行为的证据和所依据的规范性文件。在对城管综合执法主体执法行为提起的行政诉讼中，作出被诉执法行为的城管综合执法机关恒定为被告，注定了其所应当承担的证据责任。规定城管综合执法相关证据的法律渊源非常多，概括来讲，可以分为三部分：(1)《行政处罚法》、《行政复议法》、《行政强制法》和《行政诉讼法》关于行政证据的规定。这些法律不仅规定了行政诉讼证据的种类，包括书证、物证、视听资料、证人证言、当事人陈述、鉴定结论、勘验笔录和现场笔录，而且规定了这八种证据所应具备的关联性（与案件事实之间的证明关系）、真实性（证据形成的原因，发现证据时的客观环境，证据是否为原件、原物，提供证据的人或证人与当事人是否有利害关系）和合法性（是否符合法定的形式、证据的取得是否符合法律、法规、司法解释和规章）要求，规定了提供各种证据的具体要求，规定了什么样的证据才具有证明资格和证明能力，才能作为定案依据。(2)最高人民法院出台的司法解释。最高人民法院规定的行政诉讼证据规则主要见于2000年3月8日公布的《关于执行〈中华人民共和国行政诉讼法〉若干问题的解释》①和2002年7月24日公布的《关于行政诉讼证据若干问题的规定》(以下简称《证据规定》)②。这两个司法解释对行政诉讼中原、被告应当承担的举证责任、举证期限、提供证据的要求、证据的补充调取和保全、质证和认证等方面作了比较全面的规范。(3)规范城管综合执法的其他法律、法规、规章以及其他规范性文件。这些规定既是人民法院审查各类证据的主要依据，也是城管综合执法取证与应诉举证、质证的主要依据。

2. 注意抓好取证的各个环节

由于被告(城管综合执法机关)在行政诉讼中依法对被诉行政行为负有主要的举证责任，因此，城管综合执法机关在作出执法行为如作出行政处罚决定之前的调查取证就显得十分重要。取得的证据必须符合最高人民法院《证据规定》的要求，具备合法性、真实性和关联性，才会因有完整的证明力而被法庭采信。③ 证据的合法性包括取证程序和证据内容的合法性。因此，城管综合执法人员应在取证方面注意各个环节的合法性和完整性。这包括:(1)当事人的陈述。当事人真实的陈述可作为认定案件的直接证据，所以依法取得当事人陈述或调查询问笔录是取证的关键。也因此，在执法过程中，城管综合执法人员应当注意认真听取当事人陈述和辩解，注意审查当事人的陈述辩解之间以及与其他证据之间是否一致、合乎情理，做好调查询问笔录。(2)现场笔录。这是行政诉讼特有的证据种类，城管综合执法机关在取证问题上，应当充分利用现场笔录，将现场的执法过程全面记录下来，如是否出示了执法证件、告知了相对人什么权利等内容、要求相对人提供的事实和证据等内容、当事人陈述等内容

---

① 法释〔2000〕8号。

② 法释〔2002〕21号。

③ 王国平:"从行政诉讼对证据的要求谈行政执法中的取证问题"，载《环境监测管理与技术》2002年第6期。

以及执法中遇到的其他各种状况，以便在可能成为被告的行政诉讼活动中占据主动。(3)证人证言。证人证言是自然人直接向办案人员所作的陈述，城管综合执法机关向人民法院提供证人证言时应当满足相关性的要求。(4)书证。在科技发达的社会，书证的表现载体不只限于纸张。城管综合执法机关收集书证应当注意符合相关的要求。(5)物证。城管综合执法行为涉及的物证种类繁多，诸如物品、痕迹等。物证具有较强的证明力，城管综合执法主体在执法过程中收集物证应当注意收集原物，在保存原物确有困难时，应当对原物进行复制或者拍照、录像等。这样才能保证在行政诉讼中立于不败之地。(6)视听资料。随着科技的发展，视听资料、电子数据都可能成为城管综合执法中产生的证据形式。收集或者制作视听资料、电子数据应当注意符合相关法律规定，包括保管好有关资料的原始载体，在收集原始载体确有困难时，注意收集相应的复制件；对制作的视听资料、电子数据应注明制作方法、制作时间、制作人和证明对象等；如果是声音资料的，依法还应当附有该声音内容的文字记录等。

3. 诉讼中非法证据的排除问题

常言道，打官司就是打证据。在法学界也有这样的共识，证据问题是整个诉讼活动的中心，一向被视为诉讼的脊梁，是构筑诉讼大厦最为可靠的基石。在行政诉讼中，人民法院裁判认定事实不但要靠证据，而且只有经过双方当事人质证的证据才能作为定案依据，这是保障审判公正的重要程序要求，也是诉讼公开和保护当事人知情权和辩论权的重要制度设计。人民法院查明事实的过程，也就是运用证据证明的过程。在涉及城管综合执法行为的行政诉讼中，被告败诉的重要原因之一就是证据不足，有的甚至仅因书写不规范、不合法等因素招致当事人起诉以及在诉讼中败诉。因此，城管综合执法机关不仅要认真对待证据的收集，而且要重视对“非法证据”的排除。

(1)全面认识、正确对待“非法证据”。对“非法证据”的理解有广义和狭义之分。广义说认为，“非法证据”包括证据的内容、形式、收集或提供证据的人员、程序、方式等不符合法律规定，只要具备这些情形之一就属于非法证据。狭义说认为，非法证据仅指违反法定权限、程序或以其他不正当方法获得的证据。[①] 综合上述法律、法规、司法解释等有关证据的规定，我们认为，城管综合执法机关在执法中排除非法证据应当持广义说，即对于证据的收集、保管，不仅应以合法的程序、方式和人员进行，而且应当保证证据的内容、形式、来源等均为合法。根据《行政诉讼法》第35条的规定，“在诉讼过程中，被告及其诉讼代理人不得自行向原告、第三人和证人收集证据。”除非在诉讼中，作为原告的行政相对人提出了其在城管综合执法过程中没有提出过的事实，并经人民法院允许，作为被告的行政机关是不得自行向原告和证人收集证据的。这样规定，是为了防止作为被告的行政主体“先裁决，后取证”。同时，《行政诉讼法》对被告举证期限的严格限制，也说明城管综合执法机关如要在行政诉讼中立于不败之地，原则上就不能在执法行为完成之后再收集证据。除此之外，城管综合执法机关应当全面、正确理解上述法律、法规、司法解释等有关证据的规定，不仅非法证据应当予以排除，还应关注执法过程中所涉证据对于执法行为合法性的证明效力，防止由于执法过程中的违法、疏忽、失误或不当导致取得的证据对被诉执法行为合法性不具有证明效力或者失去证明效力。如某一城管综合执法机关作出的行政处罚决定经行政复议，复议机关凭据该城管综合执法机关提供的其在作出行政处罚决定时并未作为证据的新证据，维持了原行政处罚决定，执法相对人仍不服，提起行政诉讼后，复议机关采纳的新证据不能成为用以证明原行政处罚决定合法的证据。

（2）深刻认识排除“非法证据”的重要意义，提升举证能力。确立非法证据排除规则是现代行政诉讼制度的必然价值取向，对于监督促进行政机关依法行政，保护行政相对人的合法权益，推动依法治国进程意义重大。在行政诉讼中，为了追求胜诉的结果，有的当事人往往会向人民法院提供大量的证据，这些证据难免河泥带沙、鱼龙混杂。因此，人民法院必须对当事人提供的证据进行严

① 周郁昌：“浅谈行政诉讼中非法证据的排除规则”，载《中国行政法二十年博鳌论坛暨中国法学会行政法学研究会2005年年会会议论文集》；陈峰：“法治理念下的行政程序证据制度研究”，学位论文，2010年苏州大学；刘曰明：“浅谈行政诉讼中非法证据的排除规则”，载《山东审判》2004年第1期。

格审查,决定是否予以采纳。有鉴于此,城管综合执法部门应深刻认识排除“非法证据”的意义,提升自身的举证能力。

首先,要树立程序观念,自觉排除违背程序规则获得的证据,如《行政强制法》第18条通过十项列举①明确规定了行政机关实施行政强制措施的程序,城管综合执法主体在采取行政强制措施时就必须严格遵循有关的程序规定。现代行政诉讼不仅本身应当体现公正、民主、法治的理念,也应使人们对这种经过公正程序获得的裁决结果予以普遍的信任和认可。“一个根据威逼利诱、非法搜查、偷窃而获得的证据所作出的裁判结果,即使结果符合客观真实,也难以让公众信服。”②因此,城管综合执法机关不能存在单纯凭借实体依法行政追求胜诉率的侥幸,务必树立程序法治、程序正当的执法理念,在取证问题上更应如此。从“重实体”向“实体、程序并重”理念转变的过程,其实也是一个对城管综合执法人员进行程序法治教育的过程。实现程序正义,不仅能够有效约束和规范城管综合执法权的正确行使,减少行政领域里的非法专断和主观随意行为,而且有利于在城管综合执法人员中真正树立起社会主义法治理念,消除城管综合执法人员中的“官本位”等不良观念。

其次,要树立以人为本的观念,自觉杜绝由侵权取得的证据。一般来说,对人的关怀始终是法治和良法的终极价值,保障公民、法人或其他组织合法权益和有效纠正违法行政是行政诉讼的两项基本任务。在城管综合执法过程中,执法主体较之行政相对人,在信息、力量等方面明显处于优势地位,它可能会凭借强大的行政权力,违反法定程序,非法介入行政相对人的私权领域,客观上会直接侵犯其享有的合法权益。排除“非法证据”规则实际上起到了保护行政相对

---

① 这十项列举具体为:(一)实施前须向行政机关负责人报告并经批准;(二)由两名以上行政执法人员实施;(三)出示执法身份证件;(四)通知当事人到场;(五)当场告知当事人采取行政强制措施的理由、依据以及当事人依法享有的权利、救济途径;(六)听取当事人的陈述和申辩;(七)制作现场笔录;(八)现场笔录由当事人和行政执法人员签名或者盖章,当事人拒绝的,在笔录中予以注明;(九)当事人不到场的,邀请见证人到场,由见证人和行政执法人员在现场笔录上签名或者盖章;(十)法律、法规规定的其他程序。

② 尹小兴:“行政诉讼证据若干问题研究”,复旦大学2006年学位论文。

人合法权益的作用，体现了对行政相对人“人权”的尊重。行政诉讼证据规定明显加强了保障行政相对人合法权益的力度，强化了对行政相对人合法权益的保护。非法取证行为会直接侵犯行政相对人的合法权益，所取得的证据如果不予排除，显然与保护行政相对人合法权益的行政诉讼立法宗旨背道而驰。城管综合执法主体如果非法取证，目的无非是要取得其实施执法行为所需的证据，非法取证行为本身已经不符合依法行政的要求，因而通过排除“非法证据”，对非法取证行为及结果予以否定评价，对于保障行政相对人的合法权益显然是必要的，也是必需的。因此，城管综合执法主体在取证时要以不侵犯行政相对人权益为基本前提。

再次，要树立依法行政的观念，主动避免非法证据的产生。在国家机构设置中，以国家审判权来监督行政机关依法行使职权和履行职责是现代法治国家的一个基本价值目标。城管综合执法机关应当自觉树立社会主义法治理念，自觉依法行政，严格文明执法。文明执法要求城管综合执法人员严格按照法定条件和程序办事，禁止超越职权或滥用职权。非法取证行为与文明执法的要求根本背离。要有效排除“非法证据”，与严格文明执法密切相关。在行政诉讼中确立非法证据排除规则，可以从司法角度堵塞非法取证行为的诱因，促进城管综合执法主体文明执法。

最后，在城管综合执法过程中，执法人员要秉承依法行政、以人为本的社会主义法治理念，尊重法律程序。这样才能在调查取证上进一步严格遵守相关法律、法规、规章、司法解释等规范性文件有关证据要求的规定，全面、客观、公正地进行执法调查，在此基础上依法收集相关的具有证明力的各种证据并形成证明违法事实的完整“证据链”，以保证所作出的行政执法行为事实认定清楚，证据确凿，从而依法作出行政决定，确保在可能的行政诉讼中占据主动，避免败诉。

（三）应诉前后应做好各项工作

公民、法人或其他组织对城管综合执法机关作出的具体行政行为不服，或者认为侵害其合法权益，向人民法院提起行政诉讼的，人民法院受理后会向作为被告的城管综合执法部门发出《应诉通知书》。有关城管综合执法机关接到《应诉通知书》后，应当及时向本机关负责应诉的法制部门或者其他有关部门报告，根据不同情况，决定共同出庭应诉或者由应诉机构专职应诉人员出庭应诉。如上所述，有的城管综合执法机关已经形成了较为成熟的应诉流程。就北京市而言，一般来说，被告多为区城管监察局，目前都比较重视行政诉讼的应诉，但有的还不能做到从容应诉，甚至没有完全理出头绪，被诉时只能疲于应付。

1. 厘清行政执法证据和行政诉讼证据

这里的行政执法证据，即行政程序证据，简称行政证据，是指城管综合执法机关为实施具体行政行为而调取、收集、运用的，用以证明行政相对人是否存在待处理违法事实的证据。这里的行政诉讼证据，是指城管综合执法机关在行政诉讼中提出的用以证明被诉行政行为是否合法的证据。行政执法证据与行政诉讼证据既有区别，又有联系。①

首先，两者是不同法律程序中的证据。由于行政执法程序与行政诉讼程序是不同的法律程序，行政执法证据与行政诉讼证据是不同法律程序中的证据，从这种意义上来说，两者是有区别的。比如，运用证据的主体不同：前者是城管综合执法机关，其运用证据属于行政权的一部分；后者是人民法院，其运用证据属于司法权的一部分。运用证据的目的不同：城管综合执法机关运用行政执法证据的目的，是证明待处理违法事实是否存在从而为其对行政相对人作出具体行政行为提供依据；人民法院运用行政诉讼证据的目的在于查明被诉具体行政行为是否合法的有关事实，从而为人民法院对具体行政行为是否进行司法审查、作出公正裁判提供依据。

其次，两者具体制度设计上存在差别。行政执法程序的类型是多样化的，这是由具体行政行为不同决定的，如对应行政处罚有行政处罚程序，对应行政登记有行政登记程序，对应行政征收有行政征收程序，对应行政裁决有行政裁

① “行政诉讼证据新规则与工商行政执法丛谈：行政执法证据与行政诉讼证据”，载《工商行政管理》2003 年第 8 期。

决程序,等等不一而足。行政执法程序不同,对证据的要求也会不一致。例如,城管综合执法主体实施行政处罚行为,其证据的取得主要是依职权而为,只有在法有明文规定时才可要求行政相对人提供证据;如果城管综合执法主体没有取得有效证据证明行政相对人存在违法行为,就不能强行实施行政处罚行为;如果依法应由行政相对人提供证据,行政相对人拒绝提供或者不能有效提供时,城管综合执法主体才能让行政相对人承担不提供证据的不利后果,从而作出行政处罚决定。否则,一旦被诉,由于极易形成"非法证据",而难以获得法院的支持。同时,受"不自证有责"原则的保护,对"于己不利"的证据,行政相对人可以拒绝提供,除非法律另有规定,对此城管综合执法主体在执法过程中应当特别予以注意。

行政执法程序中的证据在进入诉讼程序后可能成为诉讼程序中的证据,由此决定了二者具有密切的关系。行政执法证据与行政诉讼证据都是法律意义上的证据,都应具备证据的客观性、关联性、合法性。行政执法证据与行政诉讼证据在证据种类上具有同一性。行政执法证据是潜在的行政诉讼证据。行政执法证据是行政诉讼中的审查对象。行政执法证据与行政诉讼证据具有延续关系。在行政执法过程中,城管综合执法机关依法为作出正确的具体行政行为应积极、主动、客观地收集行政执法证据,其收集、调查、运用证据的方法也或成为人民法院进行合法性审查的对象,但是在审查证据的客观性、关联性、合法性上与人民法院审查的方法基本相同。

2. 正确认识行政诉讼和司法审查的功能,自觉接受司法监督

《行政诉讼法》是我国第一部专门规定行政诉讼制度的重要法典,在我国社会主义法治建设史上具有里程碑的意义。根据《行政诉讼法》第 1 条的规定,①行政诉讼的直接功能是解决行政争议,对行政相对人来说,它是一种司法救济;对被告城管综合执法机关来说,它是对行政执法的司法监督,目的是敦促城管综合执法机关依法行政。

---

① 《行政诉讼法》第 1 条规定:"为保证人民法院公正、及时审理行政案件,解决行政争议,保护公民、法人和其他组织的合法权益,监督行政机关依法行使行政职权,根据宪法,制定本法。"

行政诉讼质量的高低是一个国家行政管理和行政法治水准的体现。很长时间以来,城管综合执法部门存在有抵触行政诉讼的思想情绪和活动,这与当地城管综合执法机关领导及其工作人员头脑中存在的封建观念根深蒂固、法制观念淡薄以及特权思想严重有关。这就导致他们不能正确认识和对待行政诉讼法和人民法院的司法审查活动,认为是专门对付行政机关的,甚至有意抵触行政审判活动。如有的城管综合执法机关被起诉后,不愿当被告,不是互相推诿,就是推给下属机关顶差;有的法定代表人不出庭,不履行法定诉讼义务;有的接到起诉状副本之后不进行答辩,收到传唤不出庭,不参与诉讼活动;有的不执行法院重作具体行政决定的判决;甚至还有的利用职权干预、扰乱人民法院的诉讼活动;等等。

人民法院对行政执法的监督,是通过对行政案件的审理、裁判来实现的。监督行政机关依法行政,是我国行政诉讼法的重要任务之一,也是对行政机关外部监督的一种重要形式。通过对违法行政行为的事后纠正,来达到防止行政违法的目的,从而促进行政管理的法制化,确保行政执法的合法、合理,提高行政效率。人民法院依法对行政案件独立行使审判权,不受行政机关、社会团体和个人的干涉。在行政诉讼中,被告行政机关的诉权也受到了必要的限制:它没有起诉权和反诉权,并对所作出的具体行政行为是否合法负举证责任,在诉讼过程中,被告方不得自行向原告和证人收集证据,这就要求行政机关在作出具体行政行为之前就必须高度重视证据的收集和保存,从而促使行政机关依法行政,有效防止行政机关越权和滥用权力。另外,人民法院可以判决撤销被诉具体行政行为或判决行政机关重新作出具体行政行为,并可以强制行政机关履行人民法院作出的生效裁判。

通过对行政机关具体行政行为进行司法审查来监督和促进行政权力合法、合理、有效地行使,不仅是对行政执法提出的更高要求,也是确保行政相对人合法权益不受侵犯的重要制约手段。因为社会主义国家行政诉讼制度建立的基础是社会主义民主制,人民当家做主,国家的一切权力属于人民。人民政府由人民通过代表机关设置,人民通过权力机关对政府的行政活动进行法律监督,而我国的行政诉讼制度正体现了人民当家做主的政治地位，是人民主权观念在国家生活中的具体表现，通过行政诉讼来监督城管综合执法机关依法行政，保护公民、法人和其他组织的合法权益不受侵害。行政诉讼作为一种法律制度，对城管综合执法的促进作用正如对所有行政行为的监督一样，是全方位的，概括起来可以用三句话表示：一是有利于城管综合执法的程序化、制度化，促进城管综合执法机关依法行政；二是有利于加强城管综合执法机关及其工作人员的责任感；三是有利于城管综合执法机关及其工作人员工作作风的改进。① 总之，城管综合执法机关能够正确认识行政诉讼和司法审查的功能，自觉接受司法监督，有利于促进其依法行政，和谐执法，实现"双赢"。

3. 加强与司法部门的沟通，争取理解支持和对策建议

首先，与人民法院进行正常沟通，是改进城管综合执法工作、减少或避免失误并获得理解和支持的重要途径。这种沟通不应仅限于涉诉之时。人民法院审理行政案件，对被诉城管综合执法行为进行司法审查，履行国家审判职能，同时也在为城管综合执法工作提供司法保障。这种保障作用主要体现在两个方面：一是合法有效的被诉城管综合执法行为通过公开、公平、公正的司法审查，获得人民法院的支持；二是在行政相对人拒不执行城管综合执法主体作出的具体行政行为时，城管综合执法机关依法可以向人民法院申请强制执行，以维护法律的权威。② 但在城管综合执法实践中，城管综合执法机关往往由于不能正确对待被诉问题，从而忽略了司法部门具有的功能。为此有人提出要"在人民法院与城管执法机关之间建立一种良好的协作关系"。③

其次，正确认识人民法院的作用，加强与人民法院系统的协调，并逐步学会借助人民法院的力量提高执法成效。这样有助于双方相互理解和支持，可以实现工作协调和监督上的内外结合与有机统一。城管综合执法部分涉诉案件之

① 张坤世："略论行政诉讼对行政执法的监督与促进"，载《湖南政报》1998 年第 8 期。

② 刘健："城管机关执法中的暴力执法问题研究"，中央民族大学 2007 年学位论文。

③ 杨书文："城管行政综合执法中的部际协调与上下关系"，载《上海城市管理职业技术学院学报》2008 年第 1 期。

所以败诉，重要原因就在于法律法规的适用上。有些城管监察执法局能够正确对待司法审查，在行政诉讼中很注意与人民法院进行沟通，答辩时主动把城管综合执法和实施处罚行为所依据的法律法规等规范性文件整理好呈送给人民法院，这样一方面可以减少承办案件法官的检索时间，①另一方面也为城管综合执法行为本身的合法性提供了依据，有利于行政诉讼的正常进行。

最后，认真对待司法建议和“行政审判白皮书”。人民法院在对行政案件作出裁判之后，如有必要，会向城管综合执法机关发出司法建议，通过司法建议指出城管综合执法中存在的问题以及如何改进或者避免违法等。司法建议是具有中国特色的一项司法制度，历来受到人民法院的重视。2009 年最高人民法院印发了《关于当前形势下做好行政审判工作的若干意见》的通知，②要求人民法院高度重视司法建议工作，要“主动建言献策，促进依法行政，不断强化行政审判的服务功能”，“注重行政审判协调，建立健全司法与行政的良性互动机制”。特别是近几年，为充分发挥司法裁判对促进行政机关依法行政的规范导向作用，人民法院又在开展制作“行政审判白皮书”活动，③以此延伸和扩大人民法院的办案效果。近年来，各地不少法院在分析和归纳行政审判中反映出的行政机关执法过程中所存在的问题的基础上，指出问题、提出建议汇总成册，并以《行政审判白皮书》的形式报送相关行政机关。这是一个法院参与社会管理创新的重要方式，是推进政府依法行政的重要举措，也是有利于执政党依法执政，提升党政机关权威的有效途径。这也引起了相关省(市)领导的高度重视，

---

① 城管执法的职权涉及 360 余项内容，涉及 60 多部法律法规，其他规范性文件就更多了。法官在办案过程中针对具体案件要检索大量文件，如果涉及专业性技术问题还要去查找相应的资料。但就当前法官工作的实际来说，他们是没有时间来做这些工作的。如果没有城管综合执法部门提供这些材料，他们对案件的判决在法律依据和适用法律上都可能存在很大出入。

② 法发〔2009〕38 号。

③ “行政审判白皮书”是法院专门编写的司法审查报告，内容是对上一年度行政案件审理情况进行统计梳理，分析被告行政机关败诉原因，指出行政执法中存在的问题，并向有关行政机关提出改进工作的建议，因封面为白色故俗称“行政审判白皮书”。——引自“郑州中院‘行政审判白皮书’受到最高院领导表扬”，载 http://henan.people.com.cn/news/2011/11/01/576555.html，2012 年 5 月 26 日访问。

并纷纷作出批示，有的甚至要求“省法制办要跟踪了解并对若干重点地区、重点领域与有关市、县、部门商讨如何改进”；[①]有的还要求把它作为各级领导干部的普法教材。[②] 但是总体上来说，行政执法机关回应者寥寥无几。城管综合执法机关应当充分重视人民法院这一工作机制，“为我所用”，促进依法行政，提高执法水平。

---

① 莫于川、杨建顺、田飞龙：“‘白皮书’：行政审判与依法行政的良性互动”，载《人民法院报》2010年1月15日。

② 针对2010年全区法院行政案件司法审查情况，内蒙古高级人民法院经过深入分析研究，发布了《2010年全区法院行政审判白皮书》，对全区的行政执法工作提出了具体司法建议。8月2日，内蒙古自治区党委书记、自治区人大常委会主任胡春华在这份“白皮书”上作出重要批示：“将‘白皮书’印发全区各盟市旗县党政一把手，认真组织学习，提高依法执政水平。”参见史万森、宋建波：“胡春华批示印发内蒙古高院2010行政审判白皮书并要求党政一把手要认真组织学习”，载《法制日报》2011年8月5日。

第十三章　英国城市管理经验对北京建设世界城市的启示

时有出现的雾霾、经常发生拥堵的交通、扰乱市容环境秩序的广告、非法出租车的运营以及城市管理职能的交叉重叠等现象都使北京城市管理水平与建设世界城市目标相距甚远。“他山之石，可以攻玉”，英国的城市管理为我们提高北京城市管理水平提供了很好的借鉴。2009 年年底，北京市委、市政府提出了要把北京建设成为世界城市的战略目标。这一重大战略目标无疑为首都北京未来的发展创造了一个新的历史机遇，[①]也给北京市城市管理综合执法机关的城市管理工作提出了新的课题。自 2011 年年底，北京市市政市容委员会组织考察团到我国目前公认排名世界第二的世界城市英国伦敦[②]及其他英国城市对其城市管理进行考察。笔者通过随团学习考察，感触颇深。无论是立法、执法、理念和实践，抑或资金投入、科技创新和管理水平，英国的城市管理都有许多值得北京学习和借鉴的地方。

一、世界城市与北京城市建设目标

（一）北京建设为世界城市的意义

德国诗人歌德在 18 世纪后叶将罗马和巴黎称为世界城市（world city）。苏

① 连玉明：“北京建设世界城市的问题与对策”，载 http://www.niulsh.bjshy.gov.cn/level3.jsp? id = 25107，2012 年 12 月 5 日访问。

② 根据社科院发布的全球最具竞争力城市排名，载 http://finance.people.com.cn/n/2012/0628/c70846 - 18399921.html，2012 年 12 月 5 日访问。

格兰人类生态学家P.格迪斯于1915年则将当时西方一些国家正在发展中的大城市称为世界城市。当时世界城市仅指那些在世界商业活动中占有较大比例的城市。1966年,英国地理学家、规划师彼德·霍尔(Peter Hall)把世界城市定义为:那些已对全世界或大多数国家发生全球性经济、政治、文化影响的国际第一流大城市。[①] 按照百度百科的解释,世界城市又称为全球城市(global city)。[②] 2012年6月28日,中国社会科学院在京举行"全球城市竞争力报告发布与研讨会",并发布《2011全球城市竞争力报告》中英文版。中国社会科学院城市与竞争力研究中心主任倪鹏飞表示,全球最具竞争力城市排名纽约第一,伦敦、东京、巴黎分列前四。[③] 除了世界城市、全球城市的称谓之外,还有国际城市的称谓。从历史发展的角度来看,最早从事有关问题的研究者使用世界城市与国际城市所指的内涵确有不同,前者重点放在城市发展程度本身,而后者重点放在城市间、国家间的交互作用和影响功能。似乎前者是城市发展的第一步目标,后者是城市发展的第二步目标。其实,这几个概念是随着不同时代政治、经济和社会的发展而发生着变化的。特别是在政治、经济、文化发展的全球化背景下,这几个概念几近融合,这两个目标亦在同步进行、同时实现。为此,也为叙述方便,本书将在同一意义上使用这几个概念。

世界城市不仅代表所属国家的形象,象征所属国家的国际地位和力量,而且从政治、经济、文化等诸方面都在全世界不断产生着深刻的影响。北京作为具有世界人口1/6国家的首都,仅仅成为一个大都市是远远不够的。随着我国综合国力的增加,北京应当加快建设成为现代化国际城市的步伐,不断提升其在世界城市之林中的地位和影响力,这也是我国改革开放和现代化建设对北京作为全国政治、经济、文化中心和国际交往中心的基本要求。早在若干年前,北京就制定了城市总体规划,明确将国际城市作为发展的目标之一,之后得到了

---

① 赵培红:"北京走向世界城市",载《中国城市经济》2010年第10期。

② 全球城市,载 http://baike.baidu.com/view/256612.htm,2012年12月10日访问。

③ "社科院发布全球最具竞争力城市排名:纽约第一",载 http://finance.people.com.cn/n/2012/0628/c70846-18399921.html,2012年12月10日访问。

中央的批准,这为北京建设国际城市奠定了重要的前提条件。北京作为国家进行国际交流与合作的一个重要窗口和平台,建设成为国际城市,必将更加促进国家的快速发展,为世界和平与发展发挥更大的影响力,作出更大的贡献。北京建设国际城市,对北京的城市管理水平亦提出了更高的要求。

(二)北京建设世界城市的情况

2010年8月15日,全球管理咨询公司科尔尼公司、芝加哥全球事务委员会以及《外交政策》杂志日前联合推出了第二届全球城市指数,对全世界65个大城市进行了排名。在2010年指数排名中,纽约、伦敦、东京、巴黎、中国香港、芝加哥、洛杉矶、新加坡、悉尼、首尔被称为“世界十大国际大都市”。前述《外交政策》杂志在发布的65座全球城市排名中,中国仅有北京、上海、台北、广州、深圳、香港和重庆7座城市榜上有名。①

尽管我们在同一意义上使用国际城市的称谓,但现阶段还是应当承认,国际城市分很多种,从形态上可以分为高端、中端、低端,分别为全球性国际城市、区域性国际城市和国家性国际城市。国家性世界城市,在我国也称为国家中心城市。2010年刊载于人民网的一篇题为《世界城市,北京的抉择》的文章中指出,目前学术界公认的全球性世界城市仅限纽约、伦敦、东京3个城市。区域性世界城市在跨国界的区域资源配置中起关键作用,如巴黎、新加坡、中国香港等。而中国的北京、上海、天津、重庆和广州等则属于国家性世界城市,尚处于世界城市的低端形态。② 正如2010年3月,我国国务院批复的5个国家中心城市:北京、上海、天津、重庆、广州。③ 这也正说明,北京尚处于国家性国际城市的阶段,属于国际城市的低端性质。国际城市的高端形态是北京建设的目标、发展的方向,而北京距此目标尚有很长一段路要走。北京市市委市政府提出要

① 2010全球城市排名,载 http://baike.baidu.com/view/4129582.htm,2012年12月10日访问。

② 连玉明:“权威论坛:世界城市,北京的抉择”,载 http://culture.people.com.cn/GB/187956/189865/11583102.html,2013年1月30日访问。

③ 连玉明:“对北京建设世界城市的几点认识”,载 http://hsh.eduwindows.com/content_manager/news.php? news_id=279,2013年1月30日访问。

瞄准国际城市的高端形态建设自己的城市，也就是要将北京建设成世界城市。

北京市委市政府根据现阶段北京已经具备的经济发展水平和基础设施、社会自然环境等建设国际城市的优势条件，以及考虑到北京距国际城市的差距和原因，将北京建设世界城市的策略确定为“三步走”的具体目标：第一阶段，全面推进首都各项工作，努力在全国率先基本实现现代化，构建现代国际城市的基本构架；第二阶段，到2020年左右，力争全面实现现代化，确立具有鲜明特色的现代国际城市的地位；第三阶段，到2050年左右，要建设成为经济、社会、生态全面协调可持续发展的城市，建成有中国特色和首都特征的世界城市，全面进入世界城市行列。① 根据上述“三步走”的具体目标和北京建设国际城市的现存差距可以看出，城市管理在北京建设世界城市的任务中占有很重要的地位。北京城市管理建设和发展已经历了十多个年头，但较英国城市管理水平，较建设世界城市的要求，需要学习的地方和努力的空间非常广大。

二、英国城市管理的基本情况

英国具有与首都伦敦作为欧洲最大和最具国际特色的世界城市相当的城市管理水平。英国位于欧洲，由大不列颠岛（包括英格兰、苏格兰、威尔士）以及爱尔兰岛东北部的北爱尔兰和周围5500个小岛组成。面积24.41万平方公里，英格兰地区13.04万平方公里，苏格兰7.88万平方公里，威尔士2.08万平方公里，北爱尔兰1.36万平方公里。而作为世界城市之一的伦敦，指的是“大伦敦”地区（Greater London），包括32个伦敦地方行政区以及伦敦金融城——“伦敦市”（City of London）在内的地区，即由“伦敦市”和32个自治市组成“大伦敦”，面积1605平方公里。截至2007年，大伦敦人口7,556,900。人口密度4761人/平方公里。都会区人口827.83万。作为排名前列的世界城市，英国伦敦早已告别了“雾都”的时代，人与自然和谐，生态环境优美。这一切，无不体现其城市管理的现代化水平。考察期间，笔者能够深刻地感受到英国作为世

① “北京2050年将建成世界城市”，载 http://news.ifeng.com/mainland/201003/0303_17_1562632.shtml，2012年12月11日访问。

界上第一个工业国,其经济高度发达、社会保障制度健全、管理体系完善、公众参与广泛、科技支撑有力。① 除此之外,以下三个方面还能让我们了解英国城市管理先进经验和法治水平的一些具体细节。

(一)英国城市管理层级模式

英国是实行城市自治的国家,在城市管理和建设当中,积累了丰富的立法、执法和管理经验,有许多值得我们学习和借鉴的地方。英国在城市管理领域的主要立法有:《乡镇规划法》、《住宅法》、《土地征购法》、《土地补偿法》、《废弃物管理法》、《国家公园保护法》以及涉及生态环境方面的《环境保护法》、《水资源法》等。英国在城市管理领域中,中央与地方立法权限和管理权限有明确划分,中央政府主要负责制定城市管理方面的政策和有关法律,并提供城市建设和管理所需要的资金。在立法上,中央政府主要规定城市管理的原则和要求。按照法律的规定,地方城市政府结合本地的实际情况,就其所管理的事项制定具体管理实施办法。中央政府主要以资金作为城市管理的调控手段,地方政府的财政收入主要来自中央补助金,占到总收入的50% ~70% ,其他收入来源是地方税、杂项收入和贷款。地方税主要是由地方政府征收的市政税,占地方收入的比例为10% ~20% 。地方税主要用于城市建设和管理,地方政府财政不足的部分主要靠贷款和其他杂项收入。

(二)英国地方政府的管理体制

1. 英国地方政府的结构

英国地方政府的结构依地区制的不同而不统一。在英格兰,除伦敦区外,地方政府还包括若干个行政郡,行政郡地方政府设置有二级制和单一制,前者在一个行政郡里既有郡议会,也有下辖各区议会;后者通常不设郡议会,这样的行政郡或由一个单独的区组成,或由若干个区组成,设区议会。在威尔士,有22 个单一制地方政府,由一级地方政府提供主要的地方服务。在苏格兰、威尔士和北爱尔兰,除地区性政府外,苏格兰有区议会 32 个,北爱尔兰有区议会 26

① 王连峰:“英国城市管理的经验和启示”,载《城市管理与科技》2011 年第 4 期。

个,都是单一制地方政府。除上述主要的地方政府单位外,在英格兰还有堂区议会和市镇议会,在苏格兰和威尔士,还有社区议会,法定职能有限。由此可见,英国政府有三个层级:中央政府,地方政府以及苏格兰、威尔士和北爱尔兰的地区性政府。①

2. 英国地方政府的管理模式

英国地方政府采取议会委员制模式,每个地方城市都设有自己的议会,城市议会是政治权力中心,既行使地方立法权,又设置若干个行政委员会行使执法权,是典型的"议行合一"体制。② 城市议会委员会有常设委员会、临时委员会、法定委员会和联合委员会等几种。常设委员会负责城市的日常事务,如公用事业、环境卫生和教育等。临时委员会负责临时性的事务,一旦事务结束,该委员会也被解散。法定委员会是根据有关法律规定必须设立的处理特定事务的委员会,如财政、消防等方面的委员会。联合委员会是因处理跨地区的事务而由两地或多个地区议会共同组建的委员会,如公路或河流方面的委员。③ 目前,受到欧洲金融危机的影响,英国政府采取了财政紧缩政策,除了法定委员会以外,其余的委员会大多取消,管理人员尽可能合并到其他存留的委员会当中,被取消的委员会职能最大限度地发挥非政府组织(NGO)的作用,以节约资金。英国中央政府设立环境运输和地区事务部,负责城市的建设和管理。具体职责是:主管地方政府的改革,控制环境污染,负责地区开发和地区性规划的审批,协调城市设计,主管住房政策和资金筹集,制定住房政策、财务管理和建筑的规章,负责有关建筑和土木工程等。地方政府也设立了相应的机构进行城市管理。④

---

① 任进:"地方政府结构的依法调整:以省直管县(市)为中心",载 http://www.civillaw.com.cn/article/default.asp? id = 51037,2012 年 12 月 11 日访问。

② 李庆飞:"国外城市管理模式比较",山东大学 2006 年学位论文;胡充寒:"国外城市管理经验借鉴及其启示",载 http://www.chinacity.org.cn/csfz/csgl/57288.html,2012 年 12 月 17 日访问;转引自姜杰、彭展:《城市管理学》,山东人民出版社 2005 年版,第 77 页。

③ 李庆飞:"国外城市管理模式比较",山东大学 2006 年学位论文;胡充寒:"国外城市管理经验借鉴及其启示",载 http://www.chinacity.org.cn/csfz/csgl/57288.html,2012 年 12 月 17 日访问。

④ 北京城市环境建设与管理培训团:"英国城市环境建设与管理的启示",载《城市管理与科技》2012 年第 3 期。

以大伦敦市政府为例，目前，伦敦市政府只有 4 个局，即交通市政局、警察局、消防和应急局、经济开发局。其他管理事项以充分发挥区域自治和 NGO 组织的作用来实现管理目的。实际的情况是各个行业协会制订标准和计划，企业和公民遵照执行。

（三）英国城市管理方面的先进之处

作为法制较为成熟的国家，英国在城市管理方面确有独特之处。伦敦作为 2012 年夏季奥运会主办城市，在城市建设和管理当中融传统与创新于一体，特别是将改革融于英国人善于遵守和保留传统的经验和做法之中，使传统经验和做法在城市管理当中发挥了良好的作用。对我们改进长期困扰北京城市管理的一些主要问题如流动商贩、生活垃圾、店外经营、施工工地和黑出租车等工作很有借鉴意义。

1. 商贩管理方面

伦敦为了照顾城市低收入群体的购物和就业，在非人口聚集街道建立早市，集中管理，每个商摊每天向当地政府缴纳 10 ~ 15 英镑，每周一至周六自早 6 时到晚 20 时经营，周日不得经营；每天 20 时休市后，政府派专门车辆到该街道清理垃圾，并对地面用水进行清洗。早市的设立，有效防止了城市街道游商的随意经营。笔者在英国伦敦考察了克洛伊顿地区的早市，该早市已经存在 300 多年，周边居民普遍认可，在早市购物已经成为一种习惯。经营者有当地白人，也有来自非洲的黑色人种、亚洲的黄色人种、印度和巴基斯坦等英联邦国家的人。经营的商品有水果、蔬菜、鲜花、日用小商品、服装、鞋帽和饰品等，商品种类繁多，顾客络绎不绝，经营者每天纯收入在 60 ~ 100 英镑。经营者安居乐业，早市和周边居民也能够和谐相处。此外，英国还设有露天跳蚤市场和大棚市场等集市，经营者需按照规定的时间和地点进行经营。从某种意义上看，英国政府允许这种经营方式存在，不仅可以在一定程度上满足市民的生活需要，而且可以使市民互通有无，减少浪费。

2. 店外经营管理

英国人有晒着太阳在室外喝下午茶的习惯，同时英国严禁室内吸烟，一些吸烟的顾客必须在室外吸烟，伦敦市乃至其他英国的城市在经过当地政府许可下，允许一些经营餐饮的商户在店外设置桌椅经营。这样既可方便吸烟的顾客用餐，也解决了商户店外经营的问题。店外经营可能会涉及“占道经营”问题，相对较为严格周全的规范，使英国城市在这方面显得井井有条。① 商户在店外经营需要经过行政审批，按照经营面积或经营的餐桌数量，缴纳占路许可费。这一规定与北京市的《北京市市容环境卫生条例》对于店外经营“一刀切”式的禁止规定相比，更符合市场经济发展规律和市民生活需要；既充分考虑了市民和商家的需求，又兼顾了城市容貌的维护，管理模式既合理又人性化，笔者认为这一点非常值得北京学习和借鉴。

3. 商户垃圾管理

沿街商户每天早晨7时之前，用垃圾袋封闭装好垃圾放到商户门前的固定位置，垃圾运输车辆到达后集中收集清运。沿街商户如果超过运输时限未将垃圾放置指定地点，则不得将垃圾放置在街边，只能自己暂存，等到第二天再由专业清运垃圾车辆装走。

4. 居民生活垃圾

垃圾桶由政府免费统一发放，垃圾桶上标有住户门牌号码。严格垃圾分类管理，餐厨垃圾、可回收垃圾、不可回收垃圾、重污染垃圾分别放置不同颜色垃圾桶内，以利于回收和运输。当地政府负责每周免费清运公民生活垃圾，所需费用全部纳入市政税收当中，住户无须缴纳任何费用。如果垃圾桶外放置垃圾，或者垃圾桶盖不关闭，该住户将收到罚单。如果垃圾混放，垃圾清运工人将不予清运。诸如乱丢垃圾以及饲养宠物随处排泄等违法行为，在英国被称为反社会行为，都会受到严厉处罚。

5. 施工场地管理

2012年奥运会召开之前，伦敦市加紧施工，计划在2012年3月全面停止施工。笔者在考察期间，伦敦许多地方都在紧张施工，但是伦敦的施工现场忙

① 新华每日电讯：“英国摊贩‘占道’：有法可依，不打‘游击’”，载 http://news.xinhuanet.com/mrdx/2007-01/04/content_5564875.htm，2013年1月30日访问。

而不乱,施工现场周边环境秩序非常整洁,表现在:一是道路施工现场周边设置统一颜色、规格网状围挡及标志牌,夜间有照明警示灯提示行人以免发生交通事故。这些围挡均由专业公司提供租赁服务。二是大型建设项目施工现场使用硬质围挡,建设工程本身也用包装材料严密包扎,确保不会出现扬尘、影响市容环境的问题。

6. 商户店外牌匾管理

落地宣传牌匾和门头牌匾统一规划设计,规格统一、颜色与周边景物和谐。一般情况下,只允许每家商户设置一块门头牌匾。如果需要增加设置门头牌匾或者设置落地的临时标志牌,则需要向当地政府申请,经同意并缴纳一定许可费用后方可设置。英国广告管理立法、执法都很严格,几乎看不到像我国经常出现的“市容牛皮癣”。与我国不同的是,对于诸如此类的乱写、乱贴违法行为,在英国主要是由警察处理。

7. “黑车”①管理

英国对出租车管理非常严格,政府通过相关法律明确规定从业车辆的车型、标示、收费价格和从业人员资格,每名出租车司机都要经过严格的考核才能上岗经营,出租车是一项收入非常高的经营项目。近几年来,随着欧债危机的爆发,英国失业人员增多,英国也出现了“黑车”。伦敦市的“黑车”主要聚集在机场周边。伦敦“黑车”现象较我国“黑车”现象不相同之处是其以公司营运为主,利润空间巨大,从业人员不断增加。伦敦警方和市政府相关部门计划采取措施予以整治。

8. 机动车停车管理

在英国,独立住宅几乎每家门前均设置有停车位;无停车位置的地区统一在相对空旷的区域设置集中停车场地供附近居民停放,例如,在立交桥下、商城周边、较宽阔道路两侧设置有停车场。在英国,停车一般无须缴费,但是如果该街区设置了收费“咪表”或禁止停车标志,停车人不缴纳费用或者停车,抄牌

① 一般统指没有办理有关合法手续而上路运营的车辆。

“协警”拍照、记录后，将会受到相应处罚。也就是说，英国也不允许乱停机动车。

9. 绿化方面

英国绿化率非常高，达到国土面积的95%以上，几乎看不见裸露的土地，不但公共空间均种植草坪，每家门前也设置有小花园。目前英国已经很少有重工业企业存在，服务业收入占到GDP总量的70%以上，农村以牧业为主，从城市到农村，绿色的草地比比皆是，城市绿地可以供青少年练习足球、橄榄球；农村的草原主要以放养绵羊、牛马为主，蔬菜和粮食主要靠进口。

10. 吸烟管理

在英国，凡有屋顶的场所一律不得吸烟，如果违法吸烟，报警装置立刻启动，火警会在3分钟内赶到现场。如果发现由于吸烟导致虚假火警，违法行为人将会被告上法庭，由法院判决其承担相应的法律责任，有可能被罚款或入狱。

11. 城市机动车治堵管理

以伦敦为例，周一至周五的7:00—18:00，周末、公共节假日及圣诞节到新年的3个工作日除外，进入伦敦市中心区的车辆，均应缴纳10英镑拥堵费，缴纳处所非常灵活，收费方式灵活多样，非常方便费用支付，消费者可以从零售商店或便利店、自动售货机、报摊、加油站购买，或采用电话、邮寄、登录网站以及利用移动电话发短信等多种方式，或多次交费，也可一次性付清。不缴纳拥堵费按规定将受到处罚：超过次日凌晨仍未缴纳通行费用的车辆将会被处以100英镑的罚款；在收费区域内停车且不缴纳费用者将受到罚款50英镑的处罚，并要求在14天之内付清；如果28天后仍不缴纳费用，罚款升至150英镑。

12. 大中型城市实现监控全覆盖

英国城市管理充分利用现代信息手段如在伦敦、曼彻斯特和爱丁堡等大中型城市，无论大街小巷，抑或商点车站，凡人易聚集之处均设置有监控系统（英文简称CCTV），这不但有利于治安管理，对于各种危害城市管理的违法行为和影响城市安全的突发事件也可以第一时间发现，第一时间解决。笔者在伦敦市中心参观时，就遇到一家餐馆门前的地下管网出口冒出浓烟，不到3分钟，两辆消防车就已赶到现场采取封闭措施，查找安全隐患，很快控制住了局面。北京目前除了道路交通领域尚属这类管理之外，也只有公安、交管和城管部门例行执勤巡逻时发现问题能够及时处理，其他情况多是靠群众电话反映或者媒体事后曝光，问题处理滞后现象比较严重。

三、英国城市管理的启示

1. 城市管理法制健全，公民守法意识强

英国是习惯法国家，但是也有很完备的成文法，城市管理领域法律规定得很详细。英国人守法意识很强，如果发现别人违法，任何公民都有权向法庭提出控告。同时，英国的律师在发现违法行为方面也承担了许多社会义务，发挥了积极的作用。我国城市管理综合执法经验积累相对于英国城市管理历史非常短暂，无论是立法体系还是执法机制都需要加以完善，特别是通过执法教育，提高公民守法意识，任务还很艰巨，还需要做许多具体的努力。特别要彻底改变目前城市管理中存在的法制不完善、机制不健全、体系不顺畅的问题，需要从国家层面加强研究、完善城管法制；需要各级政府重视城市管理，对城市管理工作加大综合协调和具体指导的力度；需要各级城管部门加强与市民的沟通，发挥各种法律工作者在城市管理中的作用，有效执法。

2. 违法行为处罚以法庭审判为准，公信力较高

英国的城市管理领域法律规范很全面，违法行为人触犯法律要被告上法庭，法庭审判后行为人应当按照法庭审判履行。行政机关只能在法庭作出审判后对违法行为人的物品采取强制措施，执行难题很少出现。我国行政管理具有自己的特色，行政机关享有行政处罚权，需要完善的是，各有关政府部门在执法过程中应当通力合作，避免各自为政，或者重复执法、交叉执法，提高依法公正管理水平。

3. 城市管理税费简单、透明，公民和商户负担较轻，乐于接受

在英国，地方政府向民众收取的税种只有市政税一种，按照房屋面积计算，每个家庭平均负担在1500 英镑左右。除了市政税以外，在市政管理方面无须

再缴纳任何税费，这一点值得我们借鉴。在借鉴过程中，北京应当加快完善市民信用体系，建立并完善各种社会保障或保险体系，在减轻公民生活负担的同时，建立对公民失信行为的成本约束和惩罚机制，加大违法成本。

4. 小政府、大社会，充分发挥行业协会等（NGO 非政府组织）在城市管理当中的作用

英国城市管理的公众参与程度很高，社会自我管理领域十分广泛，特别是非政府组织发挥了重要作用。以大伦敦市政府为例，伦敦市政府只有 4 个局，即交通市政局、警察局、消防和应急局、经济开发局。其他管理事项充分发挥区域自治和 NGO 的作用来实现管理目的。实际的情况是各个行业协会制定标准和计划，企业和公民遵照执行。同时，广大公众又是城市管理的参与者，城市管理政策或规范的制定，也十分重视听取公众意见。目前我国城管部门承担了许多管不好、不该管的事情，因此也引发了不少社会冲突。我们不妨学学这些经验，在那些可以实行社会自治、行业组织可以承担的领域，发挥市民、行业自我管理的作用，提高公民的社会主体地位，推动社会自治，政府转变职能，强化服务，改变公权力垄断公共事务的局面，以不断满足社会多方面的需求。

5. 充分考虑弱势群体的生存状况，划定指定区域、采取相应措施，保护商贩的合法权利

在英国，有些区域例如伦敦的克洛伊顿地区的早市已经存在 300 年至 400 年，周边居民乐于接受，低收入群体也可以养家糊口。真正做到了城市容貌和低收入群体生存兼顾，不存在城市发展和底端经营之间的矛盾，这一点给了我们很好的启示。目前，北京城镇人口成分复杂，阶层林立，涉及群体庞大。因此，城市管理应当予以充分考虑，加强科学规划，精细管理，特别是针对低收入群体的管理执法，应当服务优先，惩治为辅，减少冲突，促进和谐。

6. 城市管理科技水平较高，应急反应较快，城市监控装置投入较大

英国各大型城市的街头闭路摄像头基本实现了全覆盖、无缝隙监控，城市应急反应快速、灵活，从事件发生到应急反应控制在 3 分钟以内，公民安全感很强；街头自行车停车设施、无障碍设施、街头电话亭、停车收费站和邮筒设置科

学合理、色彩醒目、易于识别和使用。应当讲,北京完全具备了这种信息化水平,只是尚未用于城市管理,借鉴英国的先进做法,应当加快北京城管综合指挥平台、信息网络以及执法工作指挥调动体系建设,努力实现北京城管执法由粗放向精细转变,提高北京城管执法力量的快速调配和快速反应能力,促进北京城市管理不断接近世界城市的管理水平。

7. 着力提升城市宜居水平

英国城市规划、生活设施、环境秩序各个方面整合良好,资源配置和信息应用水平较高,即使出现问题也能够应对及时,快速解决。宜居问题也已经广泛引起各国的重视。从全球范围来看,各国的大都市在研究制订面向21世纪、建设国际城市的发展计划中,都突出地把宜居城市作为一个重要的发展目标。例如,我国近邻的韩国,其首都首尔先后制定了“绿色21世纪战略”、“汉城21世纪战略”,通过了《基本环境法》与《汉城环境宪章》等文件,致力于城市环境的治理。① 北京应当在继续致力于经济、商业发展、发达的同时,注重生态、环境、交通等各方面的优化建设,确保北京向着世界城市的行列挺进。

总之,北京要建设世界城市,既要立足国情,又要善于借鉴。根据目前我国城市管理水平,北京既需要强化城市管理领域的立法,亦需要加强有关职能部门的通力合作,同时需要扩大社会参与,力求做到执法高效、和谐。

---

① “北京建设国际城市研究”,载 http://www.cotsa.com/News/T-32347,2013年1月21日访问。

第十四章　城管综合执法制度的解析

建立城管综合执法制度的终极目的不是处罚，而是改善城市发展环境，造就宜居城市，提升城市形象，服务广大民众。城市建设的快速发展，成就了城市的繁荣，提高了市民的生活水平，同时也对城市快速建设中产生问题的处理提出了更高的要求，诸如公共资源的合理利用，市民权益的有效保护，优美环境和井然秩序的建设与维护等。这也就意味着对人民政府的城市管理水平提出了更高的要求。目前影响我国城市管理水平的掣肘因素很多，城管综合执法制度中存在的问题便是其中之一，亟待健全与完善。

一、我国城管综合执法制度面临的主要问题

（一）城管综合执法权源和执法依据方面亟待统一立法

1. 城管综合执法权源方面缺乏全国统一的或专门立法

自 1997 年北京市城管综合执法部门成立以来，虽然有《行政处罚法》作为制度构建依据，①以后也有个别法律对城管综合执法部门有授权性规定，②但有关城管综合执法问题在国家层面一直没有一部统一的专门立法，以法律的形式

---

① 《行政处罚法》第 16 条规定了相对集中行政处罚权制度。

② 如 2012 年 1 月 1 日施行的《行政强制法》第 17 条规定："行政强制措施由法律、法规规定的行政机关在法定职权范围内实施。行政强制措施权不得委托。依据《中华人民共和国行政处罚法》的规定行使相对集中行政处罚权的行政机关，可以实施法律、法规规定的与行政处罚权有关的行政强制措施。行政强制措施应当由行政机关具备资格的行政执法人员实施，其他人员不得实施。"该条规定可以说是对城管综合执法机关行使行政强制措施权的授权性规定。

明确地对城管综合执法机关的法律地位、体制、机制和编制等重要事项作出统一规定。同时,有关城管综合执法主体行使行政管理执法职权应当遵循的原则、程序、流程、方法、与其他有关主管部门的职能协调等方面,也缺乏一个专门的法律位阶上的统一规定。城管综合执法规范在我国呈现出较强的地方性色彩。在这种情形下,虽然不能说我国的城管综合执法无法可依,但毕竟缺乏专门的全国性的统一规范,不利于城市管理的标准化建设。从健全法制的要求出发,按照依法行政的原理,城管综合执法也需要一个管理自身设置与行为的法律依据。例如,公安系统有《警察法》,税务系统有《税收征收管理法》,等等。就目前我国已有的法律体系来看,已经基本做到了每个执法部门都有一个与其执法权能相对应的法律依据。从权能上看,城管综合执法部门的权能可谓不小,却总被社会民众诟病,缺乏一部与其执法权能相对应的法律依据,不能不说是一个重要原因。[①] 正如中国政法大学马怀德教授指出的,“城管这个执法队伍在我国承担了大量的新的历史时期重要的执法工作和社会管理任务,工作任务重,难度大,对象比较复杂,面又比较广”。因此,有关城管综合执法,应该制定一部统一的城市管理法或相应的法律,这样才能有依据。[②] 由城管综合执法机关行使原来由多个主管部门行使的处罚权力,在没有法律统一规范的条件下,很难通过行政机关自身的能力将诸多不同领域的法律统一行使,而不发生适用上的冲突、矛盾或者不一致。目前,从全国范围来看,有关城管综合执法问题,不仅国家层面缺乏专门的统一立法,就地方来讲,统一立法也缺失严重,少有地方制定了统一的地方性法规。从行业上来看,有关城管综合执法,也缺乏全国性的专门立法,行政法规至今没有出台。

2. 城管综合执法依据法律位阶偏低

相对于我国目前城市发展速度而言,城管综合执法立法工作相对滞后,作

---

① 但不能因此而认为其存在和权力的行使没有法律上的依据,有关问题可参见本书第二章内容。

② 马怀德:《新形势下的依法行政》,北京市城管综合执法系统处级以上领导干部培训班教材,2011年11月16日。

为执法依据的规范性文件，普遍现象是法律位阶较低，因此也产生了一系列多发问题。

（1）没有完整的法律体系。目前，我国没有制定专门规范城管综合执法的法律。从地方立法来看，只有几个省制定了地方性法规，绝大多数省制定的是政府规章，各自为政的立法模式导致各地的立法不尽相同。城管综合执法的法律地位、执法主体、执法权限、执法程序和法律责任等规定，多零散地见于各单行行政法律规范和地方性立法及其他规范性文件当中。一些地方虽然制定有多个涉及相对集中行政处罚权和城管综合执法的规定，也非常分散，没有形成一套完整的法律体系。例如，上海市关于相对集中行政处罚权与城管综合执法的规章就有5个，分别为文化管理领域、城市建设领域、人民广场管理、火车站管理、苏州河管理，且5个规章之间并不存在非常明显的逻辑关系，无论从规定时间，还是规定内容看，都是互相割裂的，没有将其纳入一个统一的相对集中行政处罚权与城管综合执法的规则中来。

（2）执法依据分散不统一。如果说没有普遍到每一个城镇，但也可以说，相对集中行政处罚权和城管综合执法目前已在我国全国范围内开展，但至今没有一部作为统一调整相对集中行政处罚权或城管综合执法依据的法律位阶的上位法律法规。我国作为单一制的国家，法制统一是依法治国的基本要求。我国《宪法》第5条明确规定：“中华人民共和国实行依法治国，建设社会主义法治国家。国家维护社会主义法制的统一和尊严……”这一规定对相对集中行政处罚权和城管综合执法应当具有指导和约束意义。从目前城管综合执法及行使相对集中行政处罚权的领域来看，都有相应的管理法律、法规，如城管综合执法集中行使行政处罚权的领域涉及城市市容环境卫生、城市规划、城市绿化、城市环境保护、城市公共交通等。针对这些领域的管理，我国从国家层面都有立法，如《城市绿化法》、《环境保护法》、《治安管理处罚法》等。但涉及城管综合执法主体在该领域如何具体执法以及如何行使相对集中行政处罚权，却没有一个“基本法”来规范其执法处罚行为。在缺乏统一规范的情况下，各个地方实行相对集中行政处罚权和城管综合执法的具体做法就会不一样。这一方面造成了城管综合执法主体在相应领域执法以及行使相对集中行政处罚权的直接执法依据普遍较低的局面；另一方面也意味着一个制度在不同的地方有不同的执行，有损国家法制的统一。

3. 执法依据分散易冲突、易遗漏

由于作为城管综合执法依据的规范性文件多是地方各自为政，这些分散的地方立法或规范性文件之间难免发生冲突或者互相抵触的情形，这不但会使城管综合执法主体在执法适用法律时无所适从或者产生困惑，也容易给城管综合执法主体滥用权力造成可乘之机，①使其从本部门或者个人利益出发或者根据具体案件与本部门的利害关系在不同条件下选择适用不同规范成为可能。

这种分散规范的情况由于缺乏系统性还可能导致规范缺位或者使其出现空白，而城管综合执法主体由于职责所在，可能会在缺乏必要依据的情况下仍然对某些事务行使处罚权，导致执法行为常常遭到质疑或被投诉。同时，由于执法依据规范不健全、有缺漏，又给有关执法部门互相推诿或争取处罚权提供了可能，无论是作为还是不作为，都呈现出很大的随意性。执法秩序的状态不稳定，必然造成消极后果，损害政府形象。

上述立法状况决定了目前我国城管综合执法主体的权力大多直接来源于所属政府的决定，没有法律或者法规的直接授权，而在我国现行法律体系下城管综合执法主体又同时行使数个行政部门的行政处罚权，显然不完全符合行政法治原则。这种立法状况，也决定了城管综合执法主体法律地位上的混乱和执法依据上的不统一。这种混乱和不统一，又给执法行为引起的行政权力救济造成体制性的障碍，给行政相对人寻求权利救济带来不便。同时，由于执法依据的法律位阶偏低，也使执法的合法性常常受到质疑，从而严重影响城管综合执法的权威性。所以说，在相对集中行政处罚权和城管综合执法试点工作已有了长足发展的情况下，统一立法是亟待解决的问题之一。

---

① 因为从某种视角上看，当一项制度不具备可操作性时，其实际操作的可能性反会更大。

（二）城管综合执法体制亟待理顺

如前所述，我国实行城管综合执法，是对行政管理体制进行的一项重大改革，其核心内容是对行政系统职权的重新配置和调整，同时也肩负着机构改革的重任，其必然涉及各个既定行政主管部门的权力和利益。但从全国范围来看，由于缺乏有关城管综合执法组织机构等内容的统一立法，各地都或多或少存在城管综合执法职权配置混乱、执法队伍管理体制混乱等问题。

1. 集中、不集中行使行政处罚权不统一

有些部门对开展城管综合执法不理解、不支持，认为法律法规已明确规定具体领域或范围的主管执法部门，没有必要搞城管综合执法，认为这样搞是对已颁布实施的法律法规的“实施修改”；有些部门不愿将行政处罚权交由城管综合执法部门执行，认为放弃处罚权会损害本部门的利益，搞不好本部门的工作，出现问题后却将责任推给城管综合执法部门；有些部门却是名交实不交，拖延时日；有些部门担心由一个城管综合执法机关担负那么多执法任务，缺乏必要的监督，怕有法不依，执法不严，对城管综合执法部门不是很信任。

对于以上问题，国务院早有预见，所以曾在《关于进一步推进相对集中行政处罚权工作的决定》①中明确要求“对省、自治区、直辖市人民政府决定依法开展的相对集中行政处罚权工作，国务院有关业务主管部门和省、自治区、直辖市人民政府有关业务主管部门都要按照《中共中央办公厅国务院办公厅关于市县乡人员编制精简的意见》（中办发〔2000〕30 号）和国务院有关文件的要求，切实予以支持，不得以任何借口进行干预、阻挠”。但是，现实中这些问题仍难以避免。

2. 机构与职能设置不统一

以上问题只是一些外在的障碍，城管综合执法体制内部也存在一些问题，主要体现在政府对城管综合执法机构设置和领导体制上重视不够，一定程度上

① 国发〔2002〕17 号。

影响了机构及其职权的合理配置。国务院《关于进一步推进相对集中行政处罚权工作的决定》[①]明确规定:“不得将集中行使行政处罚权的行政机关作为政府一个部门的内设机构或者下设机构,也不得将某个部门的上级业务主管部门确定为集中行使行政处罚权的行政机关的上级主管部门。集中行使行政处罚权的行政机关应作为本级政府直接领导的一个独立的行政执法部门,依法独立履行规定的职权,并承担相应的法律责任。”这充分说明了城管综合执法机构在政府系统中应处的地位,但有些城市的综合执法机构却被设置为政府某组成部门的下属机构,使其地位大打折扣,在职权配置上缺乏发言权。城管综合执法机构的称谓也不一致,简称都是“城管”,全称却有不同,有的强调“监察”,有的强调“综合”,不一而足;领导机制更是五花八门,有的由同级政府直接领导,有的则由某职能部门领导,还有的是两级双重领导;由某一职能部门领导的,又归口不一,十分杂乱,导致职权配置混乱。

(三)城管综合执法权强制性不足

从城管综合执法实践观察,由于缺少一些必要的强制性权能,某些城管综合执法行为即时成效大打折扣。

1. 强行进入住所权的缺失

以调查非法散发、张贴宣传内容涉嫌犯罪(刻章、办证、倒卖发票)的小广告违法案件为例,城管综合执法主体对发现的“小广告藏匿窝点”进行调查时,如果违法行为人拒不配合执法人员的调查,暴力阻止城管综合执法人员进入“藏匿窝点”进行行政调查,执法人员则不能强行进入,否则会因程序违法,而导致执法人员非法侵入住宅的事实违法行为成立。在这种情况下,即使城管综合执法人员强行进入“藏匿窝点”,并获取了支持行政处罚的证据,但该证据取得的程序因无法律依据而构成非法采集的证据,一旦进入行政诉讼,该证据(会因)依法没有证据力,而不具有可采性或者被依法排除,可能导致城管综合执法主体败诉。如果城管综合执法主体请求公安机关配合协助调查“小广告

---

① 国发〔2002〕17号。

藏匿窝点”,由公安部门行使进入住宅的搜查权,又需要相当长的一段时间,在这段时间里,“小广告”违法行人完全可能转移证据,使执法人员和公安人员的案件调查工作无功而返。

2. 对违法行为人强制带离权的缺失

由于现有立法没有赋予城管综合执法机关对违法行为人进行人身强制带离权,在发生违法程度较轻的案件时,如果执法相对人采取拖延时间、无理取闹、拒不配合城管综合执法人员的调查工作等规避法律的行为,执法人员在久拖不决的情况下只能将其“放走”。

3. 对违法行为人强制调查滞留权和跟踪权的缺失

在违法当事人到城管综合执法机关接受调查时,当其发现调查结果将对自身不利时,为了逃避行政处罚,往往拒不配合调查、不提供证据并强行离开城管综合执法机关,拒绝接受行政处理。对于此类违法相对人,城管综合执法机关没有强制调查留滞权。对强行离开城管综合执法机关、逃避行政处理、今后可能无法查实其实际身份或住址的违法相对人,城管综合执法机关也无权进行跟踪。

4. 妨碍公务惩罚权的缺失

这主要涉及虚假举报引起不必要行政调查时,城管综合执法机关缺乏相应的惩罚权。虚假举报引发无谓执法,从某种意义上讲,也是一种妨碍公务的行为。实践中,常有一些举报人出于某些不正当的个人目的,虚假举报未发生的违法行为。例如,举报人举报某施工单位无夜间施工许可证夜间施工扰民,城管综合执法主体到现场调查后,发现该施工单位已经按规定办理了夜间施工许可证,属合法施工。经城管综合执法机关调查,引起此类举报的原因大多是施工方与周边群众对噪声补偿费存有争议。由于补偿费的矛盾引发虚假或重复举报而引起的不必要调查是一种行政资源浪费。但是目前的立法尚未对虚假举报行为如何处理作出规定。

(四)城管综合执法程序规范缺失

1. 执法协调程序规范缺失

这类缺失主要是指城管综合执法权实施的保障缺失,如城管综合执法主体在单独执法取证不能的情况下，申请有权司法机关（法院、公安）协助取证程序的缺失；申请公安等执法机关保障城管综合执法主体正常进行行政调查程序的缺失。

2. 行政相对人放弃程序性权利时的缺席执法程序规范缺失

这类缺失主要是指违法相对人经城管综合执法主体多次书面通知拒不接受调查、拒不接受处理的情况下，城管综合执法主体应当如何处理，尚无立法规定。这种情况是否可以视为当事人放弃陈述、申辩权和申请回避权，是否可以视其为丧失在调查中享有的其他权利，城管综合执法机关是否可以缺席执法等，均缺乏相应的程序设置和明确规定。

3. 对执法人员的程序保障和救济程序规定缺失

这主要是指当违法相对人携带管制刀具、棍棒等对城管综合执法调查人员进行人身威胁，是否构成妨碍公务，城管综合执法人员可否行使我国《刑法》规定的正当防卫权；同时，如果在这种情况下，城管综合执法人员的过当行为造成执法当事人损害的，是否追究执法人员的责任，均缺乏有关程序设置。

二、城管综合执法的侵权与制约

城管综合执法行为是综合执法机关为了履行社会管理职能或是为了作出行政决定而采取的执法活动，其对行政相对人来说大多为限制或负担行为。从城管综合执法权力性质和执法手段等进行分析，其都会直接或者间接影响到案件相对人的合法权益，而这又会反过来影响到相应行政行为的合法性、合理性以及公正性。虽然城管综合执法权的存在与行使具有法律上的正当性和必要性，但由于上述问题的存在，加之城管综合执法队伍的各种素养参差不齐，城管综合执法侵权现象时有发生。法律应当保障城管综合执法权在实施时如果干涉或侵犯行政相对人的合法权益，也只能在最小限度内；否则，城管综合执法权存在的合理性和正当性基础将会荡然无存。

（一）城管综合执法侵权行为的主要种类及表现

1. 违法行政侵权

违法行政侵权是城管综合执法主体侵权的典型表现形式。违法行政，是指行政主体违反行政法规范，侵害受法律保护的行政关系但尚未构成犯罪的有过错行为。① 城管综合执法违法行政的表现主要有以下几种：

（1）越权行政。越权行政，是指城管综合执法机关超越法律、法规规定的权限，实施了其不能实施或者不能独立实施的行政执法行为。主要有以下几种情况：一是城管综合执法机关实施了其无权实施的执法行为，例如，对当事人实施了本应由公安机关行使的限制人身自由的强制措施；二是下级城管综合执法机关之间，违反职能划分的规定，下级执法机关实施了本应当由上级执法机关实施的执法权；三是城管综合执法机关实施了其无权管辖的案件，发现其无管辖权后，未能向有管辖权的机关移送。

（2）程序违法。程序违法是城管综合执法主体执法过程中较为常见的侵权现象。例如，根据《行政处罚法》第42条的规定，对当事人作出较大数额罚款、吊销许可证或营业执照、责令停产停业的处罚之前，应当告知当事人有要求举行听证的权利。城管综合执法主体应告知当事人有要求听证的权利而未告知的，便构成行政程序违法。

（3）不作为。以不作为的形式侵权虽然不及前两种执法行为侵权常态化，但也是一种主要的表现形式。城管综合执法中的不作为，是指城管综合执法具有履行法定职责的义务而不为之。如果城管综合执法机关负有职责而不作为使有关行政相对人合法权益因此受到损害即构成不作为侵权。②

2. 不当行政侵权

不当行政也称失当行政，是指城管综合执法主体作出的行政执法行为虽然合法，但存在不合理、不恰当之处。这种情况的出现是由于城管综合执法人员存在法律素养、专业技能、执法水平参差不齐，执法理念存有差异，因此损害当

① 熊文钊：《现代行政法原理》，法律出版社1998年版，第478页。

② 实践中有举报人诉城管综合执法主体不作为行为的案件。笔者对城管综合执法机关因对举报不作为对举报人必然存在侵权，持有不同看法。举报人对被举报的违法行为是否存在利害关系，是决定城管综合执法主体因对举报不作为对举报人是否存在侵权的关键。在这种情形下，举报人与城管综合执法主体不作为是否存在法律上的利害关系，是否享有诉权，是值得探讨的。与被诉行政行为具有法律上的利害关系是享有行政诉权的一个重要条件。

事人权利的现象时有发生。城管综合执法不当行政主要有以下几种：

(1)城管综合执法行为程序有瑕疵。这主要是指城管综合执法行为虽然不违反法律的强制性规定,但存在有悖于法律精神的地方。例如,城管综合执法人员在进行调查前未按城管综合执法机关办案规定向当事人讲明调查的目的或来意,出示执法证件,提醒当事人保护自身应当享有的权利,如回避权、管辖异议权等;再如,城管综合执法人员出于不良动机滥用职权启动行政调查,对无违法行为的当事人进行反复调查,影响其正常生产、生活等。任意变更或增删行政程序的步骤,应当取得上级的批准才能行使某项执法权而未经批准即行使等,都可能导致侵权的发生。这些均属于有瑕疵的执法行为。

(2)城管综合执法行为内容有瑕疵。城管综合执法行为内容的瑕疵,主要是指行政调查收集的证据资料不充分、不翔实,不能得出唯一的证明结论,证明结论所反映的事实不清或者缺乏相应的证据支撑。城管综合执法行为内容有瑕疵也会产生侵权后果,如认定事实不清即作出行政执法行为的。

(二)对城管综合执法行为侵权的救济与监督

城管综合执法行为的实施往往意味着行政相对人的权利受到限制,但作为一个掌握真实情况和当事人参与的过程,城管综合执法行为又为行政相对人的合法权益提供了保障。如果保障作用未得有效发挥,反而是行政相对人认为城管综合执法行为侵害了其合法权益或者对城管综合执法行为不服,应当有一个执法程序外的保障救济途径,以实现对城管综合执法主体法律上的监督和对行政相对人合法权益的保护。

1. 对城管综合执法行为侵权的救济

根据我国《行政复议法》和《行政诉讼法》的规定,城管综合执法相对人认为城管综合执法主体作出的具体行政行为侵犯其合法权益或者对城管综合执法主体作出的具体行政行为不服,申请行政复议或者提起行政诉讼寻求权利救济,应当没有障碍。这里要探讨的是行政相对人对城管综合执法主体在行使执法权的过程中实施的执法行为不服或者认为侵犯了其合法权益或者能否寻求行政权力救济的问题。

行政主体行政执法权的有效行使有利于城管综合执法机关作出合法、适当的行政决定，但如果行政主体行使执法权的过程中实施的执法行为有瑕疵，会对据此所作出的行政决定的效力产生什么样的影响呢？对此国内外都有不同的看法。如日本就有两种观点：一种观点着眼于行政执法（过程）相对独立制度的一面，认为行政执法（过程）的违法并不必然构成行政决定的违法；另一种观点认为，行政执法（过程）是行政决定前所必经的一个阶段，如行政调查存在重大瑕疵时，行政行为也有瑕疵。按照日本《行政不服审查法》第1条的规定，对行政主体作出的违法或不当的处分及其他属于公权力的行为都可以提出申诉，其中通过公权力作出的事实行为及其不作为也都属于可以提出申诉的范围。凡是可以向行政机关提起申诉的范围，也可以提起行政诉讼。[①] 从这一规定可以看出，日本立法采纳的是后一种观点，这也就意味着，在日本，行政当事人对行政执法（过程）行为不服有权提出行政申诉或提起行政诉讼。

我国对行政执法过程中的行为是否可诉，法律没有规定。从最高人民法院司法解释的规定来看，是采“实际影响主义”，即行政主体在行政执法过程中实施的行为对行政相对人权利义务产生实际影响的，可诉，未产生实际影响的不可诉，或者说人民法院不予受理。[②] 在我国，城管综合执法机关是相对集中行使行政处罚权的执法主体，对其作出的行政处罚决定不服，既可以申请行政复议，也可以提起行政诉讼，这一点不存在争议。但对其作出的其他执法行为（包括不作为）不服或者认为其他执法行为（包括不作为）[③]违法如何救济，有些讨论。如对“不应实施行政执法行为而城管综合执法主体却实施了行政执法行为的”如何救济？按照有些学者的观点，在这种情形下，如果行政决定尚未作出或者根本不可能作出，但城管综合执法主体实施的执法行为已经直接影响到了执法相对人的人身或财产权利，执法相对人就可以诉诸法院，法院可根

---

① 杨建顺：《日本行政法通论》，中国法制出版社1998年版，第665、696页。

② 参见《最高人民法院关于执行〈中华人民共和国行政诉讼法〉若干问题的解释》（法释〔2000〕8号）第1条第2款第6项的规定。

③ 根据我国有关行政权力救济立法的有关规定，在我国，行政事实行为不可诉，但造成侵权的，可以申请国家赔偿。

据《行政诉讼法》第44条的规定，裁定停止该行政执法行为(侵害)。[①] 如果城管综合执法主体已作出某种行政决定，行政相对人可申请行政复议或提起行政诉讼。再如，对“城管综合执法主体实施执法行为存在程序违法时”如何救济？司法实践中有观点认为，当行政执法行为仅存在程序违法时，如行政调查任意增删行政程序的步骤等，由于程序违法本身并不侵害相对人的实体权益，相对人一般不能向法院提起诉讼；如果法定的行政程序被违反，可能使据以作出行政决定的事实失去可靠性基础时，相对人可提出诉讼，法院应以“违反法定程序”为由判决撤销该行政决定。同时认为，如果城管综合执法主体实施行政执法过程中对行政相对人的人身或者财产造成损害，行政相对人可以依法请求国家赔偿。[②]

笔者认为，以上观点与最高人民法院司法解释规定的精神不完全吻合。从有效保护行政相对人合法权益和有效发挥司法资源职能作用的原则和精神出发，应当按照最高人民法院上述司法解释的规定进行操作。如认为“城管综合执法主体实施行政执法行为仅存在程序违法，而程序违法本身并不侵害相对人的实体权益，相对人一般不能向法院提起诉讼”的观点就值得商榷。因为行政相对人的程序性权益同样应当受到法律保护和城管综合执法主体的尊重。如果“仅在法定的行政程序被违反，有可能使据以作出行政决定的事实失去可靠性基础时，相对人才可提出诉讼”，容易造成“实体重于程序”的诱引，使城管综合执法人员忽视对行政相对人的程序性权利的尊重和保护，不重视遵守法定或者正当程序规则和要求。

最后要说的是，即使城管综合执法主体实施合法执法行为，如果给行政相对人造成合法权益损害，也应当根据“有权利必有救济、无救济即无权利”的原理，依法给予行政补偿。将合法的行政行为对相对人造成的损害纳入救济范围，将更有利于对行政相对方合法权益的保护，培育城管综合执法人员“以人

---

① 张文俊等：“浅议行政调查与基本人权保障”，载《兰州学刊》2005年第3期。

② 谭正江：“警察行政调查分析”，载 http://www.law-lib.com/hzsf/lw_view.asp?no=2908&page=2，2013年5月28日访问。

为本"、执法为民的执法理念。由于我国尚未制定统一的《行政补偿法》或《国家补偿法》,因此,有关城管综合执法或者相对集中行政处罚权的立法,应当对我国立法尚未明确的这些问题予以明确,以更好地规制城管综合执法主体依法行使职权以及更好地保护行政相对人的合法权益。

2. 对侵权行政执法行为的监督

为了保障行政当事人的合法权益不受城管综合执法行为的侵害,必须对城管综合执法机关的执法行为进行监督,防止违法行政、不当行政发生。同时,监督能够更好地保证城管综合执法机关实现其执法权能、依法履行其法定职能。监督既包括内部监督,也包括外部监督。

(1)内部监督。内部监督,是指各级人民政府、纪检监察机关、城管综合执法机关系统上下级之间、本机关的纪检、监察以及法制部门对所属监督范围的行政执法主体及其依法执法进行监督。内部监督是城管综合执法机关自我监督、自我纠错的重要机制,其具有迅速、直接、经常的优势,能够在最短的时间里纠正违法或不当的行政执法行为。

(2)外部监督。外部监督包括权力机关的监督、司法机关的监督和社会监督等。权力机关的监督,主要是指各级人民代表大会及其常委会对城管综合执法机关及其执法人员的法制监督,如撤销城管综合执法机关行使行政执法权所依据的违反上位法规定的规范性法律文件,向城管综合执法机关提出批评建议、质询案等。司法监督包括人民法院的监督和人民检察院的监督,人民法院的监督主要是通过对被诉城管综合执法主体作出的具体行政行为进行司法审查,人民检察院按照其职权范围主要对城管综合执法机关及其执法人员是否廉洁执法、有无渎职等进行监督,保护行政相对人对城管综合执行人员违法执法、侵权执法的控告权。我国的社会监督比较广泛,包括人民政协、社会组织、新闻媒体和人民群众以及行政相对人的监督,社会监督没有隶属关系的限制,实践中起到了良好的监督作用。

城管综合执法机关应当自觉接受来自上述各方面的监督,依法执法,减少、避免侵权,服务城市建设。应当说,上述监督不仅限于对城管综合执法过程进行监督，对城管综合执法行为的监督是全方位的，既包括对执法过程行为的监督，也包括对行政决定的监督；既包括对具体行政行为的监督，也包括对抽象行政行为的监督；既包括对执法行为的监督，也包括对执法主体的监督。通过加强监督，不仅有助于城管综合执法依法进行，减少侵权，同时，也有助于克服城管综合执法制度立法设置方面的上述缺失。

三、我国城管综合执法法律制度建设的加强与完善

城管综合执法法律制度存在的种种问题，呼唤全国人大或其常委会尽快制定一部专门的《城管综合行政执法法》和一部专门的《城市管理法》，用以明确城管综合执法机关的法律地位，赋予城管综合执法机关合理、必要的行政执法权力并规范城管综合执法行政行为，加强城市管理，适应城镇化建设进程的需要。如果认为制定法律的时机尚不成熟，是否应由国务院出台相应的行政法规，以弥补城管综合执法立法的不足。

（一）构建城管综合执法法律制度的三原则

1. 权益保护原则

鉴于目前我国社会民众城管综合执法侵权现象反响比较强烈，执法主体与执法相对人矛盾比较突出，构建城管综合执法法律制度必须坚持保护执法相对人合法权益的原则，充分体现执法为民、以人为本的社会主义法治精神，尊重和保障行政相对人参与城管综合执法的权利。

2. 合法、合理兼顾原则

城管综合执法权能中拥有相当大的自由裁量成分，配置城管综合执法职能，必须兼顾行政执法权行使中的合法与合理因素及其之间的关系，特别是在对城管综合执法手段和执法措施的配置上，应当兼顾到行政效率和社会效果，兼顾到行政目标的实现和行政相对人权益的保护等。

3. 实体权力与程序权力匹配原则

任何实体行政行为的作出都离不开相应的执法程序，如果手段与目的不相适应，势必影响执法效果。故构建城管综合执法制度，应当为城管综合执法主

体配置合理有效的执法权能和权力行使的程序，增加程序的可操作性，[①]使城管综合执法工作能够依法有效地进行，既能有效地约束执法行为，避免或者减少违法、侵权、非法行政执法行为的发生，又不至于使城管综合执法主体随意执法，或者束手无策，或者滥用权力。

（二）通过立法完善城管综合执法实体权力

针对上述有关城管综合执法实体性权力的缺失，国家应当加强立法，完善对城管综合执法主体实体性权力的授权规范。

1. 对非经营性场所的正当进入权的配置

根据《行政强制法》的有关规定，城管综合执法主体可以实施法律、法规规定的与《行政处罚法》有关的行政强制措施。但要实施有关的行政强制措施，首先必须有调查清楚的事实为依据。鉴于目前城管综合执法主体调查手段的不足，应当赋予城管综合执法主体进行行政调查时能够正当进入行政相对人非经营性场所的权力，在城管综合执法人员需要进入不涉及行政相对人个人隐私或商业秘密的住所或场所调查时，不致束手无策，放纵违法。但赋予城管综合执法主体该项权力时，应当明确行使该项权力的强制性程序，以执法行为不影响行政相对人正常的生产、生活秩序，不损害其合法权利为原则，特别是如果有例外规定，即允许城管综合执法主体在无须取得书面令状即可行使进入权的例外情况，则应当只能以急需保护国家财产和其他公民的生命、财产安全为条件。

2. 对引起无谓行政调查程序的虚假举报行为处罚权的配置

此处的“虚假”不是一旦发生，即应处罚。应当设置一定的条件，“虚假”如果满足了这些条件，才应处罚。如举报人为了达到个人目的恶意虚假举报，为了报复他人、报复社会、报复曾经对其作出过行政处罚行为的城管综合执法主体等，虚假举报并未发生或并不存在的违法行为。虚假举报，不仅仅是单纯的妨碍公务行为，而且会造成行政资源浪费，也是对法律制度的挑衅，虽然其违法

① 缺乏可操作性，不等于不具操作性、不能操作，反而是使操作更具随意性，意味着给了实施主体自由操作的空间，扩大了随意操作的范围。——作者注

程度与违法的恶劣性质与其他违法行为不同，但如果经查证属实，则虚假举报人应当受到相应的行政处罚，至少应当受到警示，以免其今后再次进行虚假举报，侵犯他人合法权益、浪费有限的行政资源、减轻不良社会影响。

虚假举报是针对城管综合执法职能范围的，城管综合执法主体本身拥有行政处罚权，但虚假举报违法行为的处理权目前不属其职责管辖范围，但如果能够通过立法赋予其对该类违法行为的处罚权，将有助于城管综合执法主体法律地位和法律权威的提升。

3. 明确公民、法人和其他组织负有知情作证的行政义务

鉴于城管综合执法主体目前实施执法行为的社会环境，经常发生对其执法行为进行阻挠或不予配合的情形，有人建议授予城管综合执法主体对那些应当作证却拒不作证的人和单位予以处罚权和行政建议权。对此，有些学者认为不妥，认为城管综合执法主体一旦享有该项处罚权，容易在行政调查过程中被行政机关滥用。赞同者认为，为了防止城管综合执法主体滥用此项权力，可以对该处罚权的实施规定或者限定适用的前提，如对那些社会危害性大、影响恶劣、情况紧急的调查案件，为了保障社会公共利益，可以对应当履行作证义务而拒绝作证的当事人或证人有条件地适用该项罚则，或者根据其行为的危害程度，向其所在单位提出相应的行政机关建议函，以示惩戒。

在我国，目前除了诉讼法，如《民事诉讼法》有关于个人和单位负有作证义务的规定外，①有关行政法尚无有关要求行政相对人负有配合行政执法机关进行案件事实调查义务的强制性规定。我国《宪法》规定："任何公民享有宪法和法律规定的权利，同时必须履行宪法和法律规定的义务。"所以，笔者认为，首

① 《民事诉讼法》第 72 条规定："凡是知道案件情况的单位和个人，都有义务出庭作证。有关单位的负责人应当支持证人作证。不能正确表达意思的人，不能作证。"第 74 条规定："证人因履行出庭作证义务而支出的交通、住宿、就餐等必要费用以及误工损失，由败诉一方当事人负担。当事人申请证人作证的，由该当事人先行垫付；当事人没有申请，人民法院通知证人作证的，由人民法院先行垫付。"第 114 条规定："有义务协助调查、执行的单位有下列行为之一的，人民法院除责令其履行协助义务外，并可以予以罚款：(一)有关单位拒绝或者妨碍人民法院调查取证的……人民法院对有前款规定的行为之一的单位，可以对其主要负责人或者直接责任人员予以罚款；对仍不履行协助义务的，可以予以拘留；并可以向监察机关或者有关机关提出予以纪律处分的司法建议。"

先应当在完善城管综合执法制度过程中对有关行政相对人负有作证的义务予以明确。这不仅有助于城管综合执法主体有效行使其行政执法权,也有助于改善城管综合执法环境,约束违法行政相对人依法行使其参与权,提高行政相对人的法律素养。

4. 对妨碍执法人的带离现场权、扭送权

依照法律的规定,城管综合执法主体作为集中行使行政处罚权的行政机关,有实施相应的行政强制措施权。根据《行政强制法》的规定,行政强制措施包括对公民人身自由实施的暂时性限制,[①]但根据《行政强制法》的规定,行政强制措施由法律设定。[②] 鉴于作为城管综合执法依据的规范性文件法律位阶普遍较低,城管综合执法主体有权实施的行政强制措施不包括涉及公民人身自由的行政强制措施。当城管综合执法主体在行政执法过程中面临哄闹现场、非暴力行为妨碍执法人员执行公务时,城管综合执法人员一般没有相应的措施以有效应对。故此,城管综合执法机关希望法律授权,使其在遇有执法权力受到严重干扰时,有权视其情节或社会危害性大小,能够依法或者根据《治安管理处罚法》等有关法律的规定将其带离现场,或扭送至有关公安机关,以追究其相应的行政法律责任。

相应地,对于在城管综合执法程序中,无合理原因拒绝回答执法人员询问的当事人,应当赋予城管综合执法主体限制其离开现场或执法机关的权力,或者规定强行离开的当事人应当承担相应的行政法律责任。对城管综合执法相对人该项义务的配置,也有助于解决城管综合执法机关无滞留权和跟踪调查权的问题。

(三)通过立法完善城管综合执法程序[③]

科学合理的行政执法程序设置,一方面,能够保障行政活动的顺利进行,提

---

① 参见《行政强制法》第 2 条的规定。

② 参见《行政强制法》第 10 条的规定。

③ 该部分内容笔者早在 2008 年就已关注,参见沈俊强:"综合执法行政调查制度研究",载《城市管理与科技》2008 年第 1 期。

高行政效率;另一方面,能够保障行政活动的合法性,确保行政相对人的合法权益不受侵犯。正如我国《行政强制法》规定有明确的采取行政强制措施的程序,希望有关城管综合执法制度的立法能够对其行使执法行为的各种程序作出明确规定,以便于操作和实施。为此,如果制定一部统一的《行政程序法》条件尚不成熟,可就城管综合执法权的行使进行一项专门的立法。

1. 在城管综合执法机关内部重新配置执法权,实现权力行使的相对分离

到目前为止,城管综合执法权主要包括检查权、处罚权、强制权三种。但从行使执法权的角度来看,城管综合执法权又可分为检查(调查)权、决定权、执法权三种。在城管综合执法过程中,如果能够实现"三权"相对分离的权力配置模式,即城管综合执法的检查权、决定权、执行权或者检查权、处罚权、强制权分别交由不同的执法人员行使,对于在城管综合执法系统内部建立完善的权力制约机制是十分必要的。如目前在大量的查处违法建设的执法过程中,城管综合执法机关都是在自己检查、自己处罚(决定)、自己执行。这种执法模式,由于权力没有被相对分离,城管综合执法机关行使权力的整个过程缺乏相应的制约和监督,有违"自然公正原则"。特别是在这种情形下,任意妄为的不良行政现象也就变得不可避免。为此,完善城管综合执法制度,应当通过立法对其执法权力进行程序性相对分离的配置模式作出明确的规定,以保障城管综合执法权力的行使更加公平、公正。

2. 完善实施行政调查权的具体步骤

行政调查权的行使是城管综合执法权能实现的重要环节,目前并非所有的执法调查行为都有明确的规范加以指引,在实施具体领域的执法调查权时,是否可以统一适用某一方面立法有关调查步骤的规定,需要明示;同时,也可对城管综合执法调查权行使步骤进行统一规定,例如,出示证件;由两名以上的行政机关工作人员实施检查措施;告知实施检查的理由和检查的范围……

3. 设置进入当事人住所调查程序

如果立法授权城管综合执法主体进入当事人住所调查权,应当为之设定严格的程序、步骤、方式、时间以及用途等。如必须事先取得有权机关签发的令

状，依法限制调查权限，明确作为行政调查结果的资料不得用于法律规定之外的其他目的，行政调查不得用于犯罪调查，不得侵犯当事人的商业秘密和个人隐私等，明确规定行政调查严格遵循的法定时限以及调查后作出处理的时限，严禁执法扰民等。

4. 完善对未知当事人的公示催告权程序

当事人有能力参加调查而拒不接受调查处理，导致案件调查工作无法正常开展，可以采用登报、网络、电视等媒体公告的形式明示其参加调查的义务。例如，《北京市市容环境卫生条例》第 27 条第 2 款规定："未经批准建设的影响市容的建筑物、构筑物或者其他设施，无法确定其所有人和管理人的，城市管理综合执法部门应当在公共媒体以及建筑物、构筑物或者其他设施的所在地发布公告，督促所有权人或者管理人改正违法行为。公告期间不得少于 15 日。公告期间届满，未改正违法行为的，由城市管理综合执法部门报经市或者区、县人民政府批准后予以强制拆除。"若经过指定期间仍不参加调查，则视为当事人放弃陈述、申辩或申请听证权，城管综合执法机关可以根据裁量权认定相应的当事人，并可对其开始正常的调查程序。这从法理上似乎说得通，但是如果没有明确的立法依据，城管综合执法在其他领域都是一以贯之，难免遭遇诟病。因此，就城管综合执法涉及范围或涉及权限予以相应的明确规定，是十分必要的。

5. 完善无主财产的处理权行使程序

在城管综合执法主体经过行政调查已经确认存在违法行为，但是找不到违法行为涉及财物的所属主体或者管理主体时，意味着当事人放弃或视为放弃了财产，根据有关法律的规定，城管综合执法主体有权进行处理，如强制拆除、拍卖、变卖或通过公证机关进行提存等。处理这类无主财产的程序，有的立法已经作出了明确规定。例如，《北京市户外广告设置管理办法》第 38 条第 2 款规定："违反规定的，由城市管理综合执法部门责令限期拆除，逾期未拆除的，强制拆除，并可处 1 万元以上 10 万元以下罚款。无法确定其所有人和管理人的，城市管理综合执法部门应当在公共媒体以及户外广告的所在地发布公告，督促所有权人或者管理人改正违法行为。公告期间不得少于 15 日。公告期间届满,未改正违法行为的,由城市管理综合执法部门予以强制拆除。"涉及对行政相对人无主财产的处理权属于强制执行权范畴,根据《行政强制法》的有关规定,应当由法律逐一授权方可行使。因此,城管综合执法主体对无主财产的处理权程序,亦需立法逐一明确,尚未作出明确规定的,应当完善。

6. 明确行政执法行为产生费用的分配

城管综合执法权的实施也会产生一定的费用,这些费用如何承担,亦需要立法予以明确。如对因当事人过错产生的费用、因特殊不动产存放产生的费用、要求证人出现场作证产生的费用等。目前有关立法对这些问题未予明确,行政执法成本加大,如对违法设置的无主广告牌强拆后的保管所产生的成本。为此,有关城管综合执法权能的立法应设置有关费用的分配程序或分配原则、规则,如明确规定按照合理负担原则由当事人支出因其过错产生的相应费用等,不应由没有过错的城管综合执法机关负担全部不应产生的行政费用。因城管综合执法产生的费用问题,实践中还涉及公权力的行使与行政相对人的物权保护的关系问题,需要行政立法机关慎重对待。

(四)理顺城管综合执法体制,强化协调配合的城管综合执法机制

城管综合执法机关权限、措施、手段具有很多局限性,城管综合执法工作顺利、合法、高效的开展和运行,不仅需要从立法(执法依据)层面加以完善,还需要从健全执法机制层面加以完善。

1. 重构城管综合执法体制的设想与建议

放眼未来,要建立适应我国社会主义市场经济需要的城管综合执法体制,城管综合执法机关的设置应当同世界城市的先进管理制度接轨,其中重要的发展过程就是通过相对集中行政执行性权力,不断完善城管综合执法体制。

(1)借鉴德国经验,成立执行局。在德国,拥有行政处罚权的部门主要有 3 个:警察、秩序局和税务局。在德国的汉堡市 7 个大区下都设置了秩序局。秩序局集中行使规划、卫生、工商、环保等多个部门的行政处罚权。其他无行政处罚权的行政执法部门发现违法行为后,在调查有关事实,获取相关证据后,应当

将案卷移送秩序局,由秩序局统一作出行政处罚决定。[①] 借鉴德国的做法,我国可以通过专门的城管综合执法立法,进一步完善集中行政处罚权制度,在每个城市成立专门的城管综合执法机关(如执行局),明确其执法权限(如行政处罚权、行政强制权等),实现与公安警察执法权的对接,保障城管综合执法机关有效实施其城管综合执法职能。

(2)在城管综合执法机关内部配置相应的公安机构。目前,我国一些省会城市,如长沙、西安、沈阳、哈尔滨等,在强化公安机关保障城管综合执法机关履行职责的行政体制实践中,采取了由公安机关在城管综合执法机关内设立公安城管分局、公安城管支队或者派出所等方式。关于在城管综合执法机关内设公安机构的有无组织法律障碍的问题,笔者认为,公安机关根据组织法律规定,由政府批准,编制办划拨或审批编制,在理论上是不存在问题的。目前,公交公安、铁路公安和黑龙江、新疆农垦公安机构的设置与公安机制的正常运行说明,在城管综合执法机关内设置相应的公安机构是科学、合理和切实可行的。在城管综合执法机关内设置公安机构,应当赋予其具有独立办案和处理重大问题的权力。在全国城管综合执法系统推广此种模式虽然存在较大难度,但是鉴于目前城管综合执法机关强制调查权限严重缺失的现状,可以采取依法有条件地逐步设置的方式加以实施。

(3)由目前的城管综合执法范围逐步发展组建专业警种,即设立各专业"城管警察"。在现在的城管综合执法机关基础上,逐步向设置城市管理警察过渡,分别承担经济、金融、综合执法等调查、处罚、强制等行政管理任务。实践中,为了破解城管综合执法机关执法受限大、对重大案件当事人人身强制权力缺失、行政执法的效率低等问题,深圳市人大常委会曾在开展《深圳特区文明行为促进条例(草案)》过程当中透露,公安部门可以设立或指定专门的机构或是派出机构协助城管执法,如设立城管警察。关于设立"城管警察"的建议,早在2008年深圳市政协四届四次会议上,市政协委员杨立勋就提出过《关于组建

① 青峰:"深化行政执法体制改革的几点思考和论析",载 http://www.chinalaw.gov.cn/article/dfxx/dffzxx/ln/200609/20060900014013.shtml,2013年5月21日访问。

深圳市城管警察的建议》的提案，一时间犹如石子砸入平静的水面，引发各方争议。杨立勋委员曾表示，在纽约、伦敦等世界先进城市，城市管理执法统一由警察行使。警察不仅管刑事犯罪，也管乱摆卖、乱丢垃圾、乱停靠、公共场所插队、乞讨、流浪、违法建筑等行为，这似乎是一种国际惯例。在他看来，成立城管警察还可以很好地解决暴力抗法问题。但也有专家认为，根据国际惯例，所谓的"城管警察"就是警察多承担责任，而城管则应该完全取消，这样的"升级"不符合警察的人事管理制度。然而，在一番争论之后，深圳至今并未设立城管警察。① 目前，实务界关于由城管综合执法机关向城市管理警察过渡的呼声很高，学界也有支持者，北京人民警察学院的高峰教授即持此观点。如果城管综合执法机关能够过渡到各专业"城管警察"，行政调查当中的调查手段和强制调查措施就无须突破立法来实现了。

但是，这种设想仅代表了城管综合执法制度建设的一种研究发展方向，其合法性、可操作性、可行性和科学性还有待进一步研究。

2. 建立与完善协调配合的城管综合执法机制

在无法突破立法和执法体制的情况下，为了提高城管综合执法的效能，应当强化公安机关与城管综合执法机关的协调配合。目前部分城市综合执法机关从改革各执法部门联合执法机制入手进行了积极的探索和实践，成效与问题兼而有之。

(1)在城管综合执法机关配备公安人员。在城管综合执法系统内由公安机关派驻警员协同开展调查、执法等工作。在这种情形下，城管综合执法队员与公安干警配合比较紧密，适合经常性开展行政调查或其他执法工作。但由于派驻城管综合执法机关干警人数较少，年龄普遍偏大，执法水平参差不齐，使实际执法效果不尽如人意。

(2)公安机关协同执法。城管综合执法机关在开展行政调查或联合执法之前，邀请公安机关派员参加。这种做法的特点是灵活性较强，容易操作，由牵

① "深圳可能设立城管警察解决执法难"，载《深圳观察报》2012 年 8 月 29 日，载 http://epaper.nfdaily.cn/html/2012-08/29/content_7119995.htm，2012 年 10 月 10 日访问。

头单位组织即可;缺点是形式比较松散,没有制度约束,仅适合比较大型的案件调查或大规模联合执法,难以形成常规机制。

(3)在公安机关内部设置城管综合执法协调保障机构,由该机构牵头协调公安机关相关部门配合城管综合执法机关开展调查、执法活动,处理暴力抗法和妨碍执法案件等。此种做法的特点是形式固定,有制度保障,但是需要政府编制办批准,在某些编制和经费紧张的城市难以开展和落实。

鉴于北京市有经济发展财力支持和城市管理需要,可以学习借鉴上述做法中成功的地方,建立富有成效的由公安机关派驻机构并配备公安警力的协同机制,协助城管综合执法机关开展各项城管综合执法工作,共同把北京建设成为环境优美、秩序井然、适宜居住的世界城市。

第十五章　城市管理权责清单制度

——以北京市推行“四公开一监督”制度，提升首都城市精细化管理水平为视角

随着北京市建设世界城市有力推进，首都的生态文明和城乡环境基础建设等方面都有了快速的进步，不断向着国际化大都市迈进。但由于缺乏对产业布局、生态环境、市政交通、人口数量等发展因素的科学统筹规划，也出现了低端产业无序发展、城市人口无序增长、大气环境严重污染、交通出行拥堵和违法建设屡禁不止等“大城市病”的问题。为了疏解“非首都核心”功能、破解“大城市病”。北京市委、市政府自 2014 年和 2015 年连续两年，召开全面推进全市生态文明和城乡环境建设大会，要求疏解非首都核心功能，有效治理首都“大城市病”，让人民群众有效监督城市管理相关部门执法工作，不断提升首都城市精细化管理水平。2014 年，由北京市城管执法协调领导小组在全市范围内开展“四公开一监督”工作。“四公开”包括：一是公开城市管理责任部门清单；二是公开责任部门的执法职责和查处标准；三是公开责任部门的城市管理网格化机制及责任人；四是公开责任部门“月检查、月曝光、月排名”的城市管理执法数据。“一监督”是指在北京市委、市政府的领导下，在北京市城管执法协调领导小组的指导下，由联合督导组监督各区（县）政府、地区管委会、职能部门、执法部门在城市管理工作中履职情况，充分发挥综合监管作用。“四公开一监督”是深入贯彻落实党的十八届三中、四中全会精神和《中共中央　国务院关于深入推进城市执法体制改革　改进城市管理工作的指导意见》的创新举措，以制

度的形式公开城市管理部门权责清单和相关城市管理部门政务信息,为城市管理体制改革进行了积极探索。

一、城市管理权责清单“四公开一监督”制度概况

北京市城市管理综合执法“四公开一监督”制度是在加强行政监督和监管的基础上,梳理各级属地政府和管理部门在城市管理工作中的管理权和执法权,明确各属地政府和相关部门的职能任务,厘清管理部门与属地政府之间的权责关系,通过公开权责清单,把属地政府、行业主责部门和执法部门等城市管理责任边界梳理清楚,使各部门达到自身明白、相互清楚,同时便于群众查询和社会各界监督。着力解决权责交叉、多头执法、部门之间职责不清的问题,杜绝城市管理相关部门间推诿扯皮、管理不到位等“庸、懒、散、浮、拖”问题发生。

(一)“四公开一监督”制度的具体内容

“四公开”的内容包括:一是公开城市管理责任部门清单;二是公开责任部门的执法职责和查处标准;三是公开责任部门的城市管理网格化机制及责任人;四是公开责任部门“月检查、月曝光、月排名”的城市管理执法数据。“一监督”是指在市委、市政府的领导下,在市城管执法协调领导小组的指导下,在市监察局及相关部门的协同下,市区两级城管执法协调办责成环境秩序联合督导检查组和城管督察队负责具体实施,监督各区(县)政府、地区管委会、职能部门、执法部门城市管理工作履职情况,对发现的问题制发《综合监管通知单》,要求属地区政府和责任部门限期整改,充分发挥城管执法协调领导小组综合监管作用。

(二)“四公开一监督”工作的责任体系

“四公开、一监督”工作责任体系是指,建立以各区(县)政府、地区管委会、街道办事处、乡镇政府为管理主体,行业部门和权属单位负主责,执法部门积极履行法定职责,联合督导检查组和城管督察队负责综合监管,首环办、城管执法协调办负责指导评价的管理体系。“四公开一监督”工作责任体系明确了城市管理综合执法责任部门之间的关系,同时,为了破解城市管理当中的疑难问题,

全市还建立起由街道办事处、乡镇政府牵头，组织相关科室、辖区内的公安派出所、城管执法队、工商所等基层执法部门共同参与的常态化联合执法机制，形成城市管理网格化服务管理运行体系。

（三）“四公开一监督”制度信息公开体系

依托“首都之窗”“北京市城管执法局官网”和各成员单位官网，以网络公开的形式按月公开各类城市管理执法数据和信息；通过北京电视台、城市管理广播电台等广电媒体按月发布检查、曝光和排名结果；通过参加政风行风热线的“走进直播间”活动，与广大网友在线交流互动；还定期在《北京工作》《北京日报》《北京晚报》《法制晚报》等平面媒体刊载相关工作信息；适时组织志愿者开展执法现场观摩活动，采取信息发布会等形式向社会各界公开群众关心、媒体关注的重大执法活动信息，建立起多种形式、多个等级的信息公开体系。2016年1月初，北京市城市管理综合执法“四公开一监督”运行网通过项目验收，已正式并入互联网运行。

（四）“四公开一监督”规范性法律文件体系

2014年3月至7月，北京市城管执法协调办在征求50个相关委办局、区（县）政府（地区管委会）和市法制办的意见后，2014年7月1日正式实施了《北京市城市管理综合执法“四公开一监督”工作实施意见》和《北京市城市管理综合执法“四公开一监督”工作实施方案》正式向全市印发。之后又制定了《北京市城市管理综合执法“四公开一监督”工作考核评价办法》（试行）、《北京市城市管理综合执法“四公开一监督”工作部门职责与查处标准》、《北京市城市管理综合执法“四公开一监督”工作适用法律依据》等相关配套规范性文件，为“四公开一监督” 工作提供了制度法律保障。

（五）“四公开一监督”考核评价体系

为提高各成员单位履职效率，反映城市管理和执法成果，依据《北京市城市管理综合执法“四公开一监督”考核评价办法》，要求考核评价工作共设9个监管事项，分别为非法小广告管理、工地管理与车辆泄漏遗撒、露天烧烤与露天焚烧、无照经营与非法市场、停车管理、非法运营、违法建设、店外经营与堆物堆料、户外广告与牌匾标识；并为城管、公安、交管、住建、卫计和市政市容等50个成员单位分别制定了相应的考核评价体系。市城管执法协调办根据各区县执法协调办每月上报的执法数据，按照考核评价办法计算各成员单位当月的考核评价排名成绩，并向全市印发《四公开一监督工作专刊》，目前已累计印发20期监管通报，真正实现“月检查、月曝光、月排名”的目的。并且委托北方工业大学制作了北京市城市管理综合执法2014年至2015年两全年执法数据评估报告，对此项工作进行了全面评估。

（六）建立健全市区组织机构，强化部门间协调配合

为了加强组织机构建设，由市城管执法协调办统领50个成员单位积极履职、相互配合，认真开展各项城市管理执法工作，市城管执法协调办采取了以下三项措施：第一，指导各区县城管执法协调办成立了区级的组织机构，成立了各区“四公开一监督”工作领导小组；第二，建立健全联系人制度、月例会制度、考核评价制度、通报反馈制度等；第三，建立会审会商、协调联动机制，由各区“四公开一监督”工作领导小组与社会办、安监局、食药局、消防局、住建委等成员单位积极会商，强化城管、公安、交管部门联勤联动，及时发现问题，推进各项工作开展。截至目前，市城管执法协调办和联合督导组走访了全市100余个街道乡镇、近2300余个重点点位进行检查督导，提出整改意见和要求，分析问题成因，指导基层找到破解疑难问题的办法和措施，取得了较为明显的工作成效，得到了相关区县政府、街道、乡镇及各相关部门的高度重视和支持。期间共计召开各类工作会议150余次，开展培训150余次，累计参加人员达5000余人次。

（七）汇集完善信息渠道，建立网格化城市服务管理政务信息公开平台

按照《北京市城市管理综合执法“四公开一监督”实施意见》中关于公开责任部门网格化机制及责任人的要求，在全市四级网格化机制及责任人相关信息采集了近8000张表格，此项工作共涉及16个区政府、29个市级委办局、325个街乡镇和6747余个村居委会、86余万个网格责任人的基本信息。目前，已经

全面完成单位、人员及联系方式的核对工作,已经在首都之窗和城管执法局官方网站和“四公开一监督”运行专网上正式向社会公开。

(八)迎难碰硬不手软,解决城市管理热点难点问题

“四公开一监督”主要解决了四个方面问题:一是群众举报、媒体曝光、领导关注的问题;二是已形成摊群化、聚集化并且长时间不能解决的问题;三是部门之间相互推诿、扯皮,不履职、不作为的问题;四是属地区(县)政府、地区管委会不重视,街道、乡镇政府责任不落实等问题。自2014年至2015年年底,累计发现环境秩序问题点位10万处次,市区(县)两级派发《监管通知单》8万余件,督促属地、责任部门解决问题近13万余个。其中,市级联合督导组共派发1.5万余件,真正成为各级政府发现城市管理问题的“腿”和“眼睛”。结合举报高发问题,主动开展停车管理、违法建设、非法运营等专项督导。2015年共查处施工扬尘、露天烧烤等各类问题3.76万起,大气污染违法形态群众举报同比下降11.3%。有效破解困扰首都城市面貌非法小广告问题,查处非法小广告17万起,移送公安机关小广告线索2000余条,停机1.1万个,基本遏制非法小广告蔓延态势。全市取缔非法停车场378个,拆除及配合拆除违法建设1.8万处,拆除违法建设1300余万平米。查处非法运营6607起,群众举报同比下降22.9%。北京市城市环境秩序水平达到自2013年以来最好水平。

(九)“四公开一监督”取得的成效

2015年5月,获得共青团北京市委员会、中共北京市直机关工委、北京市委全面深化改革领导小组办公室、北京市人力资源和社会保障局开展的“我为改革献一策”活动A类项目。项目负责人沈俊强获得“我为改革献一策”活动A类奖项及北京市人力资源和社会保障局公务员嘉奖。2015年12月,“四公开一监督”专栏获得电子政务理事会颁发的“2015年政府网站信息公开精品栏目奖”。首都之窗、法制网、千龙网等主流门户网站报道了北京市城市管理综合执法四公开一监督工作的信息,通过百度搜索“北京市 四公开一监督”词条,信息达到246,000条。为树立北京城管的正面形象发挥了积极的宣传效果。

浙江省义乌市、贵州省贵阳市、吉林省松原市、河北省廊坊市、广西壮族自治区南宁市和柳州市、江苏省徐州市来京考察学习北京市城市管理综合执法“四公开一监督”工作经验，计划在上述城市开展“四公开一监督”工作。

二、“四公开一监督”制度面临的相关问题

目前，“四公开一监督”工作虽然取得了一定的成绩，但也面临发文层级不高、地方性法律依据不明确、落实属地责任有难度、成员单位重视程度有待提高和责任追究体系亟待完善等几个方面的问题。

（一）“四公开一监督”工作的发文层级有待进一步提高

自2014年7月1日，《北京市城市管理综合执法“四公开一监督工作”实施意见》以城管执法协调领导小组名义向全市正式印发以来，大多数成员单位积极配合，认真落实工作方案。但个别成员单位对“四公开一监督”工作未能引起足够重视，消极对待，甚至对城管执法协调领导小组印发的《北京市城市管理综合执法“四公开一监督工作”实施意见》发文层级和效力提出质疑。

（二）“四公开一监督”地方性法律依据应当进一步明确

党的十八届四中全会通过的《中共中央关于全面推进依法治国若干重大问题的决定》提出：“各级政府必须坚持在党的领导下、在法治轨道上开展工作，推进综合执法，严格执法责任。”以“四公开一监督”为抓手开展综合监管工作对于全面推进政府各相关职能部门依法履行职能有着积极的作用。同时在强化对城市管理执法部门行政权力的制约和监督方面有着不可替代的体制、机制优势。但是目前北京市地方性法规对于城市管理领域开展综合执法和综合监管工作没有明确的法律规定，对于开展“四公开一监督”工作更没有进行地方性立法确认。

（三）各区政府属地管理责任应进一步落实

部分区政府认识不统一，未能有效落实属地管理责任，还有部分区政府

对“四公开一监督”工作重视程度不够，未能及时召开全区范围的“四公开一监督”工作部署会议，个别区政府未能制定相关工作方案有效落实此项工作，出现了工作信息报送、执法数据统计上报不及时、不完整、不全面的问题。

（四）相关市属成员单位重视程度应进一步增强

在2014年和2015年，全市先后召开“四公开一监督”工作部署会后，大部分成员单位能够在本系统及时部署此项工作，但仍有个别市属委办局重视程度不够，未能在本系统有效部署，出现数据填报、信息报送拖延的情况；还有个别成员单位消极对待，不配合，执法数据上报不理想。

（五）责任追究机制应进一步建立完善

目前，对于城市管理中出现的问题，城管执法协调办以发送《监管通知单》的形式，要求相关区（县）政府、地区管委会和责任部门限期予以解决，对于落实整改要求不彻底并出现反弹的，予以曝光；对于不按期反馈、不落实整改任务要求的，通报批评。但是，对于不反馈、不落实整改要求，并造成严重后果的单位，移送纪检监察、组织人事部门追究责任的处置机制没有完全建立和完善，导致一些城市管理的痼疾顽症久拖不决。

三、进一步推进和完善“四公开一监督”制度的建议和思路

2016年是深化落实“四公开一监督”工作的关键之年，为切实强化各区政府的管理主体责任，固化督察督导模式，进一步扩大综合监管覆盖领域，提高督促检查指导力度，确保“四公开一监督”工作真正发挥作用，使城市管理综合监管工作切实取得实效，应当推进以下几方面工作。

（一）提高发文等级，增强成员单位重视程度

针对个别成员单位对“四公开一监督”工作未能引起足够重视，消极对待，并对发文层级和效力提出质疑的问题，下一步，建议将《北京市城市管理综合执法“四公开一监督工作”实施意见》由市委、市政府联合发文，或由市政府名义发文，继续深化落实此项工作，不断提高成员单位重视程度。

（二）积极推进地方性立法，明确综合监管法律依据

积极推进地方性立法，力争把综合监管和“四公开一监督”工作纳入法治轨道，明确其地方性法律依据。应该在北京市地方性立法中明确规定建立健全权力运行制约和监督体系，向社会全面公开政府职能、法律依据、实施主体、职责权限、管理流程、监督方式等权力清单，以促进各级政府及其工作部门全面推进政务公开，切实增强法律监督。

（三）建立健全网格化城市服务管理体系，加快实现“三网融合”

按照北京市委、市政府《关于推进网格化社会服务管理体系建设的意见》的精神和《关于加强北京市城市服务管理网格化体系建设的意见》要求，建议按照我市现行行政管理体制、机构职能设置，建立起以属地政府为管理主体、行业权属部门为管理主责、执法部门积极配合、综合协调部门指导评价、监督监管部门负责综合监管的网格化城市管理服务体系。

（四）明确属地政府为城市管理主体责任，建立城市管理督察督导机构

应当以立法方式明确各区政府、地区管委会是其辖区内城市管理责任主体，建立起辖区内综合监管工作机构，负责指挥、组织、协调其下属各部门开展综合监管工作。由北京市城管执法协调领导小组督促指导各区政府、地区管委会全面建立城管执法综合协调平台，固化联合督导机构，建立长效监管机制，加强综合监管力量，切实履行综合监管职责，真正实现市区两级上下联动，主动发现和解决问题。

（五）进一步增加综合监管事项，不断完善“四公开一监督”考核评价制度

根据群众反映强烈、领导关注、媒体聚焦等严重影响环境秩序问题，不断增加“四公开一监督”工作的监管事项，将综合监管事项领域基本覆盖城市管理全部领域；同时，进一步厘清各相关职责部门依据的法律职责，进一步完善考核评价指标，进一步调整好考核评价体系；构建起成熟稳定的“四公开一监督”考核评价体系，坚持定期印发“四公开一监督”监管通报，每季度召开一次市级成员单位工作例会，每半年召开一次现场推进会，年底进行考核评价、排名通报。

（六）推进“四公开一监督”信息化体系建设，建立城市管理的“云计算大数据”平台

信息平台建设要达到智能化、科学化、决策化、高效化，通过“四公开一监督”运行专网建设，实现各成员单位信息系统兼容、互联和互通，各成员单位之间可以进行文件传递、数据统计、成绩排名、信息检索等功能，真正实现信息和数据充分共享；社会公众可随时登陆“四公开一监督”运行网查询数据、了解公开信息。“四公开一监督”运行网还要公开城市管理监管各类违法形态所涉及的相关职能部门、法律法规依据、职能部门责任人、执法相关数据等信息。

（七）加强工作成果转化，面向全国推广成功经验

下一步，要在获得北京市共青团市委“我为改革献一策”活动的 A 类支持创新项目基础上，不断总结提炼，积极筹划成果转化工作，联系出版社将“四公开一监督”工作材料编纂成为一部全国首创的综合监管专著，向全国推广“四公开一监督”工作经验。

“四公开一监督”工作是公开城市管理部门权责清单和相关城市管理部门政务信息的重要工作，是引领北京市城管队伍树立法治理念、培养法治思维的有力抓手，也是对《中共中央　国务院关于深入推进城市执法体制改革　改进城市管理工作的指导意见》当中第十三项“制定权责清单”①任务的先行先试。更是为破解“大城市病”进行城市管理体制改革的积极探索。这项制度自实施以来，虽然面临着巨大的困难和挑战，但是在社会各界的关注下，在各届领导的关心和支持下，在各成员单位的共同努力下，取得了有效的进展。“四公开一监督”工作在完善城市管理体制、机制，创新城市治理结构等方面都具有十分重要的意义，必将任重而道远。

① 《中共中央 国务院关于深入推进城市执法体制改革 改进城市管理工作的指导意见》第 13 项：“各地要按照转变政府职能、规范行政权力运行的要求，全面清理调整现有城市管理和综合执法职责，优化权力运行流程。依法建立城市管理和综合执法部门的权力和责任清单，向社会公开职能职责、执法依据、处罚标准、运行流程、监督途径和问责机制。”工作要求的先行先试。

结　　语

城管综合执法经过试点探索发展迄今,实践证明这一制度已经成为我国城镇化建设进程和城市管理现代化均需要的城市管理模式。要充分有效地发挥城管综合执法的职能,摆脱目前城管综合执法的困境,需要对城市管理和综合执法进行全方位的思考和研究,①需要全社会对城管综合执法这一城市行政管理创新模式的关爱、理解和支持。城市管理是个系统工程,要健全完善城管综合执法制度,仅从其本身努力是远远不够的,如果没有各种配套立法和社会政策的跟进,没有其他各执法制度的配合与完善,也是难以见效的。同时,城市管理的现代化建设是一项长期任务,许多问题的解决不可能一蹴而就。而且随着城市方方面面的建设和发展,还会产生新的城市管理问题。因此,城管综合执法问题的解决是一项持续的工程,需要我们在改革开放和发展中不断研究,不断探索。

① 马怀德、车克欣:"北京市城管综合行政执法的发展困境及解决思路",载《行政法学研究》2008 年第 2 期;车克欣:"从十年历程看相对集中行政处罚权改革",载《城市管理与科技》2008 年第 5 期。

参考文献

著述(以出版先后为序)

1. [法]孟德斯鸠:《论法的精神》,张雁深译,商务印书馆 1961 年版。

2. 王珉灿主编:《行政法概要》,法律出版社 1983 年版。

3. [美]伯纳德·施瓦茨:《行政法》,徐炳译,群众出版社 1986 年版。

4. 王名扬:《英国行政法》,中国政法大学出版社 1987 年版。

5. 应松年、朱维究主编:《行政法与行政诉讼法教程》,中国政法大学出版社 1989 年版。

6. 马原:《中国行政诉讼法教程》,红旗出版社 1995 年版。

7. 王名扬:《美国行政法》(上)(下),中国法制出版社 1995 年版。

8. [日]室井力:《日本现代行政法》,吴薇译,中国政法大学出版社 1995 年版。

9. 朱新力:《行政法基本原理》,浙江大学出版社 1995 年版。

10. [古希腊]亚里士多德:《政治学》,吴寿彭译,商务印书馆 1996 年版。

11. [英]威廉·韦德:《行政法》,徐炳等译,中国大百科全书出版社 1997 年版。

12. 高铭暄:《刑法学》,中央广播大学出版社 1997 年版。

13. 杨惠基主编:《听证程序理论与实务》,上海人民出版社 1997 年版。

14. 胡锦光:《行政处罚研究》,法律出版社 1998 年版。

15. 杨建顺:《日本行政法通论》,中国法制出版社 1998 年版。

16. 熊文钊:《现代行政法原理》,法律出版社 1998 年版。

17. 应松年主编:《比较行政程序法》,中国法制出版社 1999 年版。

18. 应松年主编:《外国行政程序法汇编》,中国法制出版社 1999 年版。

19. 任中杰主编:《行政法与行政诉讼法》,中国政法大学出版社 1999 年版。

20. [日]盐野宏:《行政法》,杨建顺译,法律出版社 1999 年版。

21. [德]哈特穆特·毛雷尔:《行政法学总论》,高家伟译,法律出版社 2000 年版。

22. 张国庆主编:《行政管理学概论》,北京大学出版社 2000 年版。

23. 皮纯协主编:《行政程序法比较研究》,中国人民公安大学出版社 2001 年版。

24. 姜明安主编:《行政法与行政诉讼法》,北京大学出版社、高等教育出版社 2001 年版。

25. 胡建淼主编:《行政强制法研究》,法律出版社 2003 年版。

26. 金伟峰主编:《行政强制法律制度》,法律出版社 2003 年版。

27. 张旭:《违法学要论》,法律出版社 2003 年版。

28. 应松年主编:《外国行政程序法汇编》,中国法制出版社 2004 年版。

29. 杨海坤、章志远:《中国行政法基本理论研究》,北京大学出版社 2004 年版。

30. 章剑生主编:《行政程序法学》,中国政法大学出版社 2004 年版。

31. 关保英:《执法与处罚的行政权重构》,法律出版社 2004 年版。

32. 姜杰、彭展:《城市管理学》,山东人民出版社 2005 年版。

33. 徐继敏:《行政程序证据规则研究》,中国政法大学出版社 2010 年版。

34. 徐继敏:《行政程序证据规则与案例》,法律出版社 2011 年版。

35. 马怀德主编:《行政法与行政诉讼法》(第 2 版),中国政法大学出版社 2012 年版。

期刊论文(以发表先后为序)

1. Kenneth Culp Davis, Discretionary Justice: A Preliminary Inquiry. Louisiana State University Press, 1969. p. 17.

2. Henry Campbell Black, M. A. Black's law Dictionary, p. 419, St. Paul Minn. West Publishing Co., 1979.

3. 朱维究、阎尔宝:"程序行政行为初论",载《政法论坛》(中国政法大学学报)1997 年第 3 期。

4. 朱维究、胡卫列:"行政行为过程性论纲",载《中国法学》1998 年第 4 期。

5. 张坤世:"略论行政诉讼对行政执法的监督与促进",载《湖南政报》1998 年第 8 期。

6. 毛光烈:"试论行政合理性原则对行政自由裁量权的控制",载《汕头大学学报》(人文科学版)1999 年第 1 期。

7. 金立鑫:"'文革'语言的社会心理文化分析",载《书屋》2001 年第 3 期。

8. 胡亚球、陈迎:"论行政自由裁量权的司法控制",载《法商研究——中南财经政法大学学报》(法学版)2001 年第 4 期。

9. 王国平:"从行政诉讼对证据的要求谈行政执法中的取证问题",载《环境监测管理与技术》2002 年第 6 期。

10. 吴新叶:"城管执法中的自由裁量权",载《上海城市管理职业技术学院学报》2003 年第 6 期。

11. "行政诉讼证据新规则与工商行政执法丛谈:行政执法证据与行政诉讼证据",载《工商行政管理》2003 年第 8 期。

12. 刘曰明:"浅谈行政诉讼中非法证据的排除规则",载《山东审判》2004 年第 1 期。

13. 张文俊等:"浅议行政调查与基本人权保障",载《兰州学刊》2005 年第 3 期。

14. 陈静、孟文燕、李晓婧:"关于行政不作为的思考",载《山东水利职业学院院刊》2006 年第 4 期。

15. 沈俊强:“小广告社会危害性的调查研究——以北京小广告违法行为社会危害性为视角破解行政执法难题”,载《城市管理与科技》2006 年第 8 卷第 6 期。

16. 贺卫方:“陛下,您不能审案”,载《学习月刊》2006 年第 7 期。

17. 姜明安:“制定专门法规改变城管‘借法执法’”,载《新京报》2006 年 8 月 16 日。

18. 青锋:“行政执法体制改革的图景与理论分析”,载《上海政法学院学报》2007 年第 1 期。

19. 李瑾:“国内外摊贩经济管理研究综述(上)”,载《上海市容》2007 年第 1 期。

20. 李瑾:“国内外摊贩经济管理研究综述(下)”,载《上海市容》2007 年第 2 期。

21. 王学栋、王舒娜:“论行政自由裁量权的价值定位”,载《中国行政管理》2007 年第 6 期。

22. 马怀德:“相对集中行政处罚权的法律体系构建”,北京市城市管理综合行政执法局 2007 年课题报告。

23. 马怀德、车克欣:“北京市城管综合行政执法的发展困境及解决思路”,载《行政法学研究》2008 年第 1 期。

24. 杨书文:“城管行政综合执法中的部际协调与上下关系”,载《上海城市管理职业技术学院学报》2008 年第 1 期。

25. 沈俊强:“综合执法行政调查制度研究”,载《城市管理与科技》2008 年第 1 期。

26. 江凌、张水海:“相对集中行政处罚权制度:发展历程、实施情况与基本经验——城管执法体制改革 12 年回顾”,载《行政法学研究》2008 年第 4 期。

27. 何兵:“城管追逐与摊贩抵抗:摊贩管理中的利益冲突与法律调整”,载《中国法学》2008 年第 5 期。

28. 车克欣:“从十年历程看相对集中行政处罚权改革”,载《城市管理与科技》2008 年第 5 期。

29. 郭卫东:“以案说法——城管执法机关在查处违法建设中行政作为的认定”,载《城市管理与科技》2009 年第 3 期。

30. 沈俊强:“城管执法风纪问题及其遏制的对策建议”,载《上海城市管理职业技术学院党报》2009 年第 5 期。

31. 刘刚:“城管执法过程中的矛盾分析和民主制度建设初探”,载《中国市场》2009 年第 9 期。

32. 刘经宇:“北京市城管综合行政执法情况调查”,载《北京观察》2009 年第 9 期。

33. 王松林主持课题:“行政执法中被查封、扣押财产的处置研究”,载《政府法制研究》2009 年第 12 期(总第 208 期)。

34. 中国政法大学课题组:“北京综合行政执法机关职能行使状况实证调查及风险防范对策研究”,北京市城市管理综合行政执法局 2009 年课题。

35. 李芹:“非法运营‘摩的’逆行撞死老人”,载《人民法院报》2010 年 6 月 20 日。

36. 熊文钊:“首都违法建设执法问题研究”,北京市城管综合行政执法局 2010 年课题。

37. 莫于川、杨建顺、田飞龙:“‘白皮书’:行政审判与依法行政的良性互动”,载《人民法院报》2010 年 1 月 15 日。

38. 马怀德:“推进依法行政,加强北京综合行政执法机关综合执法”,北京市城市管理综合行政执法局课题报告,2010 年 10 月。

39. 赵培红:“北京走向世界城市”,载《中国城市经济》2010 年第 10 期。

40. 王连峰:“英国城市管理的经验和启示”,载《城市管理与科技》2011 年第 4 期。

41. 王雅琴、沈俊强:“城管执法领域违法黑数问题与对策——以北京为视角”,载《行政与法》2011 年第 6 期。

42. 史万森、宋建波:“胡春华批示印发内蒙古高院2010行政审判白皮书并要求党政一把手要认真组织学习”,载《法制日报》2011年8月5日。

43. 姜明安:“论行政裁量的自我规制”,载《行政法学研究》2012年第1期。

44. 沈俊强:“城管执法行政调查研究——以北京城管执法行政调查为视角”,载《北京科技大学学报》(社会科学版)2012年第1期。

45. 北京城市环境建设与管理培训团:“英国城市环境建设与管理的启示”,载《城市管理与科技》2012年第3期。

46. “北京市发布2012年国民经济和社会发展统计公报”,载《北京日报》2013年2月7日。

47. 王雅琴:“城管执法自由裁量权自我规制的法律思考”,载《法律适用》2013年第3期。

电子文献(以访问日期先后为序)

1. 百度百科:行政调查词条,载 http://baike.baidu.com/view/625616.htm,2011年10月27日访问。

2. 陈国宁:“城管行政执法能力的结构分析”,载 http://www.legaldaily.com.cn/zt/2006-09/07/content_405318.htm,2011年10月28日访问。

3. 腾讯网:“‘无所不管’的城管无执法依据　专家呼吁早立法”,载 http://news.qq.com/a/20070329/001188.htm,2012年2月20日访问。

4. 轶名:“环保行政处罚相对人主体认定”,载 http://www.sdpld.com/111/1268.html,2012年3月27日访问。

5. “郑州中院‘行政审判白皮书’受到最高院领导表扬”,载 http://henan.people.com.cn/news/2011/11/01/576555.html,2012年5月26日访问。

6. 周佑勇、何渊:“浅析行政第三人”,载 http://wenku.baidu.com/view/39d0881252d380eb62946dbe.html,2012年6月20日访问。

7. 百度百科名片:“补强证据规则”,载 http://baike.baidu.com/view/3050010.htm,2012年8月17日访问。

8. 百度百科名片:“行政调查”,载 http://baike. baidu. com/view/625616. htm,2012 年 8 月 17 日访问。

9. “深圳可能设立城管警察解决执法难”,载《深圳观察》2012 年 8 月 29 日,http://epaper. nfdaily. cn/html/2012 -08/29/content_7119995. htm,2012 年 10 月 10 日访问。

10. 百度匿名文章:“浅谈城市管理行政执法自由裁量权”,载 http://wenku. baidu. com/view/6d83cd641ed9ad51f01df2bd. html,2012 年 10 月 4 日访问。

11. 龚汝林:“‘行政审判白皮书’为何行政机关反馈意见少”,载 http://www. dffy. com/sifashijian/sw/201101/20110114202511. htm,2012 年 10 月 10 日访问。

12. 西安市城管执法局:“蔬菜早市核准登记”,载 http://www. xacg. gov. cn/detail. php? id =8076&cid =24,2012 年 10 月 16 日访问。

13. 詹德斌、张德强:“韩国:小摊已经形成一种‘道路文化’”,载 http://www. china. com. cn/news/txt/2006 -10/28/content_7287314_2. htm,2012 年 10 月 20 日访问。

14. 华商网撰文:“专家呼吁西安应成立摊贩协会”,载 http://hsb. hsw. cn/2009 -12/05/content_7552175. htm,2012 年 10 月 20 日访问。

15. 高永峰:“‘印度式小贩维权’能否植入中国”,载 http://view. news. qq. com/a/20101026/000046. htm,2012 年 10 月 26 日访问。

16. 连玉明:“北京建设世界城市的问题与对策”,载 http://www. niulsh. bjshy. gov. cn/level3. jsp? id =25107,2012 年 12 月 5 日访问。

17. 根据社科院发布全球最具竞争力城市排名,载 http://finance. people. com. cn/n/2012/0628/c70846 -18399921. html,2012 年 12 月 5 日访问。

18. 2010 全球城市排名,载 http://baike. baidu. com/view/4129582. htm,2012 年 12 月 10 日访问。

19. 全球城市,载 http://bai ke. baidu. com/view/256612. htm,2012 年 12 月

10 日访问。

20.“社科院发布全球最具竞争力城市排名:纽约第一”,载 http://finance.people.com.cn/n/2012/0628/c70846 - 18399921.html,2012 年 12 月 10 日访问。

21.“北京 2050 年将建成世界城市”,载 http://news.ifeng.com/mainland/201003/0303_17_1562632.shtml,2012 年 12 月 11 日访问。

22. 任进:“地方政府结构的依法调整:以省直管县(市)为中心”,载 http://www.civillaw.com.cn/article/default.asp? id = 51037,2012 年 12 月 11 日访问。

23. 胡充寒:“国外城市管理经验借鉴及其启示”,载 ttp://www.chinacity.org.cn/csfz/csgl/57288.html,2012 年 12 月 17 日访问。

24. 蒋黎明:“无照经营治理难的深层次原因分析及对策研究”,载 http://www.law - lib.com/hzsf/lw_view.asp? no = 15687,2012 年 10 月 20 日访问。

25. 连玉明:“权威论坛:世界城市,北京的抉择”,载 http://culture.people.com.cn/GB/187956/189865/11583102.html,2013 年 1 月 30 日访问。

26. 连玉明:“对北京建设世界城市的几点认识”,载 http://hsh.eduwindows.com/content_manager/news.php? news_id = 279,2013 年 1 月 30 日访问。

27. 新华每日电讯:“英国摊贩‘占道’:有法可依,不打‘游击’”,载 http://news.xinhuanet.com/mrdx/2007 - 01/04/content_5564875.htm,2013 年 1 月 30 日访问。

28.“关于印发西安市人行道机动车辆停放站点设置管理规定的通知”,载 http://www.xacg.gov.cn/detail.php? id = 7318&pid = 12&cid = 52&sid = 53,2013 年 3 月 15 日访问。

29.“三亚市法制办公室关于开展综合行政执法试点工作的报告”,载 http://fzb.sanya.gov.cn/html/2010/04/t20100408_21.shtml,2013 年 3 月 15 日访问。

30. 孙百昌:“涉及对无照经营查处的两个问题”,载 http://news.9ask.cn/falvlunwen/xflw/201001/301215_2.html,2013 年 3 月 18 日访问。

31. 张乐:“突尼斯小贩自焚致全国动乱　总统逃亡”,载 http://news.163.com/11/0116/03/6QG589JU00014AED.html,2013 年 3 月 16 日访问。

32. 何兵:“解放小摊贩,应对就业难”,载 http://news.xinmin.cn/alerts/2009/03/01/1654099.html,2013 年 3 月 18 日访问。

33. 廖先旺:“法国:依法管理与服务是市政管理的核心”,载 http://www.china.com.cn/news/txt/2006-10/28/content_7287314_3.htm,2013 年 3 月 18 日访问。

34. 胡涛:“探析流动商贩管理中的‘堵’与‘疏’”,载 http://www.ahfzb.gov.cn/content/news_view.php? id=17893,2013 年 3 月 18 日访问。

35. 铁名:“‘流动商贩’何去何从——我省破解无证经营难题的样本分析”,载 http://hbrb.cnhubei.com/HTML/hbrb/20100324/hbrb1018714.html,2013 年 3 月 18 日访问。

36. 吴文斌:“突尼斯总统弃国出走去向不明　全国进入紧急状态”,载 http://world.people.com.cn/GB/57507/13737217.html,2013 年 3 月 18 日访问。

37. 杨川颖:“墨西哥发生大规模骚乱事件　11 名警察被扣为人质”,载 http://gb.cri.cn/8606/2006/05/04/401@1029342.htm,2013 年 3 月 18 日访问。

38. 何珊:“印度:商贩示威引发骚乱”,载 http://news.sina.com.cn/w/2006-11-08/145910446244s.shtml,2013 年 3 月 18 日访问。

39. 张有义、李亮:“谁为城管执法吹响集结号”,载 http://news.sina.com.cn/o/2008-01-20/102813293034s.shtml,2013 年 4 月 26 日访问。

40. 陈煜儒:“权威专家揭示城管和谐执法秘诀所在”,载 http://npc.people.com.cn/GB/8162159.html,2013 年 4 月 26 日访问。

41. 韩旭阳:“灾后纽约要求赴市中心车辆须搭载至少 3 人”,载 http://

money. 163. com/12/1102/07/8F9NRQKO00253B0H. html,2013 年 5 月 2 日访问。

42. 新华网:“北京:两年内改变‘打车难’”,载 http://www. bj. xinhuanet. com/jzzg/2013 -04/16/c_115412681. htm,2013 年 5 月 10 日访问。

43. 杨滨:“没营业执照也能开　首个‘备案’便民菜场开张啦”,载 http://www. chinadaily. com. cn/hqpl/zggc/2013 -05 -11/content_9004849. htm,2013 年 5 月 11 日访问。

44. 青峰:“深化行政执法体制改革的几点思考和论析”,载 http://www. chinalaw. gov. cn/article/dfxx/dffzxx/ln/200609/20060900014013. shtml,2013 年 5 月 21 日访问。

45. “部分国家和地区行政听证制度简介之九　　韩国行政听证制度”,载 http://www. sdpc. gov. cn/jggl/jgqk/t20070518_136014. htm,2013 年 5 月 26 日访问。

46. 谭正江:“警察行政调查分析”,载 http://www. law -lib. com/hzsf/lw_view. asp? no =2908&page =2,2013 年 5 月 28 日访问。

会议论文(以会议时间先后为序)

1. 周郁昌:“浅谈行政诉讼中非法证据的排除规则”,载《中国行政法二十年博鳌论坛暨中国法学会行政法学研究会 2005 年年会会议论文集》。

2. 马怀德:“北京市城管执法在城市运行环境管理中的职能定位及实现方式”,载 2008 年综合行政执法体制学术研讨会会议论文。

学位论文(以写作时间先后为序)

1. 尹小兴:“行政诉讼证据若干问题研究”,复旦大学 2006 年学位论文。

2. 李庆飞:“国外城市管理模式比较”,山东大学 2006 年学位论文。

3. 刘健:“城管机关执法中的暴力执法问题研究”,中央民族大学 2007 年学位论文。

4. 孙嘉:“我国慈善组织的民事主体构造研究”,华中科技大学 2007 年学位论文。

5. 张凤德:“深化综合行政执法改革的思考——以浙江省义乌市为例”,上海交通大学 2008 年学位论文。

6. 郑勤华:“对城市无照经营问题的探讨——以广州市海珠区为例”,中山大学 2008 年学位论文。

7. 沈亚琦:“相对集中行政处罚权制度探析”,苏州大学 2008 年学位论文。

8. 陈峰:“法治理念下的行政程序证据制度研究”,苏州大学 2010 年学位论文。

9. 韩鹏华:“从界限维度探析能动司法的困境与突围”,山东大学 2011 年学位论文。

10. 赵婧雪:“论以审判管理的完善为视角进行司法公信力的提升”,中国政法大学 2013 年学位论文。

其他

1. 青峰:2011 年北京市城管执法系统初级以上领导《行政强制法》培训课程提纲。

2. 马怀德:《新形势下的依法行政》,北京市城管综合执法系统处级以上领导干部培训班教材,2011 年 11 月 16 日。

3. 北京市城市管理综合行政执法局、中国政法大学法治政府研究院编写:《北京市城市管理综合行政执法局执法大纲》。

后　　记

时光荏苒，飞逝如电，从调研到结题，在将近两年半的时间里，笔者经历了调研、分析案例、探索、研究的酸甜苦辣，总结下来，收获大于付出。回想起在构思项目框架当中的许多设想由于新的法律法规颁布实施而被推翻，心中感慨万分。这当中既有对2012年1月1日施行的《行政强制法》第17条第2款对相对集中行政处罚权制度确认并授权的喜悦（这期间北京市人大常委会和北京市人民政府分别颁布实施了《北京市河湖保护管理条例》、《北京市节约用水办法》、《北京市食品安全条例》，这三个地方性立法的实施，也相应地改变并扩大了北京市城管综合执法机关的执法权能），也深感城管综合执法制度在我国所富有的生命力及其发展的任重而道远。2012年10月，笔者受邀参加了第七届中国行政法学研究会城市管理执法专业委员会年会，会议原则通过了一份“北京共识”，呼吁尽快成立城管系统的中央主管部门，并制定有关城管的法律或法规，以指导和规范全国城管工作。种种现象表明，城管综合执法制度已经引起我国学界和社会各个方面的高度关注，令人欣喜；同时也说明，有关城管综合执法制度的研究和完善尚需长期的努力和付出。

本课题在收集资料、调研及成型过程中得到了国家法官学院、北京市市政市容委和北京市城市管理综合行政执法局及其所属监察执法大队的很多帮助，在此表示深深的感谢。

鉴于目前我国对城管综合执法制度的研究较少，笔者理论水平有限，文中错漏之处难免，恳望各方面专家、读者不吝赐教，多提宝贵意见，以帮助我们改进和完善。

最后，借用国务院法制办青峰同志的一段话作为结束语，“从十多年全国开展的情况来看，作为实施法律的重要制度，它既是改革创新的产物，也是社会管理创新的重要体现。国务院推行这个制度，一系列的方针和政策是正确的，是符合经济发展要求的，是符合特定历史条件的。它解决了城市管理中长期存在的突出问题，成效不容否定。这个制度对提高城市管理水平、加强城市管理非常重要。但由于制度打破了传统的观念，打破了现行的条条块块体制，触及了很多部门权利的再分配，加之很多人对这项制度的不了解，因此这项制度在推进过程中，还有一些困难和阻力，需要不断发展和完善”。

笔者于北京

二〇一三年六月六日

图书在版编目(CIP)数据

城市管理监察综合行政执法之理论与实践/王雅琴,沈俊强著. —北京:法律出版社,2016.5
ISBN 978-7-5118-9556-1

Ⅰ.①城… Ⅱ.①王…②沈… Ⅲ.①城市管理—行政执法—研究—中国 Ⅳ.①D922.297.4②D922.114

中国版本图书馆CIP数据核字(2016)第117371号

城市管理监察综合行政执法之理论与实践
王雅琴 沈俊强 著

编辑统筹 政务出版分社
策划编辑 张瑞珍
责任编辑 齐梓伊 崔 丽
装帧设计 乔智炜

出版 法律出版社
总发行 中国法律图书有限公司
经销 新华书店
印刷 北京京华虎彩印刷有限公司
责任印制 吕亚莉

开本 720毫米×960毫米 1/16
印张 18.75
字数 265千
版本 2016年6月第1版
印次 2016年6月第1次印刷

法律出版社(100073 北京市丰台区莲花池西里7号)
网址/www.lawpress.com.cn
电子邮件/info@lawpress.com.cn
销售热线/010-63939792/9779
咨询电话/010-63939796

中国法律图书有限公司(100073 北京市丰台区莲花池西里7号)
全国各地中法图分、子公司电话:
北京分公司/010-62534456
上海公司/021-62071010/1636
深圳公司/0755-83072995
西安分公司/029-85388843
重庆公司/023-65382816/2908
第一法律书店/010-63939781/9782

书号:ISBN 978-7-5118-9556-1 **定价:**45.00元
(如有缺页或倒装,中国法律图书有限公司负责退换)